国家社会科学基金重大项目
"全面二孩政策下城市地区0-3岁婴幼儿托育服务体系研究"
（项目号：17ZDA123）成果

U0573644

# 婴幼儿托育机构
# 设置标准的
# 国际经验与启示

YINGYOUER TUOYU JIGOU SHEZHI
BIAOZHUN DE GUOJI JINGYAN YU QISHI

洪秀敏 等 ◎ 著

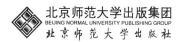

北京师范大学出版集团
BEIJING NORMAL UNIVERSITY PUBLISHING GROUP
北京师范大学出版社

**图书在版编目(CIP)数据**

婴幼儿托育机构设置标准的国际经验与启示/洪秀敏等著. —
北京：北京师范大学出版社，2020.5(2022.7重印)
ISBN 978-7-303-25315-9

Ⅰ.①婴…　Ⅱ.①洪…　Ⅲ.①托儿所—机构设置—标准
Ⅳ.①G618-65

中国版本图书馆 CIP 数据核字(2019)第 274467 号

营 销 中 心 电 话　010-58802181　58805532
编 辑 部 电 话　010-58808898

出版发行：北京师范大学出版社　www.bnupg.com
　　　　　北京市西城区新街口外大街 12-3 号
　　　　　邮政编码：100088
印　　刷：北京溢漾印刷有限公司
经　　销：全国新华书店
开　　本：787 mm×1092 mm　1/16
印　　张：20.25
字　　数：336 千字
版　　次：2020 年 5 月第 1 版
印　　次：2022 年 7 月第 2 次印刷
定　　价：68.00 元

策划编辑：罗佩珍　　　责任编辑：韩　妍　赵鑫钰
美术编辑：焦　丽　　　装帧设计：金基渊
责任校对：康　悦　　　责任印制：陈　涛

# 参与撰写的作者

洪秀敏　　李晓巍　　王兴华　　张和颐　　朱文婷

陈敏睿　　刘瑞琪　　陶鑫萌　　魏若玉　　王艺卓

张萌萌　　王靖渊　　张祎明　　宋　佳　　陶铖杺

姚寓菡　　旦增央宗

# 序　言

　　脑科学、儿科学、发展心理学和教育学等多学科研究成果以及国际社会的诸多改革实践均表明，从出生至 1000 天是个体身心发展的关键时期，科学优质的照护服务不仅有助于促进婴幼儿健康成长、家庭和谐幸福，也有助于提高生育率与女性就业率，促进经济社会持续健康发展。随着社会和科学的不断发展，从 0 岁开始的早期教育的重要意义正逐渐为人们所重视。然而由于资源短缺，随着 20 世纪 80 年代末托儿所逐渐萎缩，我国 0～3 岁托育服务机构短缺，质量良莠不齐，难以满足广大家庭的需求，这已然成为制约"全面二孩"政策目标实现的关键桎梏。如何加快推进托育服务供给侧改革，构建 0～3 岁婴幼儿托育服务体系，满足人们日益增长的多元化照护服务需求，是新时代学前教育改革发展面临的现实命题，也是补齐民生短板的重要议题，事关婴幼儿健康成长，事关千家万户。

　　坚持以人民为中心既是习近平新时代中国特色社会主义思想的重要内容，也是新时代坚持和发展中国特色社会主义的基本方略之一。近年来，以习近平同志为核心的党中央高度重视婴幼儿照护服务发展。党的十九大报告明确提出了"办好学前教育"的目标，在保障和改善民生的蓝图中，将"幼有所育"排在首位。2017 年 12 月，习近平主持的中央经济工作会议强调提出要"解决好婴幼儿照护和儿童早期教育服务问题"。2019 年 2 月，国家发展和改革委员会联合 17 个部门印发的《加大力度推动社会领域公共服务补短板强弱项提质量　促进形成强大国内市场的行动方案》中明确指出"增加托育服务有效供给"。2019 年 3 月，在《政府工作报告》中，李克强更是进一步强调："要针对实施全面两孩政策后的新情况，加快发展多种形式的婴幼儿照护服务，支持社会力量兴办托育服务机构。"为了促进解决"幼有所育"问题，近日，国务院办公厅印发的《关于促进 3 岁以下婴幼儿照护服务发展的指导意见》(以下简称《指导意见》)明确了促进婴幼儿照护服务发展的基本原则、发展目标、主要任务、保障措施和组织实施，是我们今后做好婴幼儿照护服务工作的纲领性文件。《指导意见》特别提出了要"规范发展多种形式的婴幼儿照护服务机构"——地方各级政府要创造条件，支持举办婴幼儿照护服务机构，支持用人单位在工作场所提供福利性婴幼儿照护服务，鼓励支持有条件的幼儿园开设托班，支持各类婴幼儿照护服务机构提供多样化、多层次的婴幼儿照护服务。

因此，如何尽快研制和规范婴幼儿托育机构的设置标准和管理办法，使托育机构的设立、审批、登记注册、建设和运营都有章可循，成为当前婴幼儿托育服务发展迫切需要推进解决的重中之重。2017年，课题组获批承担国家社科基金重大项目"全面二孩政策下城市地区0～3岁婴幼儿托育服务体系研究"（项目批准号：17ZDA123），致力于广泛收集、整理与分析世界各国发展婴幼儿托育服务的有益探索与经验。2019年，课题组受国家卫生健康委员会人口监测与家庭发展司委托，负责我国《托育机构设置标准（试行）》研制工作，更聚焦和搜集整理了经济合作与发展组织（Organization for Economic Co-operation and Development，OECD）等主要国家和地区在发展托育服务中对托育机构设置的标准与规范等方面的文件和规定，并进行了较为系统和深度的整理、比较与分析。

本书共有五章。前四章旨在通过搜集整理世界范围内为3岁以下婴幼儿提供托育服务的各种类型机构，特别是美国、英国、澳大利亚、加拿大、丹麦、日本、新加坡、阿拉伯联合酋长国这些国家近年来探索和形成的四种主要托育机构类型，即专门针对3岁以下婴幼儿提供托育服务的独立式托育机构、社区式托育机构、托幼一体式机构以及居家式托育机构，有针对性地选取代表性国家和地区关于规范托育机构的设置标准，对其在不同类型托育机构的举办资格、人员配备、建筑设计、安全防护、卫生保健等方面的规定展开比较深入的介绍和比较分析，进而概括和总结独立式托育机构、社区式托育机构、托幼一体式机构、居家式托育机构设置标准的趋势及其对我国的启示。本书最后一章在借鉴国际托育机构设置标准经验的基础上，对我国南京、上海、台湾等地关于托育机构设置和管理的地方探索经验进行了介绍与分析，尝试在基于我国近期正式发布的《托育机构设置标准（试行）》和《托育机构管理规范（试行）》文件的基础上，对托育机构设置标准、需要遵循的基本原则、应当包括的主要维度和内容，以及未来的走向等提出进一步的思考与建议。

本书是课题组集体合作和共同努力的结晶。感谢北京师范大学学前教育研究所（系）李晓巍、王兴华、张和颐等老师和朱文婷、陈敏睿、刘瑞琪、陶鑫萌、魏若玉、王艺卓、张萌萌、王靖渊、张祎明、宋佳、陶铖枨、姚寓菡、旦增央宗等博硕士研究生积极参与了各国不同类型托育机构设置标准资料的搜集、翻译、整理与分析工作，他们付出了辛勤的努力！

感谢国家社科基金重大项目的资助！感谢国家卫生健康委员会人口监测与家庭发展司在托育机构设置标准研制中给予的指导与帮助！感谢北京师范大学出版集团罗佩珍老师对本书的出版所给予的大力支持！

希望本书的出版，能够为我国婴幼儿托育机构的设置与规范发展提供有益的参考与借鉴。同时，也希望广大关心和从事婴幼儿照护工作的同行和其他读者不吝指正。

洪秀敏

2019 年 10 月于北京师范大学

# 目　录

# 第一章

## 独立式托育机构设置标准

  独立式托育机构是指由社会组织、企业、事业单位或个人举办，独立于3～6岁幼儿园，以机构的形式，面向3岁以下婴幼儿实施的保育为主、教养融合的照护服务机构。独立式托育机构作为一种替代父母照护角色的补充性服务机构，具有较高的组织化以及规范化的特点，在家庭之外为婴幼儿提供补偿性、持续化的服务。在机构中，婴幼儿通过接受养育及教育，从而在习惯的培养、技能的提高、思想的发展以及情绪的管理方面奠定了基础。本章选取经济发展水平不同且在独立式托育服务方面有着积极探索的三个代表性国家，即美国、日本和阿拉伯联合酋长国，对其独立式托育机构设置标准的特点进行梳理和分析，以便为我国独立式托育机构制订设置标准和规范发展提供借鉴。

## 第一节　美国：密歇根州托育机构认证评价体系

  自20世纪60年代以来，提升质量成为美国托育服务发展的焦点和主题。为完善托育服务质量保障与评价体系，美国从政府层面出台了相应的政策标准，州政府及相关科研学术机构共同探索构建了国家性或地方性托育机构质量评价体系。美国密歇根州政府作为婴幼儿托育服务探索的重要先行者代表，一直都极为重视婴幼儿托育服务的发展，政府认为婴幼儿早期教育的质量对儿童有着很大影响，儿童的早期学习与发展将会决定他们以后的学习成就与未来的成功。由于入园前未做好受教育准备，那些在幼儿园阶段中就落后的儿童更不可能为后面的学习做好准备。密歇根州即使在经历长达十年之久的财政危机时，也坚持投资早期教育学习发展项目与服务机构。2011 年，州长里奇·辛达（Rick Synder）发言指出："要把密歇根州变成对孩子来说最幸福的地方，为婴幼儿照护建立一个整合、协调的系统。"①为提高本州托育机构的服务质量，密歇根州政府相继出台了《学龄前儿童早期教育质量标准》（Early Childhood Standards of Quality for Prekindergarten）、《婴幼儿项目早期教育质量标准》（Early Childhood Standards of Quality for Infant and Toddler Programs），同时成立了密歇根州教育部质量开端办公室（The Michigan Department of Education Office of Great Start），该办公室牵头负责协调和整合密歇根州所有早期儿童学习发展项目，以此提升机构质量，促进儿童发展。对于质量的提升，"源头保障"建立机构准入标准也尤为关键，本节将重点介绍密歇根州托育机构认证评价体系。

## 一、举办资格

2014 年 1 月 2 日，美国密歇根州人力资源局儿童及成人许可中心（State of Michigan Department of Human Services Bureau of Children and Adult Licensing）发布《儿童保育中心认证标准》（Licensing Rules for Childcare Centers）。该标准对于托育机构举办者的举办资格提出了以下要求。

第一，举办者要接受州警察犯罪记录检查，确保无犯罪历史以及伤害婴幼儿的倾向。第二，举办者应具有经营托育机构的行政能力，为婴幼儿提供增加福祉的服务与设施。第三，举办者应对婴幼儿家庭作出保证，即包括具有一定时效期保障的办学许可证、机构的制度管理手册以及机构从业人员的无犯罪记录核查证明等，且家长均可以随时查看。第四，举办者应对机构从业人员的资格证明以及健康证明进行审查并保留，同时确保所有资料的真实可靠性。

## 二、人员配备

在托育机构人员配备方面，根据密歇根州《儿童保育中心认证标准》，托育机构应保证婴幼儿的照护者相对固定，婴幼儿一周内的照护者不能超过 4 人。该标准还对托育机构人员应具备的相应资质进行了明确规定。

---

① Michigan Department of Education Office of Great Start，"Great Start，Great Investment，Great Future，"Lansing，The Michigan Department of Education Office of Great Start，2013.

## （一）托育机构负责人

托育机构负责人应年满 19 周岁，具有高中（或同等级普通教育）及以上的学历。同时，托育机构负责人应满足表 1-1 要求中的一项，并需要接受过急救与婴幼儿及成人心肺复苏（Cardio-Pulmonary Resuscitation，CPR）的培训。

表 1-1　托育机构负责人资质要求

| | 学历 | 学前教育、儿童发展或儿童相关领域的课程 | 工作时间 |
|---|---|---|---|
| 1 | 在学前教育、儿童发展或与儿童有关的领域，获得学士学位或更高学历。 | | |
| 2 | 学前教育或儿童发展大专以上学历。 | | |
| 3 | 蒙台梭利证书。 | | 480 小时 |
| 4 | 有效的儿童发展证书。 | | 480 小时 |
| 5 | 高中文凭/同等级普通教育学历证书。 | 12 学时的学期制度。 | 960 小时 |
| 6 | 高中文凭/同等级普通教育学历证书。 | 相组合：12 学时或者 18 学时的学期制度，总计 180 学时。 | 1920 小时 |
| 7 | 高中文凭/同等级普通教育学历证书。 | 相组合：6 学时或者 9 学时的学期制度，总计 90 学时。 | 3840 小时 |

## （二）托育机构专业照护人员

《儿童保育中心认证标准》对婴幼儿托育机构专业照护人员配备进行了要求。当班级里有 3 名及以上婴幼儿时，应保证至少有 2 名成人始终在场，其中 1 名成人作为主要照护者，需有能力提供各方面的保育和教育服务。婴幼儿年龄在 30 个月及以下的班级的最大班额应不超过 12 名婴幼儿；婴幼儿年龄在 30 个月至 3 岁的班级的最大班额应不超过 16 名幼儿。同时，托育机构教师与婴幼儿人数比例应符合以下标准。（详见表 1-2）

表 1-2　密歇根州托育机构教师与婴幼儿比例要求

| 婴幼儿年龄 | 师幼比 | 最大班额（名） |
|---|---|---|
| 30 个月及以下 | 1∶4 | 12 |
| 30 个月至 3 岁 | 1∶8 | 16 |

与此同时，若托育机构设有混龄班，最大班额以及师幼比应根据班级最小婴幼儿的年龄确定。若混龄班婴幼儿每个年龄组的活动是分开进行的，在这种情况下，也应保证每个活动组的婴幼儿总数以及师幼比符合该组内婴幼儿年龄的配备标准。

在具体的照护人员资质上，《儿童保育中心认证标准》作出了明确规定。

首先，该标准对托育机构照护人员的健康问题进行了重点关注，要求所有每周接触儿童 4 小时及以上且连续两周进行照料的人员需要提供无传染性肺结核的健康证明，并且健康证明在就业前一年内要得到核实，并由机构存档。

其次，该标准对照护人员的职后学习及培训提出了详细要求。第一，所有人员每年应至少完成 16 小时的专业发展学习，学习主题涉及工作职责，包括但不限于儿童发展和学习，健康、安全和营养，家庭和社区协作，项目管理，教学和学习，观察、记录和评估，互动和指导，专业性，以及儿童照护中心管理规则。第二，所有照护人员需要定期接受在线培训，进行函授课程的学习并进行学习评估。第三，所有照护人员需要全部接受过急救与婴幼儿及成人心肺复苏的培训。

# 三、建筑设计

## (一)活动场地

### 1. 室内活动场地

依据《儿童保育中心认证标准》，托育机构应为婴幼儿提供适合其年龄特点的活动场地。该标准要求每名婴幼儿对应的室内面积至少应为：年龄在 30 个月及以下的婴幼儿室内活动面积不低于每人 4.65 平方米，年龄在 30 个月至 3 岁的幼儿室内活动面积不低于每人 3.25 平方米。最低平均面积应除去走廊、浴室、接待区和办公区、厨房、存储区与衣帽间以及专门用于照护人员休息、睡觉或进食的区域的面积。

### 2. 户外活动场地

针对婴幼儿户外活动场地，《儿童保育中心认证标准》规定每天安排进行连续 3 小时及以上户外活动的托育机构，应当具备 111.48 平方米以上的户外游戏区。当这样的标准不足以容纳机构许可的婴幼儿人数时，机构需要按标准扩大户外游戏区。若托育机构附近没有户外空间，则可以利用公园或其他拥有户外设施的场地作为户外活动场所，但应保证以下原则：第一，该区域应易于通过安全的步行路线到达。第二，每次使用前应检查游戏区，以确保不存在危险。第三，工作人员必须把替代户外游戏区的位置以书面形式向相关部门备案。第四，如有需要，所选择的户外游戏场地应设有遮蔽区域，以保护儿童免遭过度日晒，引起脱水、晒伤等。同时户外游戏区应位于安全位置。第五，必要时，工作人员应使用围栏或天然屏障保护户外游戏区免受危险，围栏或天然屏障应至少有 14.63 米高。第六，所选择区域应设有符合婴幼儿年龄及身心发展特点的设施设备，并且户外游戏区和位于中心场地上的任何设备应保证安全。照护者应在每天使用前进行检查，以确保不存在危险及隐患。

### （二）食品储备区

为了保障婴幼儿的健康与安全，《儿童保育中心认证标准》对于托育机构的食品储备区提出了如下具体要求：第一，食品准备台接触面应光滑、无毒、易于清洁、耐用、耐腐蚀、不吸收。第二，食品加工区禁止铺地毯。第三，不仅仅是炉子、炉灶、烤箱和烤盘，食品储备区所有的烹饪设备都需要安装通风的设施装备。第四，在托育机构内，禁止使用油炸锅。禁止活着的动物进入食品加工区和就餐区。第五，托育机构食品储备区应有专门用于婴幼儿食品准备和清理的水槽。

### （三）供水及管道

第一，托育机构建筑中自身的水系统应符合当地卫生部门的要求。水管的设计、建造、安装及维修必须完善，以防止水管与水系统交叉连接。第二，水槽、盥洗室、饮水机和其他排水装置应配备足够容量的安全水，以满足高峰需求时托育机构的水的供应。第三，每个热水器应配备一个恒温温控器和一个减压阀，它们都应时刻处于良好的工作状态。

### （四）厕所与洗手盆

依据《儿童保育中心认证标准》，托育机构设置的厕所与洗手盆应符合如下标准：第一，若婴幼儿每日在托时间少于 5 小时，机构需要为每 20 名婴幼儿提供至少 1 个厕所和 1 个洗手盆。若婴幼儿每日在托时间多于 5

小时，机构需要为每 15 名婴幼儿提供至少 1 个厕所和 1 个洗手盆。第二，托育机构应为婴幼儿设置尿布区，并配有易于接近的指定洗手盆。第三，婴幼儿的盥洗室应确保隐私性。

# 四、安全防护

## （一）玩教具材料及睡眠设施

除了室内及户外场地面积，该标准还对托育机构内的玩教具材料作出了如下规定：第一，应保障玩教具材料的安全、清洁以及维修良好无损坏。第二，玩教具材料的大小应保证适合婴幼儿使用。第三，应保障婴幼儿每天能接触到包括大小肌肉活动、感官探索、社交与戏剧、探索与研究等领域内容的材料。与此同时，按照《儿童保育中心认证标准》的要求，0～3 岁婴幼儿托育机构的睡眠设施应满足以下原则：第一，所有睡眠用品应适合婴幼儿并保持清洁、舒适。第二，须为所有受照顾的婴儿提供婴儿床或便携婴儿床以及垫子、大小合适的床单或毯子。第三，婴儿床或便携婴儿床须有坚固、紧密贴合的防水床垫。第四，婴儿床或便携婴儿床床垫应覆盖紧密安装的底板，无附加衬垫。第五，睡眠用品被弄脏后，应及时接受清洁、冲洗和消毒，至少每周更换一次。

## （二）采暖设施

托育机构应保证婴幼儿使用区域的温度保持在安全舒适的水平，使所照护的婴幼儿不会过热或受冻。同时，婴幼儿使用区域的室内温度应至少为 18℃，采暖设施应高于地面 0.6 米。如果温度超过 28℃，那么托育机构应马上采取降温措施。

## （三）通风设施

第一，若托育机构内没有安装中央空调，机构每间活动室的可开启窗户提供的总通风面积不得少于楼面面积的 4.5%。第二，若托育机构内的通风依靠机械系统，通风系统需要保证 24 小时开启，并且必须符合具有司法管辖权的主管当局对适用于机械系统的通风标准的规定。第三，托育机构内安置的窗户应保证室内明亮，整个房间应保证至少 6.1 米烛光的照明。第四，用于通风的门窗应设有不少于 16 目的纱窗，纱窗应保持良好的使用状态。

# 五、卫生保健

## （一）食品准备

在托育机构对于婴幼儿食品的准备上，《儿童保育中心认证标准》提出了以下要求：第一，食品应当完好，无变质和其他形式的污染，并能供婴幼儿安全食用。第二，水果及生蔬菜须在被烹煮或端上前接受彻底清洗。第三，从业人员应尽量减少徒手接触将要煮熟的食物。第四，不得徒手调制直接入口的食品，且必须完全煮熟食品。第五，如果没有适当的洗手设施，那么准备和供应食材的工作者应戴上一次性食品卫生服务手套。

## （二）食品储存

该标准针对婴幼儿托育机构对于食品的储放提出了如下要求：第一，每台冰箱应具有精确的工作温度计来指示温度。第二，位于食品储存、准备以及服务区周围的所有人工照明装置，清洁食品以及储存器具和设备的地方，应接受适当的遮蔽，以防止灰尘与细菌。第三，应把未包装的散装食品存放在干净的有盖容器中，注明日期，并贴上标签。第四，在食用前无须接受进一步清洗或烹煮的食物，需要被更加妥善地保存，防止受到污染而变质。第五，包装食品不得与水接触储存。第六，食品、食品服务设备和用具不得位于裸露或未受保护的下水道下方。第七，必须把食物及用具存放在离地面至少 15 厘米高的地方。

## （三）垃圾处理

该标准要求托育机构应每天清除机构内产生的垃圾，及时地清洗垃圾容器；应把存放在户外的垃圾装在密封的塑料袋中，应把塑料袋装在水密容器中，并盖上连接紧密的盖子，或装在有盖垃圾桶中；应至少每周清理户外垃圾站一次。

# 第二节　日本：东京认证保育所实施纲要

日本东京于 2001 年 5 月正式实施认证保育所制度，鼓励企业举办托育机构，促进企业者间的竞争，满足社会多样化的保育服务需求，创设一种新的保育所形式即认证保育所。[①]《东京都认证保育所事业实施纲要》（以下简称《纲要》）的出台旨在提高被认证的保育所的服务水平，增加儿童福利。认证保育所分为 A 型和 B 型两种，其中 A 型认证保育所接收 0 岁至学龄前儿童，B 型认证保育所接收 0～2 岁婴幼儿。本节主要对 B 型认证保育所的相关标准进行介绍。

## 一、举办资格

《纲要》对保育所举办者的条件进行了明确规定，此外，从保育所最初的认证到后续的监督、改善指导及建议、取消认证等流程，文件中也有相应要求。

### （一）举办者条件

B 型认证保育所的举办主体为民间事业者，举办者需要符合以下几点要求：一是符合经营认证保育所规定的应该具有的经济基础。二是能够持续、圆满地从事该事业。三是不存在作弊或不诚实等情况。四是财务合理。五是新设立认证保育所时，不存在失去其他权利资格的情况。

### （二）认证程序

当有下列申请时，知事（该行政区域的最高行政长官）经审查，对保育所进行认证或者取消认证。

#### 1. 认证申请

想要接受认证的举办者需向知事提交《东京认证保育所设置申请书》。

---

① 魏晓会：《日本 0－2 岁保育服务及其对中国的启示》，硕士学位论文，南京师范大学，2017。

此外，B型认证保育所的认证是以日本的《儿童福利法》的第59条第2款作为申报依据的。

### 2. 重要事项的变更

想要变更重要认证事项的举办者，必须向知事提交内容变更的报告。

### 3. 废止、休止申请

想要废止或者休止认证保育所的举办者，必须向知事提交《东京都认证保育所废止（休止）申请书》。

## （三）听取意见

知事认为有必要时，可向区长、市长、町长、村长听取意见。

## （四）发放认证书

通过认证后，知事会发放《东京都认证保育所认证书》，并在易于查看的地方进行公示。

## （五）监督

举办者必须根据日本的《儿童福利法》等，接受东京都及区、市、町、村的指导监督。指导监督按另外规定的标准进行。

### 1. 征收报告

知事对保育所的运营状况等必要事项，应每年至少征收一次报告，并规定征收的时间期限。

当下列事项发生时，举办者应迅速向知事及该认证保育所所在地的区长、市长、町长、村长进行报告。

第一，发生死亡案件、重伤事故案件、食物中毒案件等重大事故。

第二，每周5天以上有24小时寄宿的婴幼儿的，应当登记该婴幼儿的姓名、住址及家庭状况等。

除了上述情况之外，知事及该认证保育所所在地的区长、市长、町长、村长，在有必要时可以随时向保育所征收报告。

### 2. 入所调查

知事让其职员每年至少一次定期进入认证保育所及其事务所，对其设施设备、运营情况及举办者进行必要的调查。同时，知事根据需要，可以从保育工作者、其他职员及婴幼儿监护人等处了解情况。

除了上一点要求，知事可以不事先通知其职员而直接对认证保育所及其事务所进行特别入所调查。

入所调查的指导监督组由 2 名以上认证保育所指导监督管理部或者事业管理部的职员组成，并根据其他需要增加保育员、儿童福利司人员、儿童心理司人员、儿童指导员、保健师、护士、医生等专业人员。

根据上述三点规定，入所调查的职员必须携带根据《儿童福利法施行规则》拟定的身份证明证书。

入所调查时，要求区长、市长、町长、村长参加，并根据需要要求相关机构参加。

入所调查时，可口头传达必要的建议和指导等。

知事根据另外规定的标准对入所调查的结果进行评价。

## （六）改善指导及建议

### 1. 改善指导

根据入所调查的结果，被认定为"有必要进行改善"的认证保育所的举办者，应根据文件附加的报告期限对保育所进行改善，并根据文件要求对改善的状况及计划进行报告。

### 2. 改善建议

知事在执行改善指导后，若该保育所无法改善或者没有改善（包括超过报告期限仍未报告的情况），知事可以通知举办者进行改善。

若出现下列紧急情况，为确保儿童福利，不管情况如何，知事可以通知举办者，不能再进行改善。

第一，出现明显的不正确的保育内容和保育环境布置的情况。

第二，出现对婴幼儿的安全有影响的情况。

第三，出现其他有关儿童福利的需要特别注意的情况。

举办者根据改善指导的要求，并根据文件附加的报告期限进行改善，举办者对于改善的情况及计划需要用文件进行报告。

当举办者对改善的情况及计划进行了报告后，知事为确认其改善的情况，应进行特别入所调查。另外，在过了报告期限仍没有报告的情况下，知事也应进行特别入所调查。

当接到改善指导的举办者不听从该指导时，知事可以公布其情况。

### （七）东京都及区、市、町、村的调查

举办者除接受规定的指导监督外，还将遵守东京都及区、市、町、村制定的《认证保育所运营费等补助金交付纲要》。有关东京都及区、市、町、村认证保育所事业的各项规程中的标准等内容，当东京都及区、市、町、村要求举办者提供必要的报告及调查（包括入所调查）时，举办者必须遵从。

### （八）取消认证

若出现以下任一情况，保育所将取消认证。

第一，保育内容和设施设备等存在重大问题。

第二，通过伪造或其他不正当手段干扰被认证的事实。

第三，没有正当理由却拒绝接受指导监督。

第四，无视改善指导，情况没有得到改善或不遵从改善指导。

第五，有其他应当取消认证的情况。

## 二、人员配备

B型认证保育所规定接收的婴幼儿数为6～29人，其中也包括刚出生的0岁婴儿。保育所原则上应在规定人数的范围内进行保育，但当符合《纲要》规定的设备、面积及职员配置等标准时，也可以超出规定人数进行保育。在2017年至2019年里，保育所里的婴幼儿数经常超出规定人数。在各年度的年平均在所率（该年度内每月第一天的在所人员总数除以每月第一天的全体人员数）为120％以上的情况下，保育所应根据实际情况对规定人数进行调整。

### （一）从业人员

从业人员的人数应以保育所的全职员工的人数为参考，但是当满足以下全部条件时可以不限于此。

第一，保育工作职员有60％以上为全职员工。

第二，举办者对于全职员工以外的职员也有指挥命令权。

第三，分配非全职员工时，非全职员工的总工作时间超过全职员工的总工作时间。

必要保育工作职员数为下列数：每 3 名 0 岁的婴儿需要 1 人以上人员照护，每 6 名 1～2 岁的幼儿需 1 人以上人员照护。

全所需要的保育工作职员数计算方法如下：规定接收的婴幼儿数分别除以"必要保育工作职员数"规定的根据婴幼儿的年龄对应的保育工作职员数，保留小数点后 1 位，把四舍五入所得的各数量相加。

用公式表述如下：全所需要的保育工作职员数＝（0 岁婴儿数×1/3）＋{（1 岁幼儿数＋2 岁幼儿数）×1/6}

在开所时间内，保育所针对目前在机构中的婴幼儿，按以上规定的配置标准，配置规定数目以上的保育工作职员。另外，在开所时间内，保育所必须配置 2 名以上的保育工作职员，其中包括 1 名以上的全职员工。

保健师、助产师及护士被视为具有以保育员为标准的专业性的人。

## （二）所长

第一，设置独立所长。

所长是指满足下列条件或者知事认为合适的人。

所长应在以下的机构中有过从事保育员工作每天 6 小时以上且每月 20 天以上的工作经历，并且有在同一机构中工作一年以上的经历。

- 婴幼儿福利机构。
- 《纲要》认证的保育所。
- 经《保育所运营事业实施纲要》认定的补助型机构。
- 用于援助事业的小规模保育机构。

第二，当只运营一所认证保育所时，允许所长兼任机构运营者。

第三，当多个机构满足以下条件时，允许仅运营一所认证保育所的所长兼任其他机构代表人。

- 在该认证保育所开设后开设。
- 该认证保育所的管理运营不会受到影响。
- 有必要的体制确保不影响其他事业实施。

## （三）厨师和特聘医生

规定人数为 40 人及以下的保育所应配置 1 名厨师，规定人数为 41 人及以上的保育所应配置 2 名以上厨师。但是，若保育所将供餐业务委托给第三方，保育所内的烹调室仅用于烹调，可以不设置厨师。

# 三、建筑设计

认证保育所的结构及设备必须充分注意采光、换气、卫生保健等方面符合以下要求，以此来保障保育所的稳定运营。

## （一）基础设备、面积等

0～1岁婴儿的婴儿室或卫生室的面积为人均2.5平方米以上，2岁以上幼儿的保育室或游戏室的面积为人均1.98平方米以上。在户外游戏场地方面，认证标准并未作出要求。医务室具有静养的功能，也可以和办公室等兼用。保育所应避免婴幼儿从保育室轻易进入厨房，应将厨房独立划分出来，并且其面积、设备应该与规定人数相对应。厕所供保育室专用，里面还配备了专用的洗手设备，并与保育室及厨房划分开来，婴幼儿可安全使用厕所，厕所的数量应满足每20名婴幼儿至少有1个。

## （二）用具等

保育室或游戏室内应配备必需的玩具，医务室应常备必备的医药品等。

## （三）位置

婴儿室或卫生室、保育室或游戏室以及医务室（以下简称"保育室等"）若没有特别的理由的话，最好设置在1楼。

# 四、安全防护

在遭遇火灾等紧急情况下，保育所应为婴幼儿设立有效的避难位置，保育所应设置两处双向的紧急出口。当保育室等设置在1楼或者屋顶设置户外游乐场时，也要确保设置双向的避难路径。

针对保育室等设置在2楼及以上的情况，表1-3根据保育室的不同楼层，对设施和设备的要求作出了规定。

表 1-3 保育所对设施和设备的要求

| 楼层 | 区分 | 设施和设备 |
|---|---|---|
| 2楼 | 常用 | 1. 室内楼梯。<br>2. 户外楼梯。 |
| | 避难用 | 1. 符合《建筑基准法》的室内楼梯。<br>2. 能有效避难的阳台。<br>3. 符合《建筑基准法》的户外斜坡或者以此为标准的设备。<br>4. 户外楼梯。 |
| 3楼 | 常用 | 1. 符合《建筑基准法》的室内楼梯。<br>2. 户外楼梯。 |
| | 避难用 | 1. 符合《建筑基准法》的室内楼梯。<br>2. 符合《建筑基准法》的户外斜坡或者以此为标准的设备。<br>3. 户外楼梯。 |
| 4楼及以上 | 常用 | 1. 符合《建筑基准法》的室内楼梯。<br>2. 符合《建筑基准法》的户外楼梯。 |
| | 避难用 | 1. 符合《建筑基准法》的室内楼梯(仅限于从1楼到设有保育室等楼层的部分)。<br>2.《建筑基准法》规定的耐火结构的户外斜坡。<br>3.《建筑基准法》规定的户外楼梯。 |

第一，设施和设备应设置在能有效避难的位置，并且该避难位置与保育室等各个房间的步行距离应在30米以内。

第二，认证保育所的厨房应具有《建筑基准法》规定的防火地板或墙壁，或具有符合《建筑基准法》规定的防火设备。在这种情况下，换气、取暖或空调设备的风道在地板下或墙壁内的部分或靠近该部分的地方都应安装减震器。此外，应根据烹饪用具的种类设置有效的自动灭火装置，并采取必要措施防止火势蔓延到厨房外。

第三，认证保育所的墙壁及天花板室内面部分应使用不可燃材料。

第四，保育室等其他婴幼儿出入或者通行的地方应设有防止婴幼儿坠落的设备。

第五，安装有紧急警报器具或紧急警报设备及向消防机关报警的设备。

第六，认证保育所的窗帘、地毯、门窗等可燃性物品应进行防火处理。在设立认证保育所时，举办者应根据《建筑基准法》，在建筑物内开设保育所。但是当对现有建筑进行改建，设立100平方米以下的认证保育所时，需要提交一份证明其符合保育所标准的文件。

举办者应向知事提交根据《认证保育所的室内化学物质对策实施基准》

实施的测定结果及对策状况说明。

设立的认证保育所应符合下列条件中的任一项，举办者应提供客观证明该事实的文件。

第一，《建筑基准法新耐震基准》（昭和五十六年 6 月 1 日施行）。

第二，根据《为促进建筑物的抗震诊断及抗震修复的基本方针》（平成十八年国土交通省告示第 184 号）制定的方法进行耐震诊断。

在确定认证保育所的设立场所之前，举办者应向管辖消防署就安全的避难方法等进行审批。

# 五、卫生保健

东京市出台的《纲要》主要对幼儿的饮食健康方面进行了规定，提供的食物原则上应该由认证保育所内的厨师在所内进行烹饪。

《纲要》中提到，在运输手段等的卫生上采取恰当的措施，在仅限于满足下列条件的情况下，可以采用外部运输的方式向认证保育所内 3 岁以上幼儿提供食物。虽然 B 型认证保育所仅接收 0～2 岁婴幼儿，但此处也对外部运输提供食物的方式予以介绍，以供参考。

当采用外部运输的方式提供食物时，除去接受外部运输食物的幼儿外，认证保育所应将其余幼儿按年龄段区分，按规定进行厨师的配置。具体要求如下。

第一，负责向幼儿提供食物的该认证保育所的管理者，在卫生、营养等业务上要确认与受托人签订的合同内容，能履行注意事项并完成烹饪业务。

第二，该认证保育所或其他机构在制订菜单时，要从营养的角度接受营养师必要的指导。

第三，负责烹饪工作的人，应充分了解该认证保育所的饮食宗旨，并具有妥善执行卫生、营养的烹饪业务的能力。

第四，执行烹饪业务的人可以根据幼儿的年龄、发育阶段以及健康状态选择适合的饮食，为有过敏、特应性反应等情况的幼儿提供特殊照料，此外，应确认不同种类的、有必要的营养素含量的、适合幼儿的食物的提供次数及提供时间。

第五，认证保育所应从"通过食物来健全育儿"这一观点出发，根据幼儿的发育特点及水平，制订饮食计划并提供饮食。（表 1-4）

表 1-4　认证保育所文件清单

| | | 账簿名 | | | 账簿名 |
|---|---|---|---|---|---|
| 运营管理 | 1 | 东京认证保育所认证书 | 保育内容 | 1 | 儿童名册 |
| | 2 | 认证保育所适用证 | | 2 | 保育课程 |
| | 3 | 使用合同 | | 3 | 指导计划 |
| | 4 | 重要事项说明书 | | 4 | 饮食教育计划 |
| | 5 | 服务评价结果报告书 | | 5 | 保健计划 |
| | 6 | 保育所规则 | | 6 | 儿童出勤表 |
| | 7 | 就业规则 | | 7 | 保育日志 |
| | 8 | 雇佣合同 | | 8 | 儿童票 |
| | 9 | 职员简历 | | 9 | 监护人联络簿 |
| | 10 | 资格证书 | | 10 | 保育所儿童保育要录 |
| | 11 | 劳动者名单 | | 11 | 园区 |
| | 12 | 派遣合同(标准职员) | | 12 | 紧急联络表 |
| | 13 | 职员工作表(轮班表) | | 13 | 共餐菜单 |
| | 14 | 委托医生合同 | | 14 | 特定饮食营养报告 |
| | 15 | 出勤表 | | 15 | 验便检查结果表 |
| | 16 | 工资台账 | | 16 | 烹饪委托合同 |
| | 17 | 社会保险相关文件 | | 17 | 儿童健康检查记录 |
| | 18 | 职员健康检查记录 | | 18 | 0 岁儿童每日健康记录 |
| | 19 | 建筑物平面图 | | 19 | 事故簿 |
| | 20 | 室内化学物质浓度测定结果 | | 20 | 损害赔偿保险证书 |
| | 21 | 消防署相关文件 | 会计 | 1 | 会计章程 |
| | | 消防管理者任选申报 | | 2 | 预算关系文件 |
| | | 消防计划备案 | | 3 | 凭证文件(合同、账单、收据等) |
| | | 消防署检查结果通知书 | | 4 | 会计账簿类 |
| | 22 | 防灾训练记录 | | 5 | 决算相关文件 |

# 第三节　阿拉伯联合酋长国：国家儿童照护标准

由于历史的发展和宗教的影响，20 世纪 50 年代前，阿拉伯联合酋长国(以下简称阿联酋)主要实施私塾教育，学习的内容主要是伊斯兰教的宗教知识以及阿拉伯语。在 1971 年独立之后，阿联酋现代教育才开始发展[①]，尤其是在沙特国王阿卜杜勒·阿齐兹在位时期，教育局成立，负责建立学校和教育网点，阿联酋的教育开始走上正规的发展道路[②]。阿联酋联邦战略强调，必须提高公共和私营部门各级教育的质量和水平，尤其是提高作为教育基础的早期保育和教育的质量和水平，以满足社会的期望。在阿联酋，国家妇女机构主要负责 0~4 岁儿童照护服务的管理，其在 2009 年出台了《国家儿童照护标准》并提倡在工作地区建立托育机构，来响应政府提高各级教育质量的战略。同时，阿联酋鼓励妇女参与儿童的照护工作，在保障妇女发挥家庭传统作用的同时，鼓励妇女拥有自己的职业。阿联酋出台《国家儿童照护标准》的主要目的是为托育机构提供环境设置和人员配备的最低标准，标准中既包含设备设施等结构性质量，也包括保教活动等过程性质量。

## 一、举办资格

阿联酋的托育机构包括工作场所开设的托育中心和附属于学校的托儿所（每天为 4 岁以下的儿童提供 4 小时以上托育服务）。托育机构根据现行法律具有相关部门的许可，并由组织管理者按照符合国家标准的要求对其进行管理。机构负责人应全面负责机构的运营和保障人员符合国家标准，按照国家标准的要求编制政策和程序手册，并监督托育机构内的所有员工。

举办者必须具备以下条件：第一，对举办者的身份进行了限定，规定举办者必须为阿拉伯国家或具有阿联酋国籍的公民。第二，对举办者的信誉进行了规定，举办者应该信誉良好，若被判定犯有荣誉或诚信方面的罪行，除非他已被主管部门赦免，否则他将被禁止举办托育机构。第三，对举办者的社会评价进行了要求，要求举办者拥有值得赞颂的言行和良好的声誉。第四，对举办者的资金提出了一点要求，要求机构举办者要有能力支付机构的场地租金。

举办托育机构需要向相关部门提交程序手册，程序手册中应特别包括以下主题：照护目标，照护计划，许可证，建筑物、家具、设备维护，组织结构，员工事务，工作时间和假期，每日时间表，入学和注册程序，会

---

① 蔡伟良：《阿联酋的教育》，载《阿拉伯世界研究》，2005(1)。
② 陈丽敏：《沙特阿拉伯的教育发展与经济腾飞》，载《内蒙古民族大学学报》，2008(1)。

计制度，费用和付款，安全和安保程序，医疗保健程序，营养程序，与父母的关系。

机构还应该对机构管理和婴幼儿发展等各项事务保留相关的记录和文件，记录和文件应该包括以下方面：婴幼儿档案；婴幼儿入学申请表，包括姓名，国籍，出生日期，入学日期，父母的工作地址、家庭住址、电话号码和子女出生证明复印件；入园时显示婴幼儿健康状况的医学报告；父母或监护人关于婴幼儿照护的注意事项；婴幼儿发展报告，包括任何评论和必要的补救措施；员工记录和档案；申请和雇佣合同；必要文件，包括工作许可证、护照、学历、经验证书、良好行为证书和健康卡的复印件；奖励、书面警告和定期评估报告；考勤簿；婴幼儿每日出勤登记；员工每日出勤登记；事故登记；事故报告和采取的措施。

# 二、建筑设计

托育机构应选址在安全和健康的地方，包括与婴幼儿数和年龄成比例的充足的室内和户外区域。它的配置应能营造愉快的环境，满足婴幼儿的需要，并促进他们的身体、智力和社会发展。阿联酋对建筑规模的要求主要集中在以下五个方面。

## (一)选址与建筑

首先，托育机构应设立在安静的地方，并且需要考虑到婴幼儿的安全到园和离园。其次，机构应位于单独建筑或高层建筑的一楼，以保障婴幼儿的安全，防止婴幼儿因高空坠落而造成伤害。但位于政府和企业工作场所附近的托育机构，在获得政府民防部、市政府和社会事务部的特别许可后，可以选址在高层建筑的其他楼层。此外，阿联酋政府严格禁止在临时建筑中设立婴幼儿托育机构。

## (二)室内空间

《国家儿童照护标准》要求所有房间都应该配备空调和自然通风的设备，每个房间应配备可以自然采光的窗户和人工照明设备。活动室窗户应占墙面面积的10%，来为教室提供足够的自然光。

### 1. 婴幼儿活动和游戏室

机构应为婴幼儿提供单独的活动和游戏室，并且根据婴幼儿的年龄和数量规定活动和游戏室的净占地面积：对于 0～2 岁的婴幼儿来说，每个活动和游戏室内不超过 12 人，人均面积不低于 2.5 平方米；对于 2～4 岁的幼儿来说，每个活动和游戏室内不超过 24 人，人均面积不低于 3.0 平方米。

### 2. 婴幼儿睡眠室

2 岁以下婴幼儿的睡眠室应该是一间位于活动室内的单独房间，每个房间内不超过 6 名婴幼儿，人均面积不低于 1.5 平方米，并且房间内应该配备玻璃窗，以便教师从活动和游戏室观察婴幼儿。

### 3. 幼儿盥洗室

盥洗室应位于活动和游戏室附近。在照护人员可以看到的地方，设置一个 2 岁以上幼儿可以独立安全使用的厕所和洗手盆，同时应该按照每 8 名幼儿使用 1 个器材的比例对盥洗室进行配备。

### 4. 成人盥洗室

机构应该在远离幼儿盥洗室的地方，设置成人专用的厕所和洗脸盆，婴幼儿不得进入成人盥洗室。

### 5. 婴幼儿尿布区

机构要为婴幼儿提供尿布区，区域内需要配备尿布台、洗手池和婴幼儿洗脸盆。同时，尿布区应该远离食品准备区。

### 6. 医务室

机构需要为主治医师和护士提供符合公共卫生部门要求的房间，以及急救设备和临时照护、隔离患病婴幼儿的房间。

### 7. 食品准备区

在保障卫生的条件下，在提供、配备和储存食品的房间，食品准备区应该防止污染，采取一切必要的预防措施来确保员工和婴幼儿的安全。

### 8. 奶粉冲泡区

为 18 个月以下的婴幼儿提供服务的托育机构必须设有奶粉冲泡区，确保奶粉的冲泡在无污染的卫生环境下进行。奶粉冲泡区应远离盥洗室和尿布区。同时，机构需要为婴幼儿和家长提供母婴哺乳室，为母乳喂养婴幼儿的妈妈提供安静的哺乳空间。

### 9. 行政管理室和员工休息室

机构应根据行政人员和教职工的数量准备一个或多个房间，以备有足够的空间供经理、访客、员工休息，保留和储存文件。行政管理室应与婴幼儿活动室分离，但距离不应过远，以便行政人员进行监测和管理。

## （三）户外空间

机构应在保育设施外另外设置一个独立区域供婴幼儿活动和玩耍，同时规定机构为每名 2 岁以下婴幼儿设置的户外游戏占地面积应不低于 2.0 平方米，为每名 2 岁以上幼儿设置的户外游戏占地面积应不低于 4.5 平方米。户外空间应配备符合婴幼儿年龄的安全游戏活动器材。户外空间还需要包括一个带有天然植物的花园，让婴幼儿在其中体验和感受自然环境，与自然环境互动。

此外，若工作场所附近的托育机构没有相邻的户外空间，则应在该机构安全步行可达的距离内，提供符合空间要求的户外游戏区域。或者，工作场所附近的托育机构应准备并提供一个具有同等面积的额外室内空间和带有天然植物的室内花园来促进婴幼儿大肌肉的发展。此外，户外游戏区域应设置围栏和安全门，防止婴幼儿随意进出，发生意外。

## （四）室内设施

托育机构设施应符合以下标准。

- 家具大小应符合婴幼儿的生长发育水平，不宜过大或过小。
- 机构内的家具数量应保持充足。
- 设施应适合婴幼儿使用。
- 设施应耐用并且易于移动。
- 设施应易于清洁和维护。
- 设施应尽可能使用天然材料。
- 设施和环境应尽可能使用中性色。

## （五）玩教具

托育机构内应配备丰富的玩教具，以便教师和婴幼儿进行不同类型的活动和游戏。所有设备、材料和玩具应符合婴幼儿的年龄，可以重复使用并且安全。

# 三、人员配备

托育机构应确保有足够数量的合格教师和托育人员来照护婴幼儿和支持婴幼儿的发展，《国家儿童照护标准》对机构人员的类型、职责和师幼比进行了规定。

## （一）主班教师

主班教师承担行政职责和对环境的全面监督职责。行政职责包括机构的工作计划和每日时间表的制订、人员职责分配以及对员工和家长关系的监督。同时，机构内应配备一名助理教师，当主班教师不在时，助理教师承担其所有职责。一名合格的班级主班教师应该负责照顾和监督一组特定婴幼儿，并由足够数量的合格助理教师和保育员协助。

## （二）班级规模

阿联酋《国家儿童照护标准》规定，应该按照婴幼儿的年龄确定每个班级的婴幼儿数量。0～2 岁的婴幼儿的班级每班人数不得超过 12 人，2～4 岁的幼儿的班级每班人数不得超过 24 人。此外，如果 18 个月以上的幼儿的发展水平允许他们与年龄较大的幼儿进行融合教育，那么他们可以被转移到年龄较大的幼儿群体中。

## （三）师幼比

为了确保每一名婴幼儿都受到足够的照护，同时满足每名婴幼儿的需求，《国家儿童照护标准》对不同年龄段婴幼儿数与对应教师数进行了规定：对于 0～2 岁的婴幼儿，师幼比不得低于 1：4；对于 2～4 岁的幼儿，师幼比不得低于 1：8。当婴幼儿外出时，教师的数量应该增加 30％。

同时，教师和婴幼儿比例应根据具备婴幼儿工作资格的员工人数计算。这个比例不应考虑任何行政、清洁、安保或其他不合格员工的数量。在员工缺勤和休假期间，机构应能够作出适当的安排，来保证班级内的教师数量能够满足最低师幼比。

## （四）从业人员资质要求

所有从事婴幼儿托育工作的人员应具备专业资格并接受实践培训。所有想要从事托育工作的人员应提交其资格证明文件和履历，以便相关机构颁发必要的许可证，允许其在该领域工作。同时，许可证应该根据从业人员的学历和实践经验进行区分，当前托育许可证有 4 个级别：4 级托育主管、3 级主班教师、2 级教师助理和 1 级保育员。不同岗位的人员配有不同等级的资格证书，人员完成相应的教育和达到实践要求后，可以申请对许可证进行升级。具体的不同级别的许可证对知识和能力的要求见表 1-5。

表 1-5  托育机构从业人员应具备的知识与能力

| 等级 | 4 | 3 | 2 | 1 |
|---|---|---|---|---|
| 从业人员 | 托育主管 | 主班教师 | 教师助理 | 保育员 |
| 教育水平 | 大专 | 高中 | 职业资格中级 | 护士资格 |
| 工作经验（年） | 1 | 2 | 0 | 1 |
| 身体发展 | √ | √ | √ | √ |
| 语言和交流 | √ | √ | | |
| 照护知识 | √ | √ | | |
| 社会情绪 | √ | √ | | |
| 文化 | √ | √ | | |
| 创造 | √ | √ | | |
| 实际应用 | | | | |
| 室内户外活动 | | √ | √ | |
| 游戏 | | √ | √ | |
| 沟通技巧 | | √ | √ | √ |
| 感统教育 | | √ | √ | |
| 推理 | | √ | √ | |
| 生活技能 | | √ | √ | √ |
| 当地文化 | | √ | √ | |
| 美术、音乐和戏剧 | | √ | √ | |
| 知识 | | √ | | |
| 教学方法 | √ | √ | | |
| 观察和评估 | √ | √ | √ | √ |
| 儿童营养 | √ | √ | | √ |
| 儿童健康和照护 | √ | √ | | √ |
| 急救 | √ | √ | √ | √ |
| 班级管理 | √ | √ | | |
| 学校管理 | √ | | | |

## （五）人员培训

《国家儿童照护标准》允许正在参加培训的人员在机构内进行实习，但人数不得超过合乎标准的人员的 20％，没有合格资质的人员在与婴幼儿共同工作时应在主班教师的监督下进行。此外，托育机构应为机构内的教师设计一个持续的员工培训计划，使他们提高工作绩效，同时，应向教师介绍婴幼儿托育的新进展。

# 四、安全防护

托育机构应采取一切必要措施来确保婴幼儿在机构内或户外时的安全，避免受伤的风险，并确保所有员工充分了解如何保护婴幼儿的安全和对机构安保的要求及安保程序。

## （一）安保安全

首先，婴幼儿应该时刻在照护人员的视线范围之内。未经授权的人员不得进入机构，也不得允许婴幼儿离开机构，除非在父母/其他监护人或经他们书面授权的人员陪同下，婴幼儿方可离开机构。其次，教师应将可能伤害婴幼儿的材料和工具，如清洁材料、药品和锋利的工具放在婴幼儿接触不到的地方。所有电源插座应安装在婴幼儿接触不到的地方，教师也应提供适当的防护措施。再次，教师应为婴幼儿使用的楼梯、爬梯和游泳池设置足够的安全防护措施，包括在两侧设立足够高的安全门和扶手。应为所有窗户和玻璃门提供足够的保护措施。最后，为保障婴幼儿的健康，教师应采取一切必要的预防措施防止污染和疾病传播，并采取适当措施处理受伤和患病的婴幼儿。

## （二）消防安全

按照阿联酋民防局的规定，机构应该确保报警系统的使用正常，同时也要确保灭火器，电气系统，楼梯、出口和方向标志的充足和有效。

机构应形成明确规定的紧急疏散程序，定期对婴幼儿进行消防演习。

## （三）保险

机构应投保洪水险、火灾险、盗窃险、婴幼儿及员工意外伤害险和第三方责任险。

## （四）外出

当婴幼儿外出时，机构应采取一切必要的预防措施，确保婴幼儿外出期间的安全，包括使用经批准的交通工具，并增加陪同婴幼儿的监督人员的数量。

# 五、卫生保健

## （一）日常卫生

工作人员应根据需要，在每次使用完场地后，对场所、设备和家具实施全面的清洁和消毒，确保婴幼儿在机构内的安全。同时，应聘请害虫防治专家定期处理害虫和喷洒药物。

## （二）急救设施及医护人员配备

机构应提供一套设备齐全的急救箱，并将其放置在所有从业人员都知道并且婴幼儿触碰不到的地方。同时机构应与在同一城市注册的执业儿科医生签订定期就诊合同，执业儿科医生的时间安排应允许每名婴幼儿每月至少接受一次检查。

## （三）疾病和药物

首先，不允许患病婴幼儿在康复前被送来托育机构。若发现婴幼儿出现疾病症状，应立刻通知其父母并由医生安排必要的治疗。在父母到达之前，应该保证有人向婴幼儿提供安全的照顾。其次，照护人员不得给婴幼儿服用任何药物，除非婴幼儿患有需要长期治疗的慢性病，如糖尿病或哮喘，在这种情况下，照护人员应按照父母的书面说明和随附的记载药物剂量的处方，进行药物治疗。

## （四）事故和紧急情况处理办法

当婴幼儿患严重疾病或受到伤害时，从业人员应立即采取急救措施，并根据病情严重程度，呼叫急救服务或陪同婴幼儿到最近的医院就诊并通知家长。

机构应准备一份事故登记簿，详细记录当值员工、具体情况和采取的措施，并向父母提供一份同样的报告。

## （五）特殊婴幼儿的照护

托育机构响应国家政策，将有特殊需要的婴幼儿包括在招生范围之内。工作人员应根据机构能力灵活实施该政策，该政策涉及的内容包括可用的设备、监督人员的数量和专业，以及可纳入机构的有特殊需要的婴幼儿的类型。但是有特殊需要的住院婴幼儿数不得超过婴幼儿总数的10%。

机构在安排有特殊需要的婴幼儿入学时，可与其父母商定，包括出勤时数、是否需要指派专门的监护人员或协助监督婴幼儿以及随后产生的额外费用。同时照护人员应与家长和其他监督婴幼儿的专家充分合作，观察记录婴幼儿的成长情况，交流有关最佳行动方案的信息，帮助婴幼儿更好地成长。

## （六）膳食准备

机构应为婴幼儿提供足量、不同种类并符合个人需求的膳食和饮料，来满足婴幼儿的营养需求。教师应做好充分的准备，为婴幼儿提供的膳食和饮料，可以在机构内准备，也可以由专业饮食提供者提供。在所有情况下，机构应确保所有膳食都是健康的，按照公共卫生部门的指南进行膳食准备，并且膳食每天需要含有新鲜蔬菜。对于18个月以下婴幼儿的膳食，父母应提供关于类型、数量和喂养间隔的明确书面说明，教师按照说明帮助婴幼儿进餐。

同时，婴幼儿档案中应该记录所有与文化、宗教或健康有关的特殊饮食要求，这些要求应提供给厨房从业人员，厨房从业人员在准备婴幼儿膳食时应遵守这些规则。

综上所述，阿联酋的婴幼儿托育服务尚未得到应有的重视，但是近些年随着经济发展，其开始逐渐通过重视婴幼儿托育、设立婴幼儿托育机构以及出台详细的机构设置标准来解放妇女，为妇女提供更多的工作岗位和工作机会。

# 第四节　独立式托育机构设置标准的国际比较、趋势与启示

通过梳理美国、日本、阿联酋三个国家的独立式托育机构服务的经验，我们可以发现 0～3 岁婴幼儿的托育服务正在逐渐引起各国的重视。各国独立式托育机构在发展过程中既有共同趋势，也存在个体差异，对此进一步的分析解读可为我国独立式托育机构提供指导与启示。

## 一、独立式托育机构设置标准的国际比较

### (一)严格审查举办者的资质，准入材料要求全面

我们通过对独立式托育机构设置标准的比较发现，对机构举办者的要求呈现出较为严格的特点。机构的举办者作为托育机构的主要领导者和负责人，是决定机构质量的重要影响因素。设置标准中对机构举办者的要求是筛选托育机构的重要方式。我们通过对机构举办者准入要求的分析发现，三个国家都对举办者的经济条件和社会声誉作出了要求。首先，经济基础是保障机构场地和基础硬件设置的重要前提。只有在资金充足、财务合理的条件下，举办者才能维持机构的长期运营。其次，三个国家都对机构举办者的道德声誉进行了规定。机构举办者作为机构发展方向的引导者，决定了一所机构的园所文化。因此，机构对负责人道德品质和社会声誉的要求是机构质量的基础保障。美国、日本、阿联酋都对机构举办者的道德诚信和无犯罪记录等条件进行了限定。不同国家在机构举办者的要求上也存在一些不同，体现出不同国家的特点。阿联酋对机构举办者的公民身份进行了规定。美国对机构举办者运营的行政能力进行了要求。

除此之外，在准入要求中，各国都对开设托育机构需提交的材料进行了规定，主要是对机构管理的相关文件进行了规定，其中各国都对机构管理制度、婴幼儿保教计划、人员资质材料进行了要求。我们通过材料可以

对机构运行的基本情况进行更加客观和准确的了解。机构对管理制度和保教计划的了解可以使其了解机构的日常运作流程，保障机构的流畅运行。机构对人员资质材料的收集可以保障主管部门对托育机构内从业人员的情况进行监督。

### (二)年龄越小，师幼比要求越高，强调密切关注与细致保教

师幼比即 0～3 岁婴幼儿托育机构内进行保教服务的人员与婴幼儿数量的比例。比较上述三节介绍的三个国家，我们可以发现，美国、日本以及阿联酋均呈现出越小的婴幼儿对于师幼比的要求越高的趋势。美国的《儿童保育中心认证标准》规定，30 个月以下婴幼儿的师幼比最低为 1：4，30 个月至 3 岁幼儿的师幼比最低为 1：8。日本的《东京都认证保育所事业实施纲要》规定，1 岁以下婴幼儿的师幼比最低为 1：3，1 岁至 2 岁幼儿的师幼比最低为 1：6。阿联酋的《国家儿童照护标准》规定，0～2 岁婴幼儿的师幼比最低为 1：4，2～4 岁幼儿的师幼比最低为 1：8。

有研究表明，高师幼比可以有效减少对婴幼儿的忽视行为，同时适宜的、有效的介入行为比例会增加。[①] 而 3 岁以下的婴幼儿需要成人更加密切的关注与更加细致的保教，托育机构需要更高的师幼比对其保教质量进行保障，目前这已成为多数国家的共识，成为普遍做法。经济合作与发展组织的调查报告显示，成员国的托育机构师幼比平均水平已达到 1：7，其中 0～3 岁婴幼儿托育机构师幼比水平高于这一标准的国家有芬兰、英国、美国、日本等，与这一标准相当的国家有韩国，低于这一标准的国家有新西兰、挪威等。其中芬兰婴幼儿托育机构的师幼比水平最高，平均为每 4 名婴幼儿配备 1 名照护者；挪威婴幼儿托育机构的师幼比水平最低。（详见表 1-6）

表 1-6　代表性国家托育机构的师幼比

| 国别 | 芬兰 | 英国 | 美国 | 日本 | 韩国 | 新西兰 | 挪威 |
|------|------|------|------|------|------|--------|------|
| 师幼比 | 1：4 | 1：3～1：6 | 1：4～1：8 | 1：6 | 1：7 | 1：8 | 1：9 |

### (三)对室内外场地和面积作出明确规定

美国、日本、阿联酋的独立式托育机构设置标准都对场地规模作出了

---

① 李相禹、刘焱：《师幼比对教师观察与指导幼儿区域游戏的影响》，载《教师教育研究》，2018(3)。

规定，主要分为对室内场地和户外场地的要求这两方面。

在室内场地方面，各国都针对婴幼儿的年龄阶段进行了划分，并根据不同的年龄特点对场所面积作出了规定。如美国以 30 个月为节点进行划分，30 个月及以下婴幼儿的室内活动面积不低于每人 4.65 平方米，30 个月至 3 岁幼儿的室内活动面积不低于每人 3.25 平方米。同时，美国还对食品储备区和婴幼儿盥洗室作出要求，如根据在托时间不同，若婴幼儿每日在托时间少于 5 小时，机构需要为每 20 名婴幼儿提供至少 1 个厕所及 1 个洗手盆，若婴幼儿每日在托时间多于 5 小时，机构需要为每 15 名婴幼儿提供至少 1 个厕所及 1 个洗手盆。日本对婴幼儿厕所的数量的要求与美国相似，为每 20 名婴幼儿提供至少 1 个厕所。此外，日本要求 0~1 岁婴儿的婴儿室或卫生室面积为人均 2.5 平方米以上，2 岁以上幼儿的保育室或游戏室面积为人均 1.98 平方米以上。在阿联酋的活动和游戏室中，对于 0~2 岁的婴幼儿来说，人均面积应不低于 2.5 平方米，对于 2~4 岁的幼儿来说，人均面积应不低于 3.0 平方米，同时规定睡眠室中每名婴幼儿的面积不小于 1.5 平方米。在对盥洗室的要求方面，阿联酋要求更高，按照每 8 名婴幼儿使用 1 个器材的比例对盥洗室进行配备。

在户外活动场地方面，美国和阿联酋都对户外活动场地的面积和范围作出了要求。如美国要求托育机构应当有至少 111.48 平方米的户外游戏区，若托育机构附近没有户外活动场地，则可以将步行可到达的附近的公园或其他户外设施作为户外活动场所，但此类场所及其设施都要求保障婴幼儿的安全。阿联酋对户外活动场地的面积要求更为具体，规定托育机构为 2 岁以下婴幼儿设置的人均户外游戏占地面积应不小于 2.0 平方米，为 2 岁以上幼儿设置的人均户外游戏占地面积应不小于 4.5 平方米，并提出应为婴幼儿与自然环境互动创造条件。与美国相似，当阿联酋的托育机构附近没有户外活动场地时，在安全步行可达的距离内应提供符合面积要求的户外游戏区域。或者，托育机构应提供并准备一个具有同等面积的额外室内空间和带有天然植物的室内花园来促进婴幼儿大肌肉的发展，也要求注意保障婴幼儿的安全。

此外，除了对婴幼儿使用场地的规模作出要求外，阿联酋在其托育机构设置标准中还考虑到成人对于场地的需求。如阿联酋的托育机构应为成人设置专用的盥洗室，并应该设在远离幼儿盥洗室的地方，同时设置成人专用的厕所和洗手盆。阿联酋还规定托育机构应根据行政人员和教职工数量，在与婴幼儿活动区相隔较近的地方设立独立行政管理室和员工休息室。此类房间的设立在满足访客接待、员工休息、文件储存等需求的同时，也方便了行政人员及时对班级情况进行监管。

## 二、国际独立式托育机构设置标准的趋势与启示

### （一）将婴幼儿的安全健康放在首位

我们通过对国际经验的梳理，发现独立式托育机构设置标准都关注到了婴幼儿的安全健康。依据婴幼儿的年龄特点，各国主要从三方面来为其创设安全健康的环境。首先，应关注托育机构场所的安全。托育机构应选址在安全和健康的地方，托育机构应包括充足的户外和室内区域。在户外区域方面，户外游戏场地应通过设置遮蔽区域保障婴幼儿免受过度日晒，并且在周围设置保护的围栏或者安全门来避免危险。在室内区域方面，日本和美国都对托育机构的楼层作出规定，如建议将游戏室等设置在一楼，从而避免婴幼儿因高空坠落而造成伤害。其次，应保障托育机构设施设备的安全。户外应配备符合婴幼儿年龄的安全的游戏活动器材，在每天使用前，照护者应进行检查。同时教师应保障室内为婴幼儿提供的玩教具材料安全，并对玩教具进行维修，以保证其不受损坏。最后，应关注婴幼儿的食品健康。在食品安全方面，为婴幼儿提供的食物应保存完好，不存在变质、污染的情况；食品准备的区域应防止污染；厨师在提供食物时，应根据婴幼儿的年龄、发育情况合理搭配饮食，并充分考虑到婴幼儿的过敏情况及其他特殊需求。在健康安全方面，托育机构应设立含有急救设备和照护婴幼儿的医务室，同时教师应具备婴幼儿急救照护的相关知识。

因此，我国制定托育机构标准时，也应将婴幼儿的安全健康作为重点关注的一部分，从托育机构场地的选择，到设施设备的配备，再到婴幼儿的食品健康安全，都应当针对婴幼儿的年龄特点，制定全面而详细的标准，从而为婴幼儿提供安全、健康的物质环境。

### （二）以尊重儿童发展特点为基本原则

各国的独立式托育机构标准都体现出对婴幼儿发展特点的尊重，会依据婴幼儿的年龄特点对机构环境和配备标准进行调整，并且开始注意到对处境不利儿童需求的满足。第一，机构的设置标准注重满足不同年龄段婴

幼儿发展的需要。机构对不同年龄段的师幼比、活动面积等都作出了不同的设计。首先，在师幼比方面，由于婴幼儿自理能力较差，教师需要提供更多的帮助，因此年龄更小的婴幼儿需要更多的教师进行照料。美国、日本、阿联酋对于年龄较小的 2 岁以下的婴幼儿班级师幼比的要求高于对于 2～3 岁的幼儿班级师幼比的要求。其次，在空间面积的设计上，机构会给大一点的幼儿提供更多自由活动的区域，因此，2～3 岁幼儿的活动面积大于 0～1 岁婴儿的活动面积。如日本、阿联酋在机构设置标准中为 2～3 岁幼儿制定了更大的活动空间。第二，托育机构服务的设置标准也体现出注重配备各种不同的设施来满足婴幼儿不同活动和学习的需要，促进婴幼儿发展，满足婴幼儿大肌肉发展和精细动作发展的各项需要。机构应具有室内活动空间和户外活动空间，来满足婴幼儿不同运动的需求。阿联酋规定，没有户外活动区域的机构需要在室内另外设置一个同样大小的区域，并且带有一个小花园。除了对室内外活动区域的规定，设置标准还要求机构需要设置婴幼儿睡眠室、幼儿盥洗室、婴幼儿尿布区、医务室和奶粉冲泡区等来满足不同年龄段婴幼儿的每日生活需要。日本机构标准要求有婴儿室或卫生室、保育室或游戏室、医务室、调理室及厕所。美国机构标准要求有活动室、睡眠室、婴幼儿餐食准备区等。

我国托育机构设置标准也应秉持以促进婴幼儿发展为核心的理念，尊重婴幼儿发展特点，来满足不同婴幼儿的不同发展需求。首先，应增加对婴幼儿发展特点的了解，根据婴幼儿发展特点，制定相应师幼比、对空间设施和环境布置的要求。其次，应注重设置标准的全面性，关注到促进婴幼儿发展的所有设施，给婴幼儿创造全面发展的环境。

## (三)制定严格的机构准入标准，从源头保障托育机构质量

国际经验表明，标准的制定能够有效保障婴幼儿照护和早期教育发展的质量。有了科学、严格的准入标准，从源头进行管理，提高托育机构服务质量才有了可能与方向。目前多数国家已对各类托育机构制定了统一的设置标准，在选址、功能、供餐、安全、班级规模、人员配置等方面均作了严格的规定。例如，美国最有影响力的民间学前教育组织全美幼教协会（National Association for the Education of Young Children，NAEYC）自 1985 年即开始研制美国全国范围内的托育机构认证标准。依据 NAEYC 认证标准，一名托育机构的举办者必须具备学士学位，并且在攻读学位过程

中学习过与行政管理及领导力相关的 9 个学分的特定课程，以及儿童发展与教育、基础教育或特殊教育方面的 24 个学分的课程。唯有达到以上标准，举办者才可以认证注册 0～3 岁婴幼儿托育机构。与此同时，在托育机构认证的具体实施方面，NAEYC 设置包括机构提出申请、进行机构自学与评估、评审员评价和反思等步骤，环环相扣、紧密联系。在具体的认证实施过程中，聘用高水平专业化的评审员，并对评审员进行定期的培训，评审员对评审结果采取定期和不定期的抽查核验，针对评审异议设立了附议且与托育机构的管理者和员工进行沟通交流等环节。在这样的系统中，所有申请者必须通过严密的核查过程，包括专业人员的实地查访与鉴定，条件符合者才能通过举办者资格的认证，从而有效提高了美国早期教育服务市场的整体质量。

我国亟待建立全国性统一的 0～3 岁婴幼儿托育机构认证标准。我国建立起明晰的机构准入标准，能够帮助机构举办者准确认识开设一家独立式婴幼儿托育机构应具备哪些基本硬件条件，为婴幼儿创设怎样的物质环境更为适宜，发挥科学、权威的婴幼儿早期教育模式的引领作用；同时制定严格的机构准入标准，也是建立 0～3 岁婴幼儿早期教育健康有序发展长效机制的关键。准入标准的建立使托育机构规范化管理有了可能。依据标准，相关职能部门严格按照准入标准对当前市面上的托育机构进行资格审查，针对已经进行运营但未达到准入标准的托育机构，监督其限期整改，取缔到期仍未达到标准水平的低质量托育机构。对于准备加入认证的托育机构，相关职能部门应进行严格管理，按照准入标准从"源头"提高婴幼儿托育服务市场质量。

# 第二章

## 社区式托育机构设置标准

  社区式托育服务是指以婴幼儿生活所在社区为主要依托，在政府统领下，由教育行政部门、人口与计划生育、妇联等多部门共同参与，着力于为社区内0～3岁婴幼儿提供日间照护及教育、日间临时看护等多种类型的照料与教育活动，并为家长提供早期教育指导和帮助的公共服务。社区作为家庭实施婴幼儿早期教育的重要环境之一，蕴含着丰富的资源，且具有方便可及的优势。以社区为依托提供公共托育服务，是发达国家或地区提供社会服务、减轻婚育压力、降低少子化冲击的一条重要途径。美国、英国、澳大利亚等发达国家作为开展社区式托育服务的先行国家，在社区式托育机构的举办资格、机构规模、人员配备、建筑设计、安全防护、卫生保健等设置标准上积累了丰富的经验，形成了完备的体系，可为我国推进社区公共托育服务体系建设提供有益借鉴。

  本章以美国、英国、澳大利亚为例，梳理美、英、澳三国以社区为依托的托育机构设置标准，总结其先进经验，以期为我国社区式托育服务体系的建设提供有益借鉴。

## 第一节　美国：加利福尼亚州社区托育中心

  自20世纪60年代以来，提高质量成为美国早期教育发展的焦点和主题。为全面提高早期教育质量，1965年，美国联邦政府推出了针对弱势贫困儿童及家庭进行教育补偿的开端计划，改善其在教育、工作、卫生、保健等社会服务方面受到的不公平的待遇。随后服务对象逐渐扩大到非贫困儿童，到 90 年代，美国政府又重新对开端计划进行了拓展和创新，将开端计划的年龄段向下延伸，推出了为 3 岁以下婴幼儿提供服务的早期开端计划（Early Head Start），以及一系列的家庭服务项目。2011 年 8 月，开端计划办公室推出了《开端计划家长、家庭与社区共同参与框架》（The Head Start Parent，Family and Community Engagement Framework），为所有参加开端计划的服务机构、家庭和社区提供基于研究的、有组织的、行之有效的参考。[①] 美国也十分重视对早期教育质量的评估，在联邦政府层面制定了多种服务标准和保障政策，各学术团体和协会组织等研发了多样化的早期教育质量保障体系，同时，联邦政府、州政府与科研院所或学术机构合作，构建了一批全国性或地方性的早期教育质量保障和评价体系。

其中，加利福尼亚州（以下简称加州）作为开展较早、发展较为完善的先行地区，出台了《加州儿童托育中心许可证管理要求》（California Child Care Center Licensing Regulation Highlights）、《儿童托育中心一般许可要求》（Child Care Center General Licensing Requirements）等托育机构服务标准，在依托社区进行公共托育服务的建设方面积累了许多先进经验，本节以美国加州为例，梳理了加州社区托育中心的设置标准。[②③]

# 一、举办资格

加州社区托育中心由社会服务部门负责和管理，依据婴幼儿年龄和状态的不同，分为婴儿中心、学步儿中心、幼儿中心、学龄儿童中心和轻度生病儿童看护中心 5 种类型。其中，针对 0～3 岁婴幼儿的托育中心主要为婴儿中心以及学步儿中心，婴儿中心招收 0～24 个月的婴幼儿，学步儿中心招收 18～30 个月的幼儿。依据《加州儿童托育中心许可证管理要求》《儿童托育中心一般许可要求》的相关规定，每种类型的托育中心都应有独立经营许可证，个人、社会团体、企业或者其他政府单位等都可以申请提

---

① 陈宇卿、郭力平：《美国早期儿童服务的管理职能：形式与功能的转变》，载《外国教育研究》，2013(10)。

② Child Care in California，"Child Care Center General Licensing Requirements," https://childcareta. acf. hhs. gov/sites/default/files/public/cacenterapplicfeb2017. pdf，2019-08-25。

③ Child Care in California，"California Child Care Center Licensing Regulation Highlights," http://ccld. ca. gov/res/pdf/CCCRegulationHighlights. pdf，2019-08-25。

供社区托育服务。加州社会服务部门在州内各地设有 14 处负责管理及发放许可证的区域办公室，区域办公室直接负责各托育中心的审批和日常管理工作。个人、社会团体、企业或者其他政府单位等申请举办托育中心，一般要经历筹划与准备、提交申请材料、情况核实、审批与指导 4 个阶段。① 具体流程如下。

## (一)筹划与准备

在申请开办社区托育中心之前，申请人必须到当地的区域办公室获取一份社区托育中心的申请手册。该手册对申请程序、方法、审批的标准等都给予了详细说明。申请人需要按此要求做好资产证明，人员、卫生、安全等申报材料的准备。同时，申请人要向来自建筑、消防、卫生保健等部门的专业人员请教，或者请他们实地考察，制订社区托育中心的建筑设计计划。

## (二)提交申请材料

申请材料包括申请表格和支持性材料。申请表格涵盖了申请人的基本信息、申请人的财务状况、所有工作人员的基本信息、人事情况、托育中心的组织与经营状况、紧急情况处理等基本规划。具体包括以下 15 份材料。

许可证表：该表用来确认申请人和申请许可证的设施类型。内容涉及申请人的姓名，设施的名称、地址、种类、开放时间，办学规模，招收儿童的年龄范围等项目。

申请人信息表：该表用来确认申请人的身份。内容包括申请人姓名、对该机构投资的种类和份额、已参与的职业协会或技术协会等项目。

责任委派表：审批机构凭此确定社区托育中心的实际负责人。

健康屏障报告表：该表要证明持证人或托育中心负责人身体健康，能有效履行工作要求的职责。该表包括两部分，第一部分由持证人或托育中心负责人填写，第二部分由内科医生填写，确保负责人身体健康。

管理组织表：审批机构凭此表认定该公司内部管理的组织结构。

① 蔡迎旗、冯晓霞：《美国社区儿童看护中心的审批制度及其思考——以加利福尼亚州为例》，载《比较教育研究》，2004(9)。

人事报告表：该表要注明专业人员的数量，社区托育中心运营的所有时间内的人员安排和岗位衔接。该表包括社区托育中心的所有人员的名册，所有人员包括候补人员、志愿人员、管理人员等。

人事记录表：该表是受聘员工的个人材料，员工个人填写完毕后，由社区托育中心自己归档保存。审批机关可自由查取信息，并且社区托育中心要把任何人事变化及时上报审批机关备案。人事记录的内容包括员工个人的年龄、住址、职位、在岗时间、工作经历、受教育情况、修完的课程、专业和技术资格等。

犯罪记录陈述表：按加州法律规定，社区托育中心的任何人都必须留下指印并公开任何的犯罪记录，包括犯罪的指控和判决。

月经营陈述表：该表要反映社区托育中心的所有收入。内容包括儿童的数量，平均缴费和缴费总额，其他经营活动的收入，各种投资和赞助等。

收支表：该表记录了社区托育中心的所有资产和债务，以便审批机构评估申请人的收支平衡状况。收支表的内容包括机构的资产、负债与结算。机构的资产包括流动资产和固定资产两类。

财务信息的发布和证实表：该表分三部分，分别由不同责任人或机构填写。第一部分由申请人填写，第二部分由审批机关填写，第三部分是银行或金融机构提供的有关申请人和其儿童看护中心的财务信息。

紧急灾难计划表：该计划表是由申请人提出的使机构能够处理任何意外事故，保障每一位婴幼儿安全和福利的计划表。该计划表包括紧急事件中任务的指派，各种急救机构的名称和电话号码，机构的紧急出口，婴幼儿临时安置地，水、电、煤气等用具的开关，第一急救用具箱及搁置点，防火设备及搁置点等的说明。

地震准备检查清单表：该表是为预防地震而提出的表格。内容包括活动室和整个机构潜在危险的消除。

设施草图：要绘制出一份室内和户外的空间草图。室内图要标出房间的尺寸、用途、门的开向、卫生间和盥洗池的数量与地点；户外图要标出户外的所有建筑和设施，如跑道、栅栏、花园等。

当地的火检权威信息表：任何申请照护尚未学会走路、残疾或有特殊需要的婴幼儿的社区托育中心都必须填写此表，向审批机关提供中心所在地负责火检机构的联系方式，以便审批机关能从该火检机构处获得一份防火安全报告。

除提交以上申请材料外，申请人还要提供支持性材料，以作为证明如上填写内容的真实性的凭据，材料如下。

伙伴协议、联合条款和组织条款：这些文件是让证书发放机构知道社区托育中心的资产来源和机构各项工作的实际负责人。

管理人员和现场负责人的任职资格：包括文凭的副本以及能证明其具有职责要求的经验的介绍信。

工种描述：对每一种工作岗位的描述。内容包括工作的责任和义务、所需的最低资格、特定的证书、许可证、技能要求、监督方式等。

人事政策：主要是社区托育中心内部人事管理方面的操作方法和共同性规定。如员工的规模、资格、工作日程、应聘条件、工资待遇等。

员工的在职培训：申请人必须厘定一份工作人员的在职培训计划，其内容包括接受培训的员工范围和挑选标准、培训的种类、每一种培训的主题和频率等。

父母手册：包括婴幼儿入托的政策和程序、照护方案的介绍、纪律规章等。

日间活动时间表：其内容包括用餐、小吃、午睡、教学活动等环节的具体时间。

入学协议：其内容包括社区托育中心的服务范围和种类、缴费和退款政策、活动和规章调整的条件、机构中止的理由等。

菜谱范例：介绍用餐和小吃的时间、一周的菜谱范例。

家具和玩具设施的清单：机构列出为不同年龄的婴幼儿提供的室内外玩具和家具的清单。向保险公司投保的财产清单复印件也可以作为证据。

财产控制证明：如契约、租赁合同或财产税单的复印件。

私人供水的健康检测：如果饮用水来自一口井或其他的私人水源，机构必须有当地健康部门、州健康部门或合法实验室的现场水源的细菌学分析报告，以证明水是安全可饮用的。

### （三）情况核实

按美国地方当局政策规定，情况核实有两种方式：一是取证，二是专家实地考察。加州主要采用取证的方法验证申请材料的真伪。取证的过程包括：审批机关会向当地的银行或金融机构索要信息，核实申请机构的财务状况；向社区托育中心出租房屋设施的人员核明出租的事实；请建筑部门提供该机构的建筑、消防、防震和紧急事故的安全证明；请司法机构核实社区托育中心员工有无犯罪记录；向儿童虐待中心核实有无虐待儿童的情况；要求卫生保健部门提供该机构卫生保健合格的证明和负责人体检的结果等。

有的州也会将取证和专家实地考察相结合。比如，马萨诸塞州在进行资格审查时，审查机关要进行实地考察，先要从申请机构获得当地卫生检查员、消防检查员、建筑检查员以及公共健康检查员的联系方式。同时，审查机关安排与各专家的商谈事宜，邀请各专家到申请办证的机构实地考察，检查验收。

### （四）审批与指导

加州社会服务部门负责对社区托育中心的组织和监督，下设区域办公室负责机构的审批与管理，区域办公室在收到申请时，依据加州《儿童托育中心一般许可要求》的相关规定，审查申请人的资质以及该社区托育中心的设置，包括基本建筑安全、消防安全、可用空间安排、设备情况、人员配置是否符合要求。在申请通过后，社区托育中心需要接受社会服务部门的监管，需要向社会服务部门报告机构内发生的婴幼儿安全事件或者任何危险情况，同时，社会服务部门有权利随时进入社区托育中心视察以及审核该中心的记录，并且有权利暂停或者吊销中心的许可证。

## 二、人员配备

依照《儿童托育中心一般许可要求》，加州社区托育中心的设置应符合一定的规模要求。婴儿中心及学步儿中心都应有能力为至少 14 名婴幼儿提供托育服务，但最多服务人数不能超过机构可承载的最大限度，社区托育中心须能保证最低限度的师幼比。此外，加州社区托育中心在人员配备及资质方面有严格的要求。依据《儿童托育中心一般许可要求》的规定，社区托育中心需要在申请举办前按要求配齐所有服务人员，提交所有人员的基本信息、从业资质、无犯罪证明等，在通过审查之后，人员才能上岗，并且社区托育中心需要把人员变动情况提交到区域办公室报备。婴儿中心和学步儿中心的人员配备要求具体如下。

## （一）师幼比

依据《儿童托育中心一般许可要求》，婴儿中心及学步儿中心对于从业人员的配备数量及资质有不同的要求。其中，婴儿中心及学步儿中心基本的人员配备需有主任及主任助理、合格教师及教师助手。具体配备比例见表2-1。

表 2-1　美国社区托育中心的师幼比

| 社区托育中心类型 | 师幼比 |
| --- | --- |
| 婴儿中心 | 1 名合格教师：4 名婴儿<br>1 名合格教师和 2 名助手：12 名婴儿 |
| 学步儿中心 | 1 名合格教师：6 名幼儿<br>1 名合格教师和 1 名助手：12 名幼儿 |

同时，婴儿中心以及学步儿中心应有专门的教师进行午睡监管，要求每 12 名熟睡婴幼儿应有至少 1 名教师进行目视观察。

此外，超过 25 名婴幼儿的托育中心，除了要有主任在园外，还需要有主任助理在园协助管理，负责托育中心的日常工作和管理事宜。

## （二）从业人员资质要求

加州在托育服务人员的从业资质方面有非常高且严格的要求，对不同类型的从业人员要求不一，具体表现为：主任需要有至少 4 年的 5 岁以下儿童的教学经验，自身需要完成 12 个核心学期单元或 3 个与婴儿护理相关的学期单元的学习，同时需要完成 3 个与行政管理相关的学期单元的学习。主任助理可以由合格教师兼任，需要完成 12 个核心学期单元或 3 个与婴幼儿护理相关的学期单元的学习，以及 3 个与行政管理相关的学期单元的学习。托育中心的合格教师，需要有至少半年的 5 岁以下儿童的护理经验，同时需要完成 12 个核心学期单元或 3 个与婴儿护理相关的学期单元的学习，在受聘后，每学期或每季度仍需继续学习婴幼儿护理的相关课程，修满 2 个学分才能通过审查。托育中心的助手，至少应完成 16 小时的健康和安全培训，且必须在主任、主任助理或者合格教师的指导和监督下为婴儿提供直接护理和监督。除此之外，助手在上岗后需要继续接受学习和培训，直至达到教师要求。（详见表 2-2）

表 2-2　美国社区托育中心从业人员资质要求

| 从业人员类型 | 资质要求 |
|---|---|
| 主任 | 完成 12 个核心学期单元或 3 个与婴儿护理相关的学期单元的学习；<br>完成 3 个与行政管理相关的学期单元的学习；<br>至少 4 年的 5 岁以下儿童的教学经验。 |
| 主任助理 | 完成 12 个核心学期单元或 3 个与婴幼儿护理相关的学期单元的学习；<br>完成 3 个与行政管理相关的学期单元的学习。 |
| 合格教师 | 完成 12 个核心学期单元或 3 个与婴儿护理相关的学期单元的学习；<br>至少半年的 5 岁以下儿童的护理经验。 |
| 助手 | 至少应完成 16 小时的健康和安全培训；<br>在主任、主任助理或者合格教师的指导和监督下工作。 |

# 三、建筑设计

## （一）场地要求

依照《儿童托育中心一般许可要求》的相关规定，婴儿中心和学步儿中心需要为婴幼儿提供适合其年龄特点的场地。其中，室内空间应保持全年温度适宜，有充足的阳光，通风设备良好，室内设备应符合婴幼儿的身高和年龄特点。同时，婴幼儿托育中心的室内、户外活动空间应与其他年龄阶段儿童的使用空间分开，可使用可移动的墙壁或隔墙将活动空间进行隔离，但可移动的墙壁或隔墙至少应有 1.22 米高。在计算空间面积时，应排除通道及储藏空间，排除后每名婴幼儿的室内活动空间应不低于 3.25 平方米，同时室内空间的设置仍需要满足以下条件：壁炉和加热器等危险设备应被隔离，所有储存固体废物的容器都必须有严密的盖子；室内应有适宜婴幼儿玩耍的基本设备。

在户外空间设置上，应确保户外活动场所安全无危险，每名婴幼儿的户外活动空间应该不低于 6.97 平方米，且户外空间的设置应满足：操场要使用至少 1.22 米高的栅栏围起来；户外要有阴凉休息区，方便婴幼儿休息；户外要有适宜婴幼儿玩耍的设备，如秋千、滑梯等。

## （二）配备用房

按照《儿童托育中心一般许可要求》，加州社区托育中心应配备至少包括室内活动空间、户外活动空间、午睡室、卫生间、储藏室、办公室、食品准备空间 7 大功能区域，这些功能区域的基本设置应满足以下要求。

室内活动空间：全年保持温度适宜，家具设备的设置应安全且应符合婴幼儿年龄特点。

户外活动空间：应配备操场、滑梯、秋千等适合婴幼儿玩耍的设备。

午睡室：应保持整洁、通风良好，午睡室和其他活动空间要有至少1.22 米高的隔墙。

卫生间：应包括婴幼儿卫生间以及成人卫生间，其中婴幼儿卫生间应满足每 15 个婴幼儿要有至少 1 个便盆椅和洗手槽。

储藏室：用于储存暂时不用的物品，可共享使用。

办公室：用于处理日常工作的办公区域。

食品准备空间：用于准备婴幼儿食物，且食品准备空间要与尿布台分开。

# 四、安全防护

## （一）房屋安全

社区托育中心的建筑设计应符合加州房屋建筑安全相关条例，在筹备和建造房屋时要请建筑、消防、卫生保健等部门的专业人员指导，社区托育中心制订建筑设计计划并按要求建造。同时在申请提供托育服务时，社区托育中心要通过区域办公室以及消防部门的检查，向加州社会服务部门报备，被批准合格后方能营业。

在房屋的消防安全方面，社区托育中心要配备基本的防火消防设备，如火警报警器、灭火器、防火毯和防火门等。同时，安全出口的标志和指引要粘贴在显眼的位置，每 6 个月社区托育中心要举行一次灾难演习，同时托育中心的所有人员都要接受日常安全培训。

## （二）日常安全

首先，社区托育中心需要做好入园前安全检查工作。在接收婴幼儿时，托育中心需要对婴幼儿进行健康检查，对于符合接收条件的婴幼儿，要建立个人档案，包括婴幼儿的健康情况、父母基本信息以及儿童医生的电话等，方便教师在婴幼儿受伤、疫情暴发、发生火灾等紧急事件时，在通知家长的同时做好紧急处理工作。

其次，社区托育中心需要制订紧急灾难计划表。该计划表应包括紧急事件中任务的指派，各种急救机构的名称和电话号码，机构的紧急出口，儿童临时安置地，水、电、煤气等用具的开关，急救用具箱及搁置点，防火设备及搁置点等的安排。

再次，社区托育中心应建立设备安全与维护制度。社区托育中心应确保玩具和设备符合婴幼儿的年龄和高度，且设备要每日接受消毒和清洁，保持清洁、安全、卫生、维修良好；玩具应当是安全、适宜的，不得有尖角或边缘碎片；室内储藏物品的容器应有严密的盖子；室内场所不得使用婴儿学步车；婴儿床距地面应不超过 5.08 厘米，可从婴儿床爬出的婴儿则应使用地垫，社区托育中心应每日更换床上物品。

最后，社区托育中心需要做好日常工作记录及紧急事件的报告工作。对于机构内出现的婴幼儿疫情、死亡以及意外事件，社区托育中心需向所在区域办公室以及社会服务部门呈报。

# 五、卫生保健

## （一）饮食营养

在婴幼儿进入社区托育中心之前，托育中心的主任、婴幼儿家长、儿童医生要依据婴幼儿的个体需要和特点，为每名婴幼儿制订一份个人计划并存档。计划的内容应包括：个人喂养计划、个人如厕培训计划以及计划提供的服务等。婴幼儿进入托育中心后，托育中心要依照该计划严格执行。

除此之外，婴幼儿饮食仍需满足以下要求。

·食品的选择、储存、配制和服务应当安全、卫生，食品的质量和数量应满足儿童需要。

·社区托育中心应该按照婴幼儿的个人计划为婴幼儿提供母乳或者配方奶粉、固体食物。

·婴幼儿食用的母乳或者配方奶粉必须装瓶储藏，且奶瓶底部要贴有婴幼儿名字及日期的标签。

·应至少每4小时喂养一次吃奶粉的婴幼儿，奶瓶使用后要消毒清理。

·食品准备空间要有必要设备，如水槽、冰箱、冷热水和储存空间，同时应保持清洁、卫生。

·社区托育中心要记录婴幼儿的饮食情况、对食品的好恶、过敏情况并及时反馈。

·社区托育中心不能向婴幼儿喂食蜂蜜。

·教师在喂养前后需要洗手，并对喂养的地方进行清洁消毒。

### （二）卫生防病

社区托育中心要做好婴幼儿的健康检查和卫生防病工作，婴幼儿进入托育中心之前应通过健康检查，托育中心不接收有明显不适症状的婴幼儿，检查无问题后，要为每名婴幼儿建立健康档案。社区托育中心要配备隔离和照顾生病婴幼儿的基本设备，当婴幼儿患病时，教师应立即隔离婴幼儿并通知家长，要求家长将婴幼儿尽快接回。在照护轻微症状的生病婴幼儿时，教师要遵循以下用药原则。

·药物集中储存在原始容器中，放置在婴幼儿接触不到的地方。

·处方药必须按照医生所开的说明服用，在给婴幼儿用药前必须得到家长代表的书面批准和说明。

·当婴幼儿不再需要药物时，应把药物返还给父母。

·做好婴幼儿用药记录以及用药后的观察反馈工作。

# 第二节　英国：社区综合性儿童中心

英国政府高度重视早期教育的法律指导与保障。20世纪，英国就逐步立法以完善早期教育政策体系，为早期教育的发展提供了有力的法律支持与保障。1998年颁布的国家保育战略（The National Childcare Strategy for England）和确保开端计划（Sure Start），确立了早期教育在国家发展战略中的地位。在国家制度的保障与推进下，英国的早期教育取得了优良的实践成果，并在公共托育服务方面形成了举办主体多元化且机构、家庭、社区等多方密切合作的托育服务体系。英国出台了托育服务相关标准如《基础阶段课程指导》(Curriculum Guidance for the Foundation Stage)、《0～3岁很重要》(Birth to Three Matters)、《8岁以下儿童日托和居家保姆全国标准》(National Standards for Under 8s Day Care and Childminding)等标准。[①] 2004年12月，英国政府在确保开端项目的基础上，推出了新确保开端项目《儿童保育的十年策略》(Ten-Year Strategy for Childcare)，将确保开端项目由原来特别针对贫困区域儿童及家庭的补偿项目转变为向所有儿童和家庭提供服务支持的项目，在英国的各个社区建设综合性儿童中心。随后，英国出台了《儿童早期基础阶段》(The Early Years Foundation Stage)，整合以往的多种标准，建立起0～5岁儿童教育和保育相统一的公共托育服务体系框架，并由教育标准局(Office for Standards in Education，Children's Services and Skills)依据统一的视察标准展开对学前儿童服务的全面督导。[②]

英国儿童中心是综合性社区式托育服务中心，其服务对象不仅仅是儿童，而且还包括家长、准父母。儿童中心由地方政府负责组织与管理，承担着连接当地各类机构，凝聚社会资源和服务，为社区婴幼儿和家庭提供优质的综合服务的职责。儿童中心为社区内儿童设定免费托育时长，英国所有3～4岁儿童都可以获得每星期15小时、每年570小时的免费托育服务，且有特殊需求的家庭还可延长至每星期30小时。此外，一部分符合条件的2岁幼儿也可获得每星期15小时的免费托育服务。儿童中心作为综合性服务中心，为社区内婴幼儿及家长提供以下服务：第一，全日制、半日制、短时间的托育服务。第二，针对儿童和父母的健康服务，包括产前保健、儿童健康检查、健康知识普及等。第三，针对父母个人、家庭需求提供的家庭服务，包括父母的个人学习、就业指导以及家庭环境的改善等。第四，针对新手父母的科学育儿指导服务，包括举办相关的育儿讲座、育儿课堂、家长活动等，鼓励家长参与中心的运作，参加社区活动，

---

① 吴琼、李贵仁：《英国"确保开端"儿童中心的发展历程、经验及启示》，载《黑龙江高教研究》，2017(1)。

② Department for Education，"Sure Start Children's Centres Statutory Guidance for Local Authorities，Commissioners of Local Health Services and Jobcentre Plus，"https：//assets. publishing. service. gov. uk/government/uploads/system/uploads/attachment_data/file/678913/childrens_centre_stat_guidance_april-2013. pdf，2019-08-25.

参加家长论坛或咨询委员会。第五，为保姆提供培训和支持。①② 具体设置标准如下。

# 一、举办资格

儿童中心是由官方指定，地方当局规划、建立并交付使用的。儿童中心的建设分为三个阶段：第一阶段（2004—2006 年）的目标是在社会最需要的地区，即英国前 20％的最贫穷地区（大多数位于西北部，伦敦、约克郡和亨伯）建设儿童中心；第二阶段（2006—2008 年）的目标是完成对最贫困社区的儿童中心的覆盖和把覆盖面扩大到 70％的一般贫困地区；第三阶段（2008—2010 年）的目标是把覆盖面扩展到英国所有剩余的 70％的一般贫困地区。根据儿童中心提供的各地区的人口数据，第一阶段的中心一般位于需求最大的地区（例如，失业率高、单亲父母比例大的地区等），第三阶段的中心一般都位于相对富裕的地区。其中，英国当局规定建立在英国排名后 30％的社区中的儿童中心必须提供全部的核心服务。③

依照《儿童早期基础阶段》中的相关规定，儿童、学校和家庭负责监督地方当局对儿童中心的组建工作，符合条件的个人或团体，都可以在当地政府的支持和管理下申请举办儿童中心，并由教育标准局依据统一的视察标准展开对学前儿童服务的全面督导。申请过程如下。

## （一）提交申请材料

申请举办儿童中心的个人及团体必须符合《儿童早期基础阶段》中的相关要求，申请人不能有犯罪历史，且没有伤害儿童的倾向和风险。在申请时，申请人需要先在教育标准局的官方网站上提交申请及相关材料，包括如下内容。第一，申请人的基本信息，包括姓名、住址、工作经历、申请

---

① Department for Education，"Organisation，Services and Reach of Children's Centres Evaluation of Children's Centres in England（ECCE，Strand 3），"https：//www. researchgate. net/publication/320224172_Evaluation_of_Children's_Centres_in_England_ECCE_Strand_3_delivery_of_family_services_by_children's_centres，2019-08-25.

② Department for Education，"Survey of Childcare and Early Years Providers：Main Summary，"https：//www. gov. uk/government/statistics/childcare-and-early-years-providers-survey-2018，2019-08-25.

③ 张莅颖、王亚：《英国"确保开端儿童中心"及其成就述评》，载《保定学院学报》，2013（1）。

资质、联系电话、财产证明、健康证明。如为团体申请，申请人则需要提交主要负责人的以上信息。第二，儿童中心的人员配备计划，包括所有员工的数量、资质、健康证明、无犯罪证明等。提交申请后由教育标准局负责审批和考察，通过后，申请人方能获得举办资格。

### （二）监管机构的审批

英国建立了完善的面向 0～5 岁儿童服务机构注册和督导工作的标准和执行准则，由教育标准局依据统一的视察标准展开对社区托育中心以及申请人的全面审查和督导。该标准打破了对不同托育机构注册和督导时的不同要求，教育标准局开始以同样的注册和督导标准来审核、评价所有儿童早期保育和教育机构。教育标准局在收到申请时，需要在规定的时间内核查申请材料，并联系卫生健康等有关部门，到现场检查社区托育中心的设施是否完善、规范。教育标准局担负着两种职能：一方面，它需要对儿童中心进行评价、监督、反馈等；另一方面，它需要通过督导来促进社区托育中心的改进和发展。这就要求督学不仅要对社区托育中心的等级作出判断，而且还要指出社区托育中心需要改进的地方，并提出合理的建议，帮助和支持社区托育中心不断改善。

在申请通过后，教育标准局负责社区托育中心的质量评估及监督，每隔 5 年，教育标准局必须进行一次检查并提供一份书面报告，说明政府向社区托育中心提供的财政支持的管理使用情况以及社区托育中心目标人群的服务情况。内容通常会包括等级、社区托育中心的质量和效能以及儿童发展方面的简短概况、领导和管理有效性方面的概况、上一次督导至今的改进状况、改善儿童中心质量需要完成的工作等。社区托育中心最终将获得一个评判等级，共分 4 个等级：优秀、良好、满意、不及格。获得优秀和良好的机构，至少在 3 年内将不会接受第二次督导。而获得满意的机构，只有当教育标准局收到投诉时，才会在 3 年内开展第二次督导。获得不及格的机构又被区分为两类：一类是表现较差的机构，但此机构的质量可以在不需要接受帮助和支持的情况下得到改善，对于此类机构，教育标准局将发出"改善通知"，提醒被督导者进行改进，而机构的注册者需要将采取行动的时间反馈给教育标准局，在 6～12 个月内，督学将再次对其进行督导，若仍然没有明显改善，就会采取进一步措施，例如，取消注册资格。另一类是完全不符合要求的社区托育中心，这类机构在没有督导部门和其他机构强有力的帮助和支持的情况下难以为继，甚至会对婴幼儿造成风险，教育标准局会考虑取消其注册资格。

# 二、人员配备

儿童中心作为综合性的服务中心，所提供的服务项目并非仅针对婴幼儿的看护、保健与教育，还包括为家庭提供科学育儿指导、健康检查、就业培训等方面的服务和建议。因此，儿童中心的人员配备不仅包括提升托育服务的教师和看护者，而且还包括提供其他服务的工作人员。儿童中心规模大小依据社区实际情况而定，在具体人数上没有明确的说明和硬性规定，但应满足《儿童早期基础阶段》中关于师幼比的最低要求。同时，儿童中心的人员配备以及从业人员的资质需要满足《儿童早期基础阶段》中的相关规定，儿童中心以确保儿童安全和为家庭服务为原则，为社区内的儿童及家庭提供服务。其中，对托育服务人员的配备和资质的要求如下。

## （一）师幼比

《儿童早期基础阶段》中规定，托育机构应设置足够的员工，以保证婴幼儿在员工的视线和听觉范围之内。具体要求如下：对于 0～24 个月的婴幼儿，师幼比应达到 1：3 ；对于 25～36 个月的幼儿，师幼比应达到 1：4。（详见表 2-3）

表 2-3　英国儿童中心的师幼比

| 婴幼儿年龄 | 师幼比 |
| --- | --- |
| 0～24 个月 | 1：3 |
| 25～36 个月 | 1：4 |

## （二）从业人员资质要求

在儿童中心工作的从业人员需要在上岗前接受培训，充分了解与儿童相关的法律及规定，掌握儿童照管的相关知识和技能，包括有关紧急疏散程序、安全保卫、儿童保护以及健康和安全问题等。依据所服务的儿童年龄的不同，《儿童早期基础阶段》对儿童中心的从业人员资质又有不同的要求。其中机构负责人必须具有管理人员相关资质，同时应该具有至少 2 年与儿童相关的工作经验。

《儿童早期基础阶段》对不同年龄阶段婴幼儿照护者的资质有着不同的要求。（详见表2-4）

0~24个月婴幼儿的照护者应该满足至少有1名工作人员具有相关的3级资质，并且具有照护2岁以下婴幼儿的工作经验，至少有一半工作人员具有相关的2级资质，所有工作人员中至少有一半必须接受过专门针对婴幼儿照护的培训。

25~36个月幼儿的照护者应该满足至少有1名工作人员具有相关的3级资质，至少有一半工作人员具有相关的2级资质。

另外，儿童中心应该确保有1名代表，这名代表有能力在负责人不在时负责儿童中心的所有工作。

表2-4 英国儿童中心从业人员资质要求

| 婴幼儿年龄 | 从业人员资质要求 |
| --- | --- |
| 0~24个月 | 至少有1名工作人员具有相关的3级资质以及照护2岁以下婴幼儿的工作经验；<br>至少有一半工作人员具有相关的2级资质；<br>所有工作人员中至少有一半必须接受过专门针对婴幼儿照护的培训。 |
| 25~36个月 | 至少有1名工作人员具有相关的3级资质；<br>至少有一半工作人员具有相关的2级资质。 |

# 三、建筑设计

## (一)场地要求

儿童中心的场地设置要考虑婴幼儿的年龄特点以及活动开展的适宜性。托育场所的设置要符合婴幼儿的年龄特点，为婴幼儿提供适宜的场地。其中，室内空间、户外空间以及整体空间的大小应适合婴幼儿的年龄特点以及活动需要。具体标准如下。

必须为0~24个月的婴幼儿配备不低于3.5平方米的人均空间面积。

必须为25~36个月的幼儿配备不低于2.5平方米的人均空间面积。（详见表2-5）

表 2-5　英国儿童中心空间面积要求

| 婴幼儿年龄 | 人均空间面积 |
| --- | --- |
| 0～24 个月 | 不低于 3.5 平方米 |
| 25～36 个月 | 不低于 2.5 平方米 |

同时要求托育机构必须保证有合理的户外活动场地，若没有，也要保证婴幼儿每天都有一定的户外活动时间。

## （二）配备用房

除此之外，在功能房的配备上，儿童中心需要包括婴儿房、室内活动区、其他活动区、咨询室、卫生间、厨房、员工休息区、办公区域 8 大功能区域，功能区域具体应满足以下要求。

婴儿房：供 2 岁以下的婴幼儿使用。

室内活动区：供 2 岁以上的幼儿进行室内活动。

其他活动区：用以举办家庭活动和开展其他服务活动。

咨询室：用于进行家长服务和指导的空间。

卫生间：卫生间要整洁且数量充足，有足够的换尿布的设施以及单独的成人卫生间。

厨房：为了准备婴幼儿每日食物，厨房应有基本的设备且需要保持干净、卫生。

员工休息区：供员工吃饭、休息。

办公区域：用于处理日常工作以及与家长交流的单独空间。

# 四、安全防护

## （一）房屋安全

房屋的建筑需要符合英国关于建筑安全、卫生安全的相关规定，经过消防部门验收通过后方能投入使用。同时，房屋（室内空间和户外空间）的设置要符合婴幼儿的年龄，场地设施必须遵守有关的法例条规，工作人员要制订紧急情况处理计划和紧急疏散程序，确保发生火灾或出现任何其他紧急情况时房舍内的婴幼儿、工作人员和其他人员的安全。儿童中心内必须有适当的火灾探测和控制设备（例如，火警报警器、烟雾探测器、防火毯及灭火器），这些设备必须处于正常工作状态。消防出口必须清晰可辨，防火门必须没有障碍物，并且容易从内部打开。

## （二）日常安全

儿童中心将婴幼儿的安全放在首要地位，《儿童早期基础阶段》中明确规定，每个儿童中心都必须制订详尽的安全保护的方案条例，涵盖婴幼儿生活的方方面面，如紧急疏散方案、婴幼儿接送核对方案、来访者核对方案以及婴幼儿在机构内的安全保障方案等，且此类方案条例需符合地方儿童保护委员会的规定。同时，管理人员以及工作人员不能在儿童中心的任何地方吸烟，必须参加有关儿童保护的培训课程（如紧急疏散的培训等），以便能够在紧急时刻及时作出正确的反应。除此之外，在设备设施的清洁和维护上，儿童中心仍需要符合以下要求。

- 儿童中心的设施大小、材料的选取应符合婴幼儿的年龄特点和安全要求。
- 要每日对婴幼儿使用的所有设备进行消毒和清洁，保持设备安全卫生，可以正常使用。
- 清洗材料、消毒水、药品以及其他危险物品等要存放在婴幼儿接触不到的专门地方。
- 儿童中心需要配备专门的保洁人员负责中心的卫生清洁工作。

# 五、卫生保健

## （一）饮食营养

儿童中心向婴幼儿提供的食品必须是健康的、营养均衡的和新鲜的。在婴幼儿入园前，儿童中心必须事先了解婴幼儿的特殊饮食需求，如饮食喜好、健康需求、过敏食物等，针对婴幼儿的特殊饮食需求，儿童中心须记录在册。同时，在饮食营养方面，儿童中心需要做到以下要求。

- 儿童中心的食品制作间必须保证整洁卫生，且每天消毒。
- 婴幼儿在中心内随时能够得到充足、安全的食物和饮用水。
- 供应食物的人员必须接受过有关食物卫生的培训。

·若家长对婴幼儿的饮食有特殊的计划和要求，儿童中心需要依据家长的要求安排婴幼儿的一日饮食。

·若发现有 2 名以上的婴幼儿食物中毒，儿童中心必须在 14 天之内通知相关行政单位。

## (二)卫生防病

儿童中心应做好婴幼儿健康检查工作，形成处理紧急事件的应对机制并做好相关记录，具体标准如下。

·必须备有婴幼儿专用的急救箱，以备婴幼儿受伤时作急救处理。工作人员需及时告知家长具体情况，做好并保存好事故和急救处理的相关书面记录。

·对于婴幼儿在托育期间发生的严重伤害、疾病或死亡等重大事故，工作人员必须在 14 天之内上交事故和所采取措施的具体情况记录。

·对于患病的婴幼儿，工作人员应及时与婴幼儿监护人沟通，采取相应的措施。

·必须制订有关管理药品的方案条例，其中必须包括婴幼儿药品需求信息系统，并定期更新。此外，需保证由受过专业培训的药品管理员来管理药品，未经过专业人员的允许，不可给婴幼儿服用处方药。

# 第三节　澳大利亚：社区托育中心

澳大利亚是较早重视婴幼儿早期教育并实施行动的国家。然而，长期以来，澳大利亚早期保教领域积累了不少亟须解决的问题，如偏远地区与城市地区教育差距大、土著居民早期教育缺失、多元文化融合问题等。为了解决上述问题，2007 年 11 月，澳大利亚政府委员会(Council of Australian Governments，COAG)达成了在早期保教领域建立全国性改革框架的政府首脑协议，开启了早期保育与教育的全国性改革。2009 年 7 月，澳大利亚政府委员会通过了首个全国性的幼儿保教宏观指导战略，明确划分了政府层级责任，要求各级政府协调合作，建立覆盖 0～8 岁儿童发展的早期教育体系。[①] 2009年12月，澳大利亚颁布了《国家质量框架》(National Quality Framework)，建立全国学前教育和保育质量体系，将全国所有的全日托、家庭日托和幼儿园都纳入同一个监管体系中，实行统一的监管标准，以期通过联邦政府和各州、领地之间的合作，提高澳大利亚学前教育以及儿童保育从业人员的素质，提高早期教育的质量。[②] 同时，2009年12月，联邦政府颁布了《早期儿童教育与保育国家质量标准》(National Quality Standard for Early Childhood Education and Care and School Age Care)，简称《国家质量标准》[③]，将教育与保育机构有机整合，为澳大利亚托育机构的设立提供了标准。其目标是保证儿童的安全、健康和福祉；通过提供高质量的早期教育服务，使儿童有优良表现；帮助服务机构及家庭了解优质早期保教服务的概念，使家长能为儿童明智地选择早期保教机构。此外，澳大利亚还成立了新的国家部门——澳大利亚儿童早期教育和保育质量局(Australian Children's Education and Care Quality Agency，ACEC-QA)，监督和促进《国家质量标准》在全国范围内的统一实施，构建新的质量评级系统，以确保每个家庭能够了解保教机构教育质量的相关信息。至此，澳大利亚建立了较为完善的早期教育服务的制度体系。

澳大利亚社区托育中心的设置严格依照《国家质量标准》的相关规定，在儿童保教机构支持计划(Child Care Services Support Program)的支持下，社区托育中心由澳大利亚社区行政部门负责管理，采取公助民营的形式，为社区(尤其是偏远地区)提供面向婴幼儿的托育服务、面向婴幼儿与家长的亲子服务，以及面向家长的科学育儿指导服务，形成了重点为偏远地区的家庭和婴幼儿提供服务，服务的方式灵活多样，适应性强，服务范围和对象广的特色服务体系。[④] 具体的举办标准如下。

---

① 董素芳：《澳大利亚〈学前教育及儿童保育国家质量框架〉的产生、内容与特点》，载《学前教育研究》，2013(2)。

② Australian Children's Education and Care Quality Authority，"Guide to the National Quality Framework，" https://www.acecqa.gov.au/sites/default/files/2019-07/Guide-to-the-NQF.pdf，2019-08-25。

③ Child Care in Australia，"Guide to the National Quality Framework，" https://www.acecqa.gov.au/nqf/about/guide，2019-08-25。

④ Millei Z.，Sumsion J.，"The 'work' of Community in Belonging, Being and Becoming: the Early Years Learning Framework for Australia"，Contemporary Issues in Early Childhood，2011(1)，pp.71-86.

# 一、举办资格

澳大利亚的社区托育中心由社区行政部门主管，举办和运营经费主要由国家、地方政府补贴资助，符合申请条件的个人、团体、企业等都可以向所在地区或者州的相关责任部门申请提供社区式托育服务，经过审查获得批准后，方能开办社区托育中心。澳大利亚的社区托育中心具有福利性和普惠性的性质，重点在于为偏远地区、贫困地区的家庭提供针对0～3岁婴幼儿的全日制日托(long day care)、临时托管(occasional care)等形式的托育服务。[①] 申请过程如下。

## (一)提交申请材料

申请举办社区托育中心的个人应当具有完全民事行为能力，无犯罪记录，且应该具备与婴幼儿相关的工作经验。如申请者为团体，团体中的所有人都应当是相关责任人，其主要负责人应当具备与婴幼儿相关的工作经验。如申请人为企业或者公司，企业或公司的法人代表为主要相关责任人，且监管机构在评估资质时需要评估该企业或公司的资产状况以及破产风险。在申请举办资质时，申请人应提供以下材料。

· 申请人或申请团体、企业、公司的基本信息，包括申请人姓名、电话、住址、疾病史、资产状况等。

· 申请人的资格证明：相关工作经验证明、管理能力证明、无犯罪史证明等。

· 申请提供的服务及服务机构的名称。

· 拟开始运营的日期。

· 拟服务婴幼儿的年龄范围和人数范围。

· 拟提供服务的场地信息，包括场地大小、空间安排、通道位置等。

## (二)监管机构的审批

澳大利亚儿童早期教育和保育质量局作为全国性的监管机构，负责确

---

① Child Care in Australia，"A Quick Guide, Monika Sheppard Social Policy Section,"http://parlinfo. aph. gov. au/parlInfo/search/display/display. w3p；query＝Id％3A％22library％2Fprspub％2F3910092％22，2019-08-25.

保《国家质量框架》被澳大利亚所有州和领地的托育机构按统一标准执行，负责托育服务供应商、教育和保育服务、评估和认证主管的批准。[①] 社区托育中心注册时需先向各地、州的监管机构呈交材料，在收到申请材料后的 60 日内，各地、州的监管机构依照相关法律以及《国家质量标准》进行资格审查和服务评估，评估将从教育方案与实践、儿童的健康和安全、物理环境、工作人员安排、与儿童的关系、与家庭和社区的合作伙伴关系、领导与服务管理 7 大领域进行。经过各地、州的监管机构的评估和审查，合格后，社区托育中心方能获得举办资质。审查的基本原则包括：保障儿童的安全、健康和福利；满足儿童的教育和发展需要；符合国家法律、法规、监管部门的相关标准。

获得举办资质后，社区托育中心的举办和运行需要依照《国家质量标准》中的相关规定，监管机构会依照《国家质量标准》对社区托育中心进行总体性评价以及针对 7 大领域的评价。评价分为 5 个等级：需要进行重大改进，向《国家质量标准》靠拢，符合《国家质量标准》，超过《国家质量标准》，优秀。其中，需要进行重大改进的机构，需要与监管机构紧密合作，并努力改善其质量；向《国家质量标准》靠拢的机构，需要每年接受全面评估；符合《国家质量标准》的机构，需要每 2 年接受一次全面评估；超过《国家质量标准》的机构，需要每 3 年接受一次全面评估；优秀机构获得优秀奖，期限为 3 年。澳大利亚儿童早期教育和保育质量局负责监督全国托育机构的评估和评价系统执行情况。

# 二、人员配备

《国家质量标准》中规定托育中心从业人员应具备婴幼儿教育与保育的相关知识和能力，能够及时反应与应对突发情况，支持婴幼儿的学习和发展，有效指导婴幼儿的行为，维护和保护婴幼儿的尊严和权利，与婴幼儿形成积极、相互尊重的关系，并能使婴幼儿自由地参与学习和探索环境。除了对教师职责的要求，《国家质量标准》对教师人数以及资质方面也作出了明确的规定。

---

① 董素芳：《澳大利亚〈学前教育及儿童保育国家质量框架〉的产生、内容与特点》，载《学前教育研究》，2013(2)。

## （一）师幼比

社区托育中心的服务人员配备需要依据《国家质量标准》的相关规定，针对不同的年龄组和班级人数，《国家质量标准》对师幼比和教师资质有不同的要求。具体如下：对于 0～24 个月的婴幼儿，师幼比应达到 1∶4；对于 25～36 个月的幼儿，师幼比应达到 1∶5；混龄组的师幼比以婴幼儿最低年龄要求为基准。[①]（详见表 2-6）

表 2-6　澳大利亚社区托育中心的师幼比

| 婴幼儿年龄 | 师幼比 |
| --- | --- |
| 0～24 个月 | 1∶4 |
| 25～36 个月 | 1∶5 |

## （二）从业人员资质要求

当托育中心的婴幼儿人数少于 25 人时，对于从业人员资质的要求应达到：第一，50% 以上的教师应获得（或正在考取）早期教育与保育（Early Childhood Education and Care，ECEC）教师资格（或更高级别的学位证书）；第二，其他教师应获得（或正在考取）ECEC 教师资格 3 级证书（或其他同等学力证书）；第三，机构在正常运营的时间内，应保证每班有 1 名婴幼儿教师在场。当托育中心的婴幼儿人数在 25～59 人时，除以上要求外，还应保证每班有 1 名教师在场，同时教师每天应至少 6 小时留在工作岗位上。当托育中心的婴幼儿人数在 60～80 人时，除了要保证每班有 1 名教师在场外，还需要有 1 名具备管理资格的管理者全天在园。此外，这一领域还专门对教师的最低年龄作出了规定。允许 18 岁以下的教师进入工作岗位，但不能单独工作，必须由 1 个获得（或正在考取）学位证书或更高资格的成人在场随时给予规范的指导和监督，且督导人员必须年满 18 岁，充分了解婴幼儿以及保育教育相关专业知识，能够有能力监督和管理机构的服务，了解国家与儿童相关的法律法规要求。[②]（详见表 2-7）

---

① Child Care in Australia，"A Quick Guide，Monika Sheppard Social Policy Section，"https://www. aph. gov. au/About_Parliament，2019-08-25.

② Child Care in Australia，"The National Quality Standard，"https://www. acecqa. gov. au/nqf/national-quality-standard，2019-08-25.

表 2-7　澳大利亚社区托育中心婴幼儿人数与从业人员资质要求

| 婴幼儿人数 | 从业人员资质要求 |
| --- | --- |
| 少于 25 人 | 获得（或正在考取）ECEC 教师资格（或更高级别的学位证书）的教师比例大于 50%；<br>其他人应获得（或正在考取）ECEC 教师资格 3 级证书（或其他同等学力证书）。 |
| 25～59 人 | 获得（或正在考取）ECEC 教师资格（或更高级别的学位证书）的教师比例大于 50%；<br>其他人应获得（或正在考取）ECEC 教师资格 3 级证书（或其他同等学力证书）；<br>1 名婴幼儿教师每天在岗时间至少 6 小时。 |
| 60～80 人 | 获得（或正在考取）ECEC 教师资格（或更高级别的学位证书）的教师比例大于 50%；<br>其他人应持有或正在考取 ECEC 教师资格 3 级证书（或其他同等学力证书）；<br>1 名婴幼儿教师每天在岗时间至少 6 小时；<br>1 名管理者全天在园。 |

# 三、建筑设计

## （一）场地要求

社区托育中心在场地的设置上需要确保为婴幼儿提供适宜的场地，场地包括环境适宜的室内空间和户外空间。其中室内空间应适宜婴幼儿生活，排除通道、厕所及清洁区、储藏室、行政办公区、厨房等区域后，每名婴幼儿的室内空间面积应不低于 3.25 平方米。同时室内空间需要满足以下基本原则：通风良好；有足够的自然光；确保婴幼儿安全；温度适宜，有利于婴幼儿生活。

在户外空间的设置上，排除停车场、储藏区域以及不适合婴幼儿户外玩耍的区域外，社区托育中心要确保为每名婴幼儿提供不低于 7 平方米的户外空间。同时，社区托育中心要对户外空间进行有组织的改造，以便为婴幼儿提供开展不同活动的机会。改造户外空间时，需要满足以下原则：能让婴幼儿探索及体验自然环境；户外空间应被围墙或栅栏围起，以阻止儿童越出或钻出；户外活动区域应有阴凉区，以免儿童受紫外线的过度辐射伤害。

## （二）配备用房

按照《国家质量标准》，澳大利亚社区托育中心应配备包括行政办公室、家长接待室、卫生清洁区、储藏室、午休室、厨房、室内活动室以及户外活动区 8 大功能区域，这些功能区域的基本设置应满足以下要求。

行政办公室：为相关负责人办公区域，处理运营、对外活动等相关行政事务。

家长接待室：接待家长访问，是与家长交流的独立空间。

卫生清洁区：包括符合婴幼儿年龄特点的厕所、洗涤和干燥设备、更换尿片的设备等独立的卫生清洁区域。

储藏室：用于储藏、存放物品的专门空间。

午休室：婴幼儿午休的睡眠区域。

厨房：为婴幼儿准备每日饮食的独立区域。

室内活动室：婴幼儿室内活动区域。

户外活动区：适合婴幼儿游戏、活动的户外区域。

# 四、安全防护

## （一）房屋安全

社区托育中心的房屋建设需要符合澳大利亚房屋安全以及消防安全相关规定，在通过审查符合标准后，房屋才能投入使用。有关房屋使用的变动需向相关监管机构报告，经批准同意后，房屋使用才能变动。

## （二）消防安全

社区托育中心需要依照澳大利亚消防部门的相关要求，其建筑设计需要经过消防部门的实地检验和审查，社区托育中心需要做好日常消防设施的检查以及消防工作的执行。按照《国家质量框架》中的相关规定，每一个社区托育中心都需要制订紧急情况处理计划，并向监管机构呈报紧急疏散程序，提供紧急撤离平面图。同时，社区托育中心的每个出口的突出位置都应当粘贴逃生指令。托育中心的服务人员需要定时接受安全培训，中心每 3 个月需要进行一次紧急撤离程序演练，以确保紧急情况能够得到正确及时的处理。

### （三）日常安全

除了在房屋安全、消防安全方面有严格的规定和参照标准外，《国家质量标准》在社区托育中心的日常安全维护方面也作出了详细明确的规定。具体要求有：社区托育中心的房屋、家具和设备要保持安全、干净、完好，确保得到及时清洁和妥善维修；托育中心的设备要符合婴幼儿的年龄特点，不会对婴幼儿造成伤害；清洗材料、消毒水、易燃物、有毒的及其他危险物品、工具等要远离婴幼儿，有专门的存放空间；室内空间应确保全年温度适宜，让婴幼儿感到舒适、愉快；婴幼儿进入托育中心前要经过健康检查，确认健康后，托育中心方能接收婴幼儿；婴幼儿离园必须由父母亲或其他监护人亲自接，托育中心要保留婴幼儿来园和离园记录，并核查接收人信息的准确性。

## 五、卫生保健

### （一）饮食营养

依据《国家质量框架》的相关规定，社区托育中心应配备专门的厨房，由专业厨师负责婴幼儿一日饮食，饮食要富含营养并适合该年龄段婴幼儿的年龄特点。社区托育中心要确保每周有一份固定饮食菜单，且菜单需公示在信息栏中，方便家长随时查看。具体的要求如下。

- 托育中心需要确保婴幼儿在全天任何时候都能够获得食物和水。
- 厨师应具有专业厨师资质，经健康体检合格后方能就职。
- 食品的制作应在专门的空间进行，且应保证空间清洁卫生。
- 托育中心需要严格按照计划的一周食谱为婴幼儿提供饮食。
- 奶粉喂养的婴幼儿需要由家长提供奶粉以及喂养计划，托育中心的教师需要按照计划喂养婴幼儿，且需要做好喂养后奶瓶的清洁和消毒工作。
- 教师需要记录婴幼儿在托育中心的饮食情况，并及时反馈给家长。

### （二）卫生防病

社区托育中心应做好婴幼儿健康检查工作，做好婴幼儿疾病、过敏史等相关记录，建立健康安全防护和应急制度，开展健康和卫生保健实践。社区托育中心在处理婴幼儿疾病和危险时，要遵循以下做法和原则。

· 患有传染病的婴幼儿应立即被托育中心隔离出来。

· 托育中心内出现任何传染病例，都应及时通知中心内所有婴幼儿的家长。

· 托育中心应当配备基本急救设备和急救箱。

· 在需要为婴幼儿用药的紧急情况下，托育中心应该获得有关药物使用的授权，在父母或医务人员同意后方能为婴幼儿用药，且必须做好药物使用情况的记录。

· 托育中心内的所有药物必须要在有效期内，且药品需要存放在原包装盒内。

· 婴幼儿所服药物剂量必须再次得到另外一位成年人的检查（条件不允许的情况除外）。

· 托育中心必须做好婴幼儿服药的记录工作，记录内容包括药物名称、用药时间、剂量、用药方式、给药人姓名以及电话等信息。

# 第四节　社区式托育机构设置标准的国际比较、趋势与启示

## 一、社区式托育机构设置标准的国际比较

美国、英国、澳大利亚十分重视儿童早期教育的发展以及公共托育服务体系的构建，在以社区为依托提供公共托育服务，解决家长育儿困难，支持弱势贫困地区和家庭的教育方面积累了许多经验。由于各国国情以及地区差异，各国社区式托育机构的设置标准虽然存在较多差异，但是存在着一些共性和共同的发展趋势，具体如下。

### （一）责任主体明确，具体管理部门有所差异

在组织和管理上，美、英、澳三个国家实行国家管理和地方自治管理相结合，在国家层面出台了一系列政策，明确地方政府和社区的职责，形

成了国家体制宏观指导、地方当局自治管理的管理体制。但是各个国家的情况不同，社区式托育机构的具体管理部门也不同。例如，美国在联邦政府法律政策的支持下，在各州成立早期教育与保育部门，具体负责早期教育与保育工作；英国将0～6岁儿童的保育与教育行政管理职责统一于教育部门，教育部门设立两个下属部门分管儿童保育和早期教育事务，在管理层面改变原来保育与教育分离的状态，各地政府依照相关标准具体执行；澳大利亚新成立了儿童早期教育与保育质量局，在联邦层面统一负责澳大利亚保教事务，各地依照国家标准具体执行。符合申请条件的个人、团体、企业单位等都可以申请举办社区式托育机构，在经过检验合格后，在国家和地方政府的监督下，向社区内婴幼儿提供托育服务。各国均明确责任主体，由此推进社区式托育服务的完善化和规范化进程。各国社区式托育服务的管理和监督机制的设置如下。（详见表2-8）

表2-8　美、英、澳三国社区式托育机构的管理和监督机制

| 国别（州） | 主管部门 | 质量标准 |
| --- | --- | --- |
| 美国（加州） | 加州社会服务部门及下设的区域办公室 | 《儿童托育中心一般许可要求》《加州儿童托育中心许可证管理要求》 |
| 英国 | 教育部门 | 《儿童早期基础阶段》 |
| 澳大利亚 | 社区行政部门 | 《国家质量框架》《国家质量标准》 |

## （二）人员资质要求严格，但场地要求较为灵活

社区式托育服务多是针对0～3岁婴幼儿提供的服务，由于0～3岁婴幼儿照护要求高，因此美国、英国、澳大利亚三个国家在社区式托育服务上都明确了社区式托育机构应该配备专门的管理人员及托育服务人员，且从业人员配备标准的设置都体现出了较高的要求。依据婴幼儿的年龄以及人数，严格规定师幼比，而且对于从业人员资质也作出了严格规定，要求从业人员在职前取得相关资质证书，接受一定的早期教育培训，在职后也要不断学习，继续接受培训和考核。有些国家（如英国）甚至要求教师需要有一定年限的早期教育工作经验才能进入托育机构工作。在活动空间上，美国和澳大利亚明确规定了社区托育中心应当具备室内活动空间以及户外活动空间，并且规定了室内及户外最低人均空间面积，而英国的儿童中心只要求需要具备室内活动空间，规定了室内最低人均空间面积，对于户外不作强制要求。（详见表2-9）

表 2-9　美、英、澳社区式托育机构人员配备差异比较

| 国别(州) | 人员配备 | 师幼比 | 场地要求 |
|---|---|---|---|
| 美国<br>(加州) | 主任<br>主任助理<br>合格教师<br>助手 | 婴儿中心:<br>1 名合格教师:4 名婴儿;1 名合格教师和 2 名助手:12 名婴儿。<br>学步儿中心:<br>1 名合格教师:6 名幼儿;1 名合格教师和 1 名助手:12 名幼儿。 | 每名婴幼儿的室内活动空间不低于 3.25 平方米;<br>每名婴幼儿的户外活动空间不低于 6.97 平方米。 |
| 英国 | 儿童中心负责人<br>教师 | 0~24 个月的婴幼儿师幼比应达到1:3;<br>25~36 个月的幼儿师幼比应达到1:4。 | 0~24 个月的婴幼儿人均空间面积不低于 3.5 平方米;<br>25~36 个月的幼儿人均空间面积不低于 2.5 平方米。 |
| 澳大利亚 | 管理人员<br>教师<br>看护人员 | 0~24 个月的婴幼儿师幼比应达到1:4;<br>25~36 个月幼儿师幼比应达到1:5。 | 每名婴幼儿的室内活动空间不低于 3.25 平方米;<br>每名婴幼儿的户外活动空间不低于 7 平方米。 |

## (三)建立完善的督查和评估机制，持续促进质量提升

在社区式托育机构的监督和审查方面，美国、英国、澳大利亚三个国家都建立了专门的监督机构和相对完善的督导体制，在审查和监督过程中，监督机构具有双重职能，负责对机构的审查和评估，往往结合审批和引导，管理成为教育的手段。一方面，监督机构需要对社区式托育机构进行审查、监督和评估等；另一方面，监督机构需要在给出评估等级后提出具体的改进方案，通过督导来促进社区式托育机构的改进和发展。例如，美国加州在整个审批的过程中，都会持续对申请机构给予指导和帮助。在筹划和准备阶段，审批机关会给予申请人一份申请手册，告诉申请机构有关申请的各项事宜；在填写申请材料时，每一份材料都有指导语；在核实情况时，如发现材料填写不合规范或填写的内容与事实不符，审批机关会将材料返回，提醒申请机构再作修改；而在审批之时，对于不符合要求的地方，审批专家会提出改进意见。英国教育标准局负责对儿童中心进行质量评估及监督，每隔 5 年教育标准局必须进行一次检查并提供一份书面报告，说明政府向儿童中心提供的财政支持的管理使用情况，对儿童中心进行质量评定，提出具体的改进意见，并负责监督其改进情况。澳大利亚儿童早期教育和保育质量局负责托育机构的注册及督导工作，会从 7 大领域 5 个等级进行评定，并且依据评价结

果监督托育机构的改进和完善。（详见表 2-10）

表 2-10 美、英、澳三国社区式托育机构的监督与评估比较

| 国别(州) | 监督部门 | 评估及改进 |
|---|---|---|
| 美国(加州) | 加州社会服务部门及下设的区域办公室 | 审查申请人的资质以及该社区托育中心的设置，包括基本建筑安全、消防安全、可用空间安排、设备情况、人员配置；<br>社会服务部门有权利随时进入社区托育中心视察以及审核该中心的记录，并且有权利暂停或者吊销中心的许可证。 |
| 英国 | 教育标准局 | 教育标准局负责核查该机构的申请资料，并到现场检查其设施是否符合规范，符合标准后将会颁发资格证书；<br>同时教育标准局负责对儿童中心进行质量评估及监督，每隔 5 年教育标准局必须进行一次检查并提供一份书面报告，说明政府向儿童中心提供的财政支持的管理使用情况，对儿童中心进行质量评定，提出具体的改进意见，并负责监督其改进情况。 |
| 澳大利亚 | 澳大利亚儿童早期教育和保育质量局 | 包括 7 个重要的质量指标领域。<br>①教育计划和实践：满足儿童的发展需求，考虑其个体差异性。<br>②儿童的健康和安全：为婴幼儿提供干净、安全和丰富的托育环境。③物理环境：提供愉快温暖、安全和资源丰富的环境。<br>④人员安排：看护人员、协调员及父母合作，共同制订适合儿童的发展方案。⑤与儿童的关系：积极促进婴幼儿、家庭、看护人员和协调员之间互动。⑥看护人员与社区及家长的关系状态。⑦统筹领导能力。 |

## （四）服务内容综合广泛，致力于为婴幼儿及家长提供一站式的服务

社区式托育机构作为综合性服务中心，除了为社区内的儿童提供全日制、半日制、短时间的托育服务外，还承担着为家庭提供教育支持、改善家庭教育环境、提高早期教育质量的任务，以及为婴幼儿及家长提供两代人、一站式的综合服务。在服务对象上，社区式托育机构不仅仅局限于 0～3 岁婴幼儿，而且将 3 岁以上的学前儿童以及学龄儿童、成人都涵盖在内，针对不同的年龄阶段提供不同的两代人的服务。例如，美国加州社区托育中心分为婴儿中心、学步儿中心、幼儿中心、学龄儿童中心等，各中心依据儿童的年龄招收不同的儿童。英国儿童中心不仅仅提供 0～3 岁婴幼儿的托育服务，而且还为家长提供育儿指导及发展服务，并提供保姆培训等。澳大利亚社区托育中心则提供针对 0～6 岁婴幼儿的全日制日托、临时托管，针对 6 岁以上学龄儿童的课后照顾（Outside School Hours Care）以及针对家长的家庭育儿支持服务等。（详见表 2-11）

表 2-11　英、美、澳社区式托育机构服务对象范围的差异比较

| 国别（州） | 社区式托育机构服务对象范围 |
| --- | --- |
| 美国（加州） | 婴儿中心：招收 0～24 个月的婴幼儿。<br>学步儿中心：招收 18～30 个月的幼儿。<br>幼儿中心：招收 30 个月以上的学龄前儿童。<br>学龄儿童中心：为学龄儿童提供课后照顾服务。 |
| 英国 | 0～3 岁婴幼儿的托育服务；<br>家长育儿指导及发展服务；<br>保姆培训。 |
| 澳大利亚 | 0～6 岁婴幼儿的托育服务；<br>6 岁以上学龄儿童的课后照顾服务；<br>家长的家庭育儿支持服务。 |

　　从服务的内容上来看，社区式托育机构为婴幼儿及家长提供一站式的服务。例如，英国儿童中心作为综合性的服务中心，为家长提供就业指导以及育儿指导等；澳大利亚除了托育服务，也有远距离教育计划支持偏远贫困地区家庭的教育。服务内容的具体不同，详见表 2-12。

表 2-12　美、英、澳社区式托育机构服务内容的差异比较

| 国别（州） | 社区式托育机构的服务内容 |
| --- | --- |
| 美国（加州） | 全日制、半日制、短时间的托育服务；<br>育儿指导服务，帮助父母了解如何培养积极的育儿技巧，以促进婴幼儿的成长和发展；<br>家庭访问服务，教育工作者将为婴幼儿的成长提供信息参考和教养指导；<br>婴幼儿健康服务，为婴幼儿做健康检查、成长筛查，开展健康活动等项目，促进婴幼儿健康成长。 |
| 英国 | 全日制、半日制、短时间的托育服务；<br>针对儿童和父母的健康服务，包括产前保健、婴幼儿健康检查、健康知识普及等；<br>针对父母个人、家庭需求提供的家庭服务，包括父母的个人学习、就业指导，改善家庭环境等；<br>针对新手父母的科学育儿指导服务，包括举办相关的育儿讲座、育儿课堂、家长活动等；<br>为保姆提供培训和支持。 |
| 澳大利亚 | 儿童托育服务，包括针对 0～6 岁婴幼儿的全日制日托、临时托管，以及针对 6 岁以上的学龄儿童的课后照顾服务；<br>家庭与育儿支持服务，开展各种形式的科学育儿指导的讲座、宣传，使家长了解抚养、健康、教育等知识；<br>家访服务，安排育儿老师或社区志愿人员到当地家庭中去提供上门服务；<br>针对偏远贫困地区家庭的远距离教育计划；<br>儿童和家长健康服务，宣传健康知识，定期为儿童、家长提供健康检查，帮助家长合理规划儿童的饮食，促进儿童健康成长。 |

# 二、国际社区式托育机构设置标准的趋势与启示

## (一)完善顶层设计，建立公共托育服务体系的管理体制

美国、英国、澳大利亚三国在管理和监督机制的设置上启示我们，加强政府的领导作用，完善托育服务体系的顶层设计，建立有序稳妥的公共托育服务管理体制，是有效发挥各方优势，推动公共托育服务发展的前提。建立完善的公共托育服务管理体制，首先，要明确主管部门，要根据托育服务的基本内涵，统筹考虑全国基本情况，参考美国、英国、澳大利亚等国家的先进经验，根据我国国情在民政部门、卫生健康委员会和教育部之间明确一个行政主管部门，明确托育服务的政府主管部门与协同部门及各自的职责，由其统一负责全国0～3岁婴幼儿托育服务体系的规划、建设、发展、投资和监管，开展管理体制改革的先行先试。其次，要完善法律规章。在明确行政主管单位的基础上，出台指导意见，制定托育服务准入标准和规范，加快建立审批、发证、监管、评估、惩处、退出的一系列管理制度，为托育服务提供法律保障和支持，使托育服务机构规范化、标准化。美国、英国、澳大利亚等发达国家均从国家层面、地方层面出台了一系列统一可行的机构设置标准（如美国加州的《儿童托育中心一般许可要求》《加州儿童托育中心许可证管理要求》，英国的《儿童早期基础阶段》，澳大利亚的《国家质量标准》），通过提供有力的政策支持，制定严格的托育机构设置标准，规范托育机构的服务，保障托育机构的质量，为早期教育的完善化、规范化起到了导航作用。

## (二)规范社区式托育机构服务标准，保证质量

行业标准的建立是规范托育服务发展的有效措施，创建符合我国国情的社区式托育服务标准体系，是促进社区式托育服务规范化、标准化、安全化的保障。社区式托育机构的空间环境须符合婴幼儿的身心发展特点，美国、英国、澳大利亚三个国家均制定了完善的托育机构的设置标准，社区式托育机构对建筑场地、空间安排以及设备设施等空间环境方面都作出了明确要求，规范了托育机构的服务原则和服务规范，致力于为婴幼儿提供环境适宜、安全舒适的成长环境。我们国家要制定标准，明确社区的职责以及社区

式托育服务的内容、形式，具体包括：建立一套0～3岁婴幼儿教养指导方案，明确托育服务的内容和不同年龄阶段的教养重点；建立社区托育点的建设标准，根据托育需求制定场地、面积、硬件配置、安全与卫生、师生比、师资条件等一系列标准；建立一套服务和运行操作规范，包括服务时间、服务操作规范流程、安全和卫生保障流程等；丰富社区式托育机构支持家庭教育的形式，为家长提供科学育儿指导、教育资源和家长服务。

### （三）丰富社区式托育服务的形式，为家庭提供多样化的育儿支持

充分利用社区资源，营造良好的社区文化氛围，创建良好的社区教育环境，是提升社会整体文化氛围，改善早期教育发展的有效途径。社区式托育服务不能仅仅针对有托育需求的家庭，应提供全纳服务，为家庭提供综合性服务与支持也是国际社会日益倡导的共同趋势和走向。美国、英国、澳大利亚社区式托育机构表现出鲜明的全纳化趋势，确保每个适龄且需要支持的婴幼儿都能获得其需要的服务。首先，服务对象辐射不同的年龄群。美国、英国、澳大利亚社区式托育机构在服务对象的年龄上都有所突破，不仅局限在0～3岁婴幼儿，而且将3岁以上的学前儿童以及学龄儿童、成人都涵盖在内，针对不同的年龄阶段提供不同的服务。例如，针对学龄儿童的课后照顾服务以及针对成人的发展指导服务等。其次，关注和扶持弱势群体。美国、英国、澳大利亚社区式托育机构作为国家公共服务体系建设的一部分，侧重对弱势贫困家庭的教育补偿和扶持。以项目为开端，国家或地方提供财政支持，为弱势、贫困、残障儿童提供服务，改善代际恶性循环，维护教育公平。最后，服务资源的全纳性。社区式托育机构以社区为基础，将家庭和社区的保育、教育、健康、教育、心理、社会、商业等资源合理整合，发挥非营利组织和志愿者的重要作用，除了为社区内的幼儿提供全日制、半日制、短时间的托育服务外，还会为父母提供不同形式的科学育儿指导以及家庭育儿支持服务，如讲座宣传、家庭访问服务、健康服务等。社区式托育机构是综合性的服务中心，我国应充分利用社区的便利资源，丰富社区式托育服务的形式，借鉴发达国家的先进经验，为社区内的家庭营造良好的早期教育文化环境氛围。

### （四）尊重婴幼儿的个性化，提供可选择、有针对、易获得的托育服务

个性化是现代教育在追寻公平和自由双重目标中必然面临的挑战。以

社区为基础的整合性的服务中心在运行模式上呈现出尊重婴幼儿个性化发展的趋势。社区式托育服务的个性化具体表现为服务的可选择性、服务内容的针对性以及服务的易获得性。首先，在服务的可选择性方面，以社区为基础的整合性服务机构提供多种可选择的服务内容和服务形式，家长可以根据自己的需要选择送托时长，这样能够给予家庭和社区成员极大的便利性。此外，家庭可以在这些服务内容和服务形式中找到自己最需要的服务，如英国的儿童中心为家长提供了就业指导、就业培训等，家长可以根据自己的需要作出选择。其次，在服务内容的针对性方面，不同国家、不同地区、不同家庭面临的问题是不同的，社区式托育机构需要根据家庭的需要动态调整服务的内容和服务形式，从而满足处于不同发展阶段、面临不同发展问题的家庭的需要。例如，澳大利亚社区托育中心开设了针对偏远地区的远距离教育计划；英国儿童中心开设了游戏小组，满足家长交流分享幼儿游戏的需要。最后，在服务的易获得性方面，社区式托育机构采用公助民营的形式，国家财政支持、地方财政补贴以及社会力量支持相结合，国家、地方及社会力量为社区式托育机构提供经费支持。各国（尤其是发达国家）通过社区式托育服务项目，重点对弱势贫困家庭进行扶持，通过提供免费服务时长、入托补贴等形式为弱势贫困家庭提供帮助，使得社区内的儿童都能够享受免费的托育服务；在服务时间和服务形式上，社区式托育机构提供全日制、半日制、短时间托育等多种选择满足家长的不同需要。由此，社区式托育机构明确了公益性、福利性的属性，这使得社区式托育服务的易获得性很高。

# 第三章

## 托幼一体式机构设置标准

构建托幼一体式服务体系，为婴幼儿提供高质量保教服务已经成为近些年来不少国家发展婴幼儿托育服务的共同趋势。托幼一体式机构为0～6岁儿童提供了持续且全面的保育与教育服务，有助于保障儿童在各年龄段身心发展的连续性。本章聚焦于英国、新加坡、加拿大三个代表性国家，通过梳理各国在托幼一体式机构设置上的相关标准，总结托幼一体式服务发展的国际趋势，并为我国0～6岁的托幼一体式实践提供借鉴与启示。

## 第一节　英国：早期基础阶段法定框架

英国早期教育遵循保教并重的教育价值观，注重0～5岁婴幼儿在各年龄段接受的保育和教育。《早期基础阶段法定框架》（Statutory Framework for the Early Years Foundation Stage，以下简称《框架》）①由英国教育部颁布，旨在为教育从业者提供0～5岁儿童保育、发展与学习方面的法定标准，保障不同类型托育机构的发展质量和一致性。作为英国早期教育阶段的核心文件，《框架》从2008年颁布至今不断完善，以保障儿童身心健康、促进儿童发展与学习为目标，对早期教育从业者明确提出其必须

---

① Department for Education，"Statutory Framework for the Early Years Foundation Stage: Setting the Standards for Learning，Development and Care for Children from Birth to Five,"https://www.foundationyears.org.uk/files/2017/03/EYFS_STATUTORY_FRAMEWORK_2017.pdf，2017-03-03.

遵守的行业标准。本节将对《框架》中与托幼一体式机构设置标准相关的内容进行详细介绍，包括举办资格、人员配备、建筑设计、安全防护和卫生保健五个方面。

# 一、举办资格

根据英国《儿童保育法案（2006）》（Childcare Act 2006）[①]，绝大多数提供托育服务的机构需要在英国教育标准局进行注册。教育标准局是独立公正、直接向英国议会报告的教育监管机构，其主要职责为审查和监管面向所有年龄段的教育和技能培训服务。申请者申请注册后，英国教育标准局会评估申请者的资质，并且走访机构所在地进行注册检查。只有符合《框架》和其他相关法律的要求，申请机构才能够获得批准，开展托育服务。

## （一）准入性资格审查

在审查机构申请时，英国教育标准局主要从两方面判断申请者是否具备提供托育服务的资格。

一方面，申请者需要满足提供托育服务的基本要求，包括保证婴幼儿的安全、禁止任何形式的体罚、确保有足够的人员照料婴幼儿、照料人员需具备急救资质等。除基本要求外，英国教育标准局还在安全保障、设施场所、组织安排、应对投诉、信息记录、信息提供方面列出了详细要求，申请者必须一一满足。

另一方面，英国教育标准局会安排人员走访申请机构，进行实地检查。检查事项包括核实申请者身份、培训和急救资质、工作经历、英语水平等信息，以及对机构场地、设备、资源进行有关婴幼儿安全性和发展适宜性的风险评估，确认托育服务申请者在各方面已经准备就绪，可以开展托育服务。与此同时，检查人员还会通过谈话评估申请者是否适合照料婴幼儿，是否能够遵守《框架》中关于安全保障与身心健康、学习与发展两大方面的有关要求。

注册检查结束后，检查人员将告知申请者申请是否通过。通过注册申

---

①　The Stationery Office Limited，"Children Act 2006，"http://www.legislation.gov.uk/ukpga/2006/21/pdfs/ukpga_20060021_en.pdf，2019-04-16.

请后，英国教育标准局即会向托育机构颁发注册证书。

## （二）过程性质量评估

托育服务机构资格申请并非一劳永逸。针对早期教育托育机构，英国不仅有严格的准入制度，而且还会进行过程性评估，监督托育机构是否时刻符合法定框架的各项要求。英国教育标准局对机构的过程性评估可分为定期评估和不定期评估两类。定期评估指自机构设立起每4年为一周期的综合检查评估，其中首次评估将在机构登记之日起30个月内开展。所有被评价为需要改善的机构须在12个月内接受重新检查，被评价为某方面执行不足的机构须在6个月内接受关于该项的重新检查，如在连续3次检查中被评价为不合格的机构，其注册资格将被取消。不定期评估指在出现突发事件或家长举报的情况下，对机构进行的不提前通知的临时抽检，但检查内容和标准与定期评估一致，所涉及的关键事项需着重关注。①

评估人员会综合各方面的评估情况给出结果（共4个级别：出色、良好、需要改善、不足）。各机构都会在评估后收到评估报告，若机构在某一方面没有达到要求，评估报告中会指出应如何进行改善。各机构的评估报告均公开透明，人们能够随时在英国教育标准局的官网查询。例如，位于英国桑德兰的某家接收0~4岁婴幼儿的托育机构的评估报告显示，该机构在领导层效率和管理，教学、学习和评价质量，个人发展、行为及身心健康，以及儿童发展成果这4个方面都获得了"出色"的评估结果。在这份报告上，评估者的姓名及其评估的方式和结果都有公开、翔实的记录，便于该机构的教育工作者和儿童家长了解机构情况。若英国教育标准局收到的投诉或报告表明托育机构存在问题，则可能会进行额外或重复评估。若机构连续被评为"不足"，教育标准局可以取消其举办资格。

# 二、人员配备

为了保障婴幼儿的安全，确保每一名婴幼儿都能够得到充分的指导和照料，《框架》对托育服务机构中教师和其他与婴幼儿有直接接触的从业人

---

① The Office for Standards in Education，Children's Services and Skills，"Early Years Inspection Handbook，"http://thelinkingnetwork.org.uk/wp-content/uploads/2018/05/EY_inspection_handbook-April-2018.pdf，2018-04-16.

员的数量、类型、资质等都有明确的要求。

## (一)师幼比与从业人员资质

在师幼比和从业人员资质上，《框架》按照婴幼儿的不同年龄进行了规定。在托育机构中，2岁以下婴幼儿班的师幼比不得低于1∶3；所有从业人员中至少要配备1名具有儿童工作人力发展署（Children's Workforce Development Council，CWDC）3级的资格（等同于高中学历）并且具有丰富的与2岁以下婴幼儿相处经验的教师；至少一半从业人员要需要具有儿童工作人力发展署2级的资格（等同于初中学历）；至少一半从业人员接受过育婴培训。对于2岁幼儿班，师幼比不得低于1∶4；所有从业人员中至少需要1名教师具有儿童工作人力发展署3级的资格（等同于高中学历）。对于3岁及以上幼儿班，具有教师资格证（Qualified Teacher Status）、早期教育专业资格（Early Years Professional Status）、早期教育教师资格证（Early Years Teacher Status）或其他适合的儿童工作人力发展署6级的资格（等同于学士学位）的教师可以照料13名幼儿；不具备以上资质的教师可以照料8名幼儿。另外，只有17岁以上的从业人员才可计入师幼比，不满17岁的从业人员则需要时刻受到更有经验者的监督。

《框架》不仅对教师和从业人员有资质要求，对管理者同样也有资质要求。《框架》规定，托育机构的管理者必须至少具有儿童工作人力发展署3级的资格（等同于高中学历），并且有至少两年的相关领域的从业经验。托育机构还必须任命一名副主管，确保在管理者不在场的情况下，副主管有能力和资质代行其职。

另外，机构必须向每名儿童指派一名专属负责教师（key person）。从儿童接受早期教育开始，机构必须告知家长专属负责教师的相关信息和职责。专属负责教师的职责是确保每名儿童获得符合自身需求和特点的学习和发展，帮助儿童适应教育环境，与儿童建立稳定的关系并与家长保持联络。如果儿童有任何特殊需求需要寻求专家建议，专属负责教师必须帮助儿童家长与专家进行沟通。

## (二)职业培训与监督指导

《框架》还要求托育机构向从业人员提供职业培训和监督指导。机构必须确保所有从业人员接受入职培训，帮助从业人员对自己的角色和职责有明确的认识。入职培训包含紧急疏散、安全保障、儿童保护以及健康和安全问题的相关内容。除入职培训之外，托育机构还必须支持从业人员接受适当的在职培训，这不仅可以为从业人员提供职业发展的机会，而且还可以提升托育机构的服务质量。对于监督指导，《框架》中指出，应当营造一种互相支持、团队合作和不断进步的文化氛围，有效的监督可以提升从业人员的能力和托育机构的质量，最终将使儿童受益。监督指导应当为从业人员提供讨论儿童身心发展、研究和解决问题、提升个人能力的机会。

# 三、建筑设计

## （一）空间规划

《框架》中对托育机构的建筑要求同样体现出对婴幼儿安全和婴幼儿需求的重视。托育机构在建筑和设备各方面的设置必须严格遵守英国健康、安全、卫生等领域的法律法规，并且为所有场所和设施配置保险（如公共责任险），同时，还必须确保托幼场所（包括室内和户外所有区域）适宜教师照料对应年龄的婴幼儿以及开展相应的活动。对于室内空间，《框架》规定每名2岁以下婴幼儿使用的空间大小必须不低于3.5平方米；每名2岁至3岁幼儿使用的空间大小不低于2.5平方米；每名3岁至5岁幼儿使用的空间大小不低于2.3平方米。对于户外活动区域，一般情况下，托育机构必须为婴幼儿提供户外活动的场地。如果因某些情况无法实现，托育机构依然需要确保婴幼儿每天都能够进行户外活动，遇恶劣天气等情况除外。

## （二）设施设备

就具体的场地和设施安排来说，《框架》要求2岁以下的婴幼儿必须拥有单独的婴儿室（baby room）。但与此同时，托育机构还需要确保婴幼儿能够接触到年长的同伴，并在合适的情况下使年幼幼儿加入年长幼儿的群体。机构内要有足够数量的卫生间和洗手池，且一般情况下，成人和婴幼儿的卫生间应当区分开来。托育机构必须确保有合适的卫生设施（例如，尿布更换台）以及足够的床上和卫生必需品，以供需要时使用。对于成年人，《框架》也有相应的场地规定。托育机构中需要有可以供家长和从业人员私下谈话的区域，以及让从业人员休息的区域，这些区域需独立于婴幼儿使用的区域。

# 四、安全防护

对婴幼儿安全的保障是《框架》的核心目标之一。我们从人员、设施和制度方面的严格要求都可以看出英国政府对机构安全防护的重视。

## （一）人员配置

在人员配置方面，《框架》中有单独的部分来强调托育机构须选择"合适人选"，其中最重要的筛选内容便是对所有与婴幼儿有直接接触的从业人员进行无犯罪记录的详细检查。任何人在入职前都会被核查是否曾有可能会影响其参与婴幼儿相关工作的犯罪记录等，机构不能允许任何还未通过资质审查的人员擅自接触婴幼儿。不仅如此，托育机构还必须记录有关从业人员资质以及已完成的身份确认和审查信息（包括无犯罪记录检查号码、检查信息和检查员信息等）。当有员工因伤害婴幼儿或置婴幼儿于危险之中而遭到解职（或离职）时，机构必须遵照《2006 年弱势群体保护法案》（Safeguarding Vulnerable Groups Act 2006），将有关情况移交刑事记录局（Disclosure and Barring Service）。

不仅如此，《框架》还严禁对婴幼儿实施体罚，并将体罚视为违法行为。托育机构必须采取一切措施，确保任何照料婴幼儿或与婴幼儿有直接接触的从业人员不会对婴幼儿实施体罚。机构同样需要杜绝任何不利于儿童身心健康的威胁行为（不管是威胁体罚还是其他形式的惩罚）。若出于避免造成他人受伤的原因，或为了管理婴幼儿行为而采取了绝对必要措施，在这种情况下，"肢体干预"行为不构成体罚。但是托育服务机构必须记录每次肢体干预的情形，并尽快告知家长。

## （二）设施安全

在设施安全方面，《框架》要求托育机构必须有合适且正常运作的火灾检测和灭火设备（如火警报警器、烟雾探测器、防火毯及灭火器等）；必须有消防通道，且消防通道必须清晰可辨，防火门必须可以从内部轻松打开，不可设有障碍物。接送婴幼儿的车辆和司机必须办有保险。

## （三）安全制度

在安全制度方面，《框架》首先对托育机构的风险评估提出了要求，机构必须确保采取一切可能措施，使从业人员和婴幼儿远离风险，并且能够示范如何应对风险。若需要，机构需针对某些具体问题给出文字形式的风险评估，以指导从业人员如何应对风险，并且使从业人员在家长或检查人员询问时能够展示如何应对风险。风险评估的内容应当包括确认哪些方面需要被经常检查、何时检查、由谁检查，以及如何消除风险或将风险降至最低。在婴幼儿外出时，机构同样需要进行风险评估，并且采取必要的措施，以保障婴幼儿的安全。

除风险评估外，《框架》还从多方面列出了从业人员需要遵守的安全事项。例如，从业人员不能对酒精或其他可能影响照料儿童的物质有依赖；必须频繁巡视睡眠中的婴幼儿；必须采取一切可能措施阻止他人未经允许进入托育机构场所；必须记录和核实来访者的身份；只有在得到家长通知后，才能将婴幼儿转交给他人，且确保婴幼儿在有人照料的情况下离开托幼场所等。

# 五、卫生保健

在《框架》中，卫生保健的相关内容总体可分为三部分，即饮食健康、医疗卫生和意外防护。

## （一）饮食健康

《框架》要求，如果托育机构向婴幼儿提供小吃和饮品，那么必须保障食品健康、营养均衡，饮用水新鲜、充足。托育机构必须有合适的区域提供食物，有合适的设备（如婴儿食品灭菌设备）对食物进行卫生准备和处理，所有准备和处理食品的从业人员必须接受过食品卫生培训。鉴于每名婴幼儿可能存在不同的健康和饮食需求，机构还必须在婴幼儿入园之前就了解和记录婴幼儿饮食方面的信息，如过敏食物、特殊健康需求等，并且采取相应的调整。一旦遇到饮食方面的意外，如有 2 名及以上婴幼儿在托幼场所内食品中毒，机构必须在 14 天内尽快向英国教育标准局报告，否则将构成违法。

## （二）医疗卫生

在医疗方面，为了促进托育机构中婴幼儿的身体健康，《框架》要求机构必须在应对婴幼儿身体不适或传染性疾病方面制订相关程序，并听取家长的建议。托育机构要做到采取必要措施防止传染扩散，以合适的方式照料生病婴幼儿。同时，药物管理也十分重要。《框架》提出托育机构必须有药物管理方面的明确政策和规定，其中要包括婴幼儿需要的药物信息，并实时更新。管理药物的从业人员需接受必要的药物知识培训。在用药时，若医生没有开具处方，婴幼儿不能使用处方药，且只有在获得父母或其他照料者书面许可的情况下，教师才能让婴幼儿服用指定药品。托育机构必须在每次给婴幼儿服药时进行书面记录，并告知家长。

## （三）意外防护

在应对意外和受伤方面，托育机构首先必须确保婴幼儿在场或外出时，至少有一名拥有小儿急救（Psychological First Aid，PFA）证书的从业人员随时在场。从业人员持有的小儿急救证书必须涵盖全面技能（《框架》在附录中专门进行了罗列），且小儿急救证书每三年需要接受更新。小儿急救证书和持证从业人员名单应当向家长公开。托育机构需考量婴幼儿和从业人员的数量以及场所大小，以确保小儿急救从业人员能够快速应对突发事件。除了对急救人员的要求外，《框架》还规定必须确保托育机构内的急救箱随时可用，且箱内药品适合婴幼儿使用。在面对意外或受伤事件时，机构必须记录事故或受伤情况以及采取的急救措施，并在婴幼儿遭遇事故或受伤后尽快通知家长。如果托育机构内发生了任何严重事故、重大疾病或伤亡事件，机构必须将情况和采取的应对措施尽快告知英国教育标准局，否则将构成违法。此外，托育机构还必须通知当地的儿童保护机构，并遵照相应的指示行动。

# 第二节　新加坡：托幼一体式幼儿中心设置标准

为了更好地满足社会经济发展，培养更多精英人才，近十年来，新加坡高度重视教育的改革与发展，尤其是在学前教育领域中，制定和实施了多种改革与激励措施，有力促进了新加坡学前教育的发展。在具体改革方向和内容选择上，新加坡高度重视发展托幼一体式服务，希望通过提供完善的托幼一体式服务，提升学前教育整体发展质量和水平。中国与新加坡地缘相近，文化上也存在较高的共通性，这为我们学习和借鉴提供了便利的条件。本节将通过对新加坡托幼一体式机构发展现状的梳理与介绍，为推进我国托幼一体式进程提供借鉴。

新加坡学前教育主要有两种开办形式：一种是为 3～6 岁幼儿开设的幼儿园；另一种则是针对 18 个月及以下婴幼儿，同时招收 3～6 岁幼儿的托幼一体式幼儿中心（以下简称幼儿中心）。[①] 但在实际发展过程中，幼儿园和幼儿中心长期由社会团体、宗教组织和私人业者经营，并未被列入正规教育体系中，这导致了学前教育整体发展水平长期受限，影响了国民素质的提升。

为提升学前教育质量，新加坡于 2011 年委托多个机构和部门对世界学前教育状况进行调查，并在幼教专家的指导下出台了《给重要幼年的重要意见》(Vital Voices for Vital Years)报告书[②]。该调查报告发现在被调查的 45 个国家中，新加坡学前教育位列第 29 名，整体发展状况堪忧。在报告发布后，新加坡政府迅速作出反应，决定以现有政策基础为依托，通过明确幼儿中心的举办资格、提高教师准入标准、完善幼儿中心的设置条件等举措，提升托幼一体式机构的发展质量，为大众提供高质量的一体式托幼教育服务。

# 一、举办资格

## （一）申请条件

新加坡幼儿中心由社会发展和体育部（Ministry of Community Development and Sports，MCDS）进行管辖，其创办条件为申请者必须获得由幼儿培育署（Early Childhood Development Agency，ECDA）审查并颁布的

---

① 王坚红、尹坚勤：《国际视野下的学前教育机构评估标准》，200 页，南京，南京师范大学出版社，2012。

② Ang L.，"Vital Voices for Vital Years in Singapore：One Country's Advocacy for Change in the Early Years Sector，"International Journal of Early Years Education，2014(3)，pp. 329-341.

营业执照，申请者只要符合 ECDA 的申请条件，均可申请办理幼儿中心的营业执照。

具体来说，ECDA 分别从申请者个人条件、经营场地选择、空间设置、服务规划、师资认证等方面对创办幼儿中心作出了严格的规定。[①] 在申请者个人条件上，申请者需年满 21 周岁，并且无违法犯罪行为，同时还需先注册合法的商业实体后，才能递交执照申请。在幼儿中心经营场地的选择上，申请者需选择适宜开展婴幼儿教育和保育服务的场地。例如，幼儿中心必须设置在建筑底层，若在其他楼层开办，必须获得社会福利署署长批准；若使用私人住宅用地，选址必须为独立式住宅，并且最好靠近运动和游乐设施等。同时，申请者还需向不同部门递交用地申请并获得相应的支持文件。在空间设置上，申请者应保证幼儿中心内设置专门的教学区域、活动区域和服务区域，空间设置与安排能够满足婴幼儿基本的教育和保育活动。

除了硬件设施的要求以外，ECDA 也对幼儿中心的托幼照护服务规划和师资认证作出了具体的规定。在申请幼儿中心营业执照时，申请者需向官方提交针对不同年龄段婴幼儿的服务规划，具体包括不同年龄组婴幼儿每日教学和娱乐规划。同时申请者还需向官方提交幼儿中心内所有在职员工的学前教育资格证书和基本信息。在满足 ECDA 一切条件之后，申请者可通过网络递交申请，之后 ECDA 会安排专职从业人员进行实地考察。考察通过后，申请者缴纳一定费用即可获得幼儿中心营业执照，并开始运营。初次执照的有效期为 12 个月，之后申请者每 3 年更换一次营业执照。

## （二）资格认证

除此之外，2011 年新加坡教育部发布了《学前教育认证框架》（Singapore Pre-school Accreditation Framework，SPARK）[②]。这份框架并不是一份强制的标准，而是由幼儿中心自愿申请认证的。但随着新加坡政府近年来的推广和政策引导，SPARK 已经成为当下被广泛认可的评定标准，

---

[①] Early Childhood Development Agency，"Guide to Setting up a Child Care Centre，"https://www. childcarelink. gov. sg/ccls/uploads/CCC_Guide. pdf，2017-07-17.

[②] Ministry of Education Singapore，"Raising the Quality of Kindergartens：Greater MOE Support，" https://www. moe. gov. sg/news/press-releases/raising-the-quality-of-kindergartens-greater-moe-support，2019-04-24.

许多家长也把幼儿中心是否获得 SPARK 质量合格证书作为是否选择该幼儿中心的一个重要参考。因此，从某种程度上来说，若想在新加坡开办一家幼儿中心，获得 SPARK 质量合格证书已经成为一个"必须"的标准。SPARK 主要通过等级评分的方式来对幼儿中心的质量和发展状况进行评估，具体包括幼儿中心领导力、规划与行政、教职员管理、资源、课程、教学法、健康卫生与安全七个方面。评估结束后，经由第三方评估机构进行质量检验，成绩优秀的幼儿中心可持有由 SPARK 颁布的具有三年有效期的质量评定合格证书。

# 二、人员配备

## (一)师幼比

在入学率如此高的背景下，为保障向婴幼儿提供高质量的照护服务，保证机构内的从业人员能与儿童进行积极的互动，ECDA 对幼儿中心内不同年龄段婴幼儿的最大师幼比作出了明确的规定[①]，具体见表 3-1。同时，ECDA 还明确规定了幼儿中心若开办混龄班，其师幼比应以班级中年龄最小的儿童为设置标准。

表 3-1　新加坡幼儿中心师幼比

| 婴幼儿年龄 | 师幼比(无辅助教育人员) | 师幼比(有辅助教育人员) |
| --- | --- | --- |
| 2～18 个月 | 1∶5 | |
| 18～30 个月 | 1∶8 | 2∶12 |
| 2.5～3 岁 | 1∶12 | 2∶18 |
| 3～4 岁 | 1∶15 | 2∶20 |
| 4～5 岁 | 1∶20 | 2∶25 |
| 5～7 岁以下 | 1∶25 | 2∶30 |

注：有 2～18 个月年龄班的幼儿中心，除需满足最大师幼比为 1∶5 以外，还必须确保至少有一名国家注册护士或受过训练的早期教育工作者在场。

① Early Childhood Development Agency，"Guide to Setting up a Child Care Centre，"https：//www. childcarelink. gov. sg/ccls/uploads/CCC_Guide. pdf，2017-07-17.

## (二)从业人员资质

除师幼比以外，幼儿中心的人员配置和教师资质与教育水平也是影响幼儿中心质量的一个关键因素。幼儿中心须配备专职主管、儿童教育者和儿童照护者，提供婴幼儿托育服务的幼儿中心还需配备专职保健人员。[1] 在此基础上，ECDA针对两类不同幼儿中心中的教师配置类型和教师任职资质作出了具体要求[2]，见表3-2。

**表 3-2 不同服务类型幼儿中心中的教师配置类型及任职资质**

| 幼儿中心类型 | 教师配置类型 | 任职资质 |
| --- | --- | --- |
| 为18个月至6岁11个月儿童提供教育与照护 | 主管 | 持有学前教育领导文凭或接受婴幼儿照护与教育领导文凭的培训；经ECDA认证的2级教师；持有ECDA认可的有效急救资格证；拥有至少2年的学前教育教学经验。 |
| | 教育者 | 至少有一名经ECDA认证的2级教师。 |
| | 照护者 | 至少有两名经ECDA认证的1级教师或照护者。 |
| 为2～18个月婴幼儿及18个月至6岁11个月儿童提供教育与照护 | 主管 | 持有学前教育领导文凭或接受婴幼儿照护与教育领导文凭的培训；经ECDA认证的2级教师；持有ECDA认可的有效急救资格证；拥有至少2年的学前教育教学经验。 |
| | 教育者 | 至少有一名经ECDA认证的2级教师。 |
| | 照护者 | 至少有一名经ECDA认证的1级教师或照护者。 |
| | 保健员 | 至少有一名接受过1级婴幼儿照护者培训或接受过国家注册护士培训或持有婴幼儿照护证书，并同时持有婴幼儿发展框架证书的从业人员。 |

注：2级教师可任教于任何类型的学前教育机构，1级教师只可任教于幼儿中心。

# 三、建筑设计

儿童通过与环境互动，进行学习与发展，良好且能够提供丰富感官刺激的环境能够为儿童的学习与发展提供机会。因此，新加坡高度重视幼儿中心环境创设的重要性。新加坡明确提出：所有的幼儿中心应为儿童提供

---

[1] Early Childhood Development Agency，"Guidelines for Centre-Based Infant/Toddler Care Services，"https://www.ecda.gov.sg/Pages/Resources.aspx，2019-04-28.

[2] Early Childhood Development Agency，"Guide to Setting up a Child Care Centre，"https://www.childcarelink.gov.sg/ccls/uploads/CCC_Guide.pdf，2017-07-17.

安全、健康、愉快、舒适、便利、空间大小适宜、设计灵活、方便运动、多样化的环境。①

## （一）选址要求

适宜的室内外活动场所对儿童探索和发展有着重要的影响作用。在户外环境选择上，新加坡规定户外活动空间应在幼儿中心的步行可达距离以内，户外活动空间与幼儿中心之间不得有通行车辆的马路，同时要设置1.5米高的围栏来确保活动区域的安全，并规划一定的阴凉区域。在室内环境设计上，幼儿中心应保证儿童拥有人均5.0平方米及以上的专用室内活动空间。其中，提供婴幼儿照护服务的幼儿中心，还需向婴幼儿提供额外的活动空间，具体面积大小需联系社会福利署，由署长决定。

## （二）空间规划

合理设计和规划室内外环境，能够为婴幼儿发展提供充足的活动空间。在这方面，新加坡政府规定，在户外空间设计上，幼儿中心应配置大型运动和感官游戏设备，同时配备适合不同年龄和发展需求的玩具，保证地面状况的安全性。在空间使用上，18个月及以下的婴幼儿户外活动空间要与3～6岁的幼儿户外活动空间分割开或实行轮流制的方式，保证两者户外活动空间的独立性。

在室内空间设计上，18个月及以下的婴幼儿活动区域与3～6岁的幼儿活动区域要分割开，儿童探索和游戏区域与其他保育和生活区域要分隔开，尽可能保障儿童的游戏和探索活动不受打扰。儿童喂食区、午睡区等生活区域需保持一定的互动性，使照护人员最大程度地增加与儿童之间的接触，促进儿童的发展。

## （三）基础设施

基础设施和家具是否配备齐全，也会对儿童学习与发展的快慢产生重要的影响。新加坡在幼儿中心基础家具的配备上，要求设置专门的睡眠室、盥洗区、喂食区、食物准备区、学习区、游戏区和储藏室等场所来满

---

① Early Childhood Development Agency，"Guidelines for Centre-Based Infant/Toddler Care Services，"https：//www.ecda.gov.sg/documents/ccls/Infant_Care_Guidelines.pdf.

足基本的教育和保育活动需求。其中在睡眠室配备上，幼儿中心要为 12 个月以下的婴幼儿提供带床垫和床垫套的独立婴儿床；为 13 个月以上的幼儿提供带床垫的独立婴儿床。床上用品必须保持清洁，并及时更换，且婴幼儿不能交叉使用，两个婴儿床之间需至少保持 0.5 平方米的空间，以方便照护者在婴幼儿午睡期间进行查看。在盥洗区配备上，幼儿中心需按照儿童数量的多少，按照"总人数/23"的计算公式，设置充足的洗手池和抽水马桶，并且室内和户外活动区均配备便盆椅。设置尿布台的幼儿中心，需保证尿布台材质、表面和高度不会威胁到婴幼儿健康，尿布台与食物准备区要分隔开。

在喂食区配备上，幼儿中心应为年龄较大的儿童提供专用桌椅；具有一定高度的椅子，需配有脚踏板以及在侧面和背面安装一定的辅助支撑设施。在食物准备区配备上，幼儿中心应提供单独的食物准备设施并安装专门的消毒和储存食物的装置。在学习区和游戏区材料的配备上，幼儿中心应选择能够促进儿童大肌肉、建构能力、想象力和社会性发展的材料，并提供充足的婴儿车或者摇椅。同时，幼儿中心要注意玩具和物品的安全性，选择大小适宜、不会被儿童吞咽并且容易清洗、不易破碎、安全无毒的玩具。

# 四、安全防护

由于新加坡幼儿中心多采用全日制办学，儿童需长时间在集体环境中生活和学习，因此健康、安全和稳定的幼儿中心环境对于儿童成长和发育就显得格外重要。在这一点上，新加坡政府通过建立幼儿中心安全管理制度和突发事件应急预案的方式，来保证幼儿中心内儿童的健康与安全。[①]

## （一）安全管理制度

在幼儿中心的安全管理制度上，新加坡政府主要从幼儿中心安全和儿童安全两方面入手，对幼儿中心进行安全管理。

幼儿中心安全主要包括环境安全和消防安全。在环境安全上，幼儿中心员工必须保持机构内环境清洁，定期进行保养和维修；员工必须每日对儿童活动的室内和户外区域进行安全检查；地板表面和区域布局必须适合

---

[①] Early Childhood Development Agency，"Guidelines for Centre-Based Infant/Toddler Care Services，"https：//www. ecda. gov. sg/documents/ccls/Infant_Care_Guidelines. pdf.

儿童爬行、站立和行走；必须妥善处理幼儿中心内的所有家具、配件和固定装置，依据儿童不同的年龄组选择不同的家具和配件，并保证其绝对安全；所有设备、材料和玩具的选择应能保证每个年龄组儿童的安全。其中，《幼儿中心建立指南》中更是明确提出了包含房屋、家具、物品安全在内的 20 条环境安全要求[①]，高度重视幼儿中心环境安全建设和管理。同时，由于新加坡有特殊的地理位置和气候特征，该指南高度重视幼儿中心的消防安全。该指南明确规定幼儿中心必须最少每 6 个月进行一次消防疏散演习并保存所有消防演习的书面记录；安装所有必备的消防设备并确保机构内所有从业人员能够熟练使用消防设备。

在儿童安全保护上，幼儿中心应建立包括儿童及其父母信息、成长记录、饮食和用药注意事项等在内的儿童档案，并及时进行更新；如怀疑或发现任何虐待儿童的事件，应立即向署长报告。同时，幼儿中心还需每日对儿童的出入进行登记记录。

### （二）突发事件应急预案

幼儿中心还需制订相应的突发事件应急计划，最大程度保障儿童的人身安全。例如，在紧急情况发生时，幼儿中心应以最快速度对每一名儿童展开保护；幼儿中心需制订一套详细的流动和非流动儿童撤离程序，并保证机构内的每一位员工都能够熟练掌握该撤离程序。

## 五、卫生保健

新加坡地处东南亚地区，终年高温多雨，气候炎热。世界卫生组织调查发现，5 岁以下儿童在食源性疾病的爆发和感染上处于特高风险区，尤其是在东南亚地区，疾病暴发率更高，传染性更强。[②] 儿童身体发展尚不成熟，对疾病的抵御能力也较弱，因此卫生、干净的生活与学习环境以及必要的保育措施对其健康发展起着至关重要的影响作用。新加坡政府高度重视幼儿中心卫生安全和儿童保健等问题，从疾病预防、人员健康、卫生

---

① Early Childhood Development Agency, "Guide to Setting up a Child Care Centre," https://www.childcarelink.gov.sg/ccls/uploads/CCC_Guide.pdf, 2017-07-17.

② 世界卫生组织：《世卫组织估算五岁以下儿童占全球食源性疾病死亡人数的近三分之一》，https://www.who.int/zh/news-room/detail/03-12-2015-who-s-first-ever-global-estimates-of-food-borne-diseases-find-children-under-5-account-for-almost-one-third-of-deaths，2015-12-03。

习惯、药物管控、饮食营养和行为指导多方面保障儿童的健康发展。[1][2]

## （一）疾病预防

在疾病预防上，幼儿中心主管应根据卫生部相关要求，结合幼儿中心具体情况制定《幼儿中心传染病预防指南》，如若怀疑或发现儿童或从业人员患有传染病，应立即向相关部门和家长报告。患有传染病的儿童和从业人员只有经注册医生证明身体健康后才能返回幼儿中心学习和工作。当幼儿中心报告有超过一例传染病时，幼儿中心应及时采取关闭措施，防止疾病传染范围进一步扩大。

## （二）人员健康

在人员健康上，幼儿中心明确规定儿童在入托之前须经注册医生证明身体健康，并适合在幼儿中心学习和生活；幼儿中心内所有员工均须证明身体健康并定期进行检查。同时，无论儿童还是成人，在发烧和服药的情况下不得进入班级中。

## （三）卫生习惯

在从业人员的卫生习惯上，幼儿中心内的员工要及时对设备和餐具进行消毒，儿童使用的玩具每天均需进行清洗；在每次为儿童准备食物前后、喂养前后、换尿布前后、接触到儿童体液和排泄物后，从业人员均须使用肥皂液洗手，并使用一次性纸巾擦干或使用烘干机烘干；每次为儿童更换尿布前后，均须对尿布台进行消毒处理；包括脏尿布在内的所有垃圾均须放在塑料袋内并盖上垃圾桶盖子，减少污染的风险。

## （四）药物管控

在药物管控上，幼儿中心中的药物管理人员需获得相应的药物管理执照，任何药物或药物容器均须清楚地标明儿童的姓名和药物管理说明。同

---

① Early Childhood Development Agency，"Guidelines for Centre-Based Infant/Toddler Care Services,"https：//www. ecda. gov. sg/documents/ccls/Infant_Care_Guidelines. pdf.

② Child Care Centres Regulations，"Child Care Centres Act,"https：//sso. agc. gov. sg/SL-Rev/CCCA1988-RG1/Published/20111223？DocDate＝20111223&ViewType＝Pdf&_＝20170612150046，2012-03-31.

时，从业人员还需要翔实地记录儿童的用药类型、剂量和时间，不得向儿童提供医生建议以外的任何药物，所有药品应放在儿童无法触及的地方。

## (五)饮食营养

在儿童饮食卫生和营养上，幼儿中心应至少提前一周制定好食谱，食物选择需符合膳食营养要求。同时，幼儿中心要为每个年龄段的儿童编写不同的食谱或单独为每名儿童制订喂养计划，以满足儿童对营养的特殊需求。同时，幼儿中心还需要根据父母和注册医生的建议，为儿童制定喂养配方奶粉、母乳、固体食物、水等的时间表，保证儿童健康发育和成长。

## (六)行为指导

在从业人员行为指导上，幼儿中心内的所有员工禁止对儿童进行任何形式的体罚，包括直接或使用实物殴打、摇晃、推搡、强迫婴幼儿重复身体动作、剥夺饮食、隔离和限制身体活动等身体体罚，以及羞辱、贬低、侮辱人格、忽略儿童口头反应和情绪反应等精神体罚，严格保护儿童身体和心理健康发展。

# 第三节　加拿大：幼儿早期教育与保育发展框架

加拿大作为全球先进教育体系的代表国家之一，历来非常重视学龄前儿童教育，进入 21 世纪后，加拿大着手推进全日制幼儿园的普及和儿童保育教育的一体化。学龄前儿童教育场所分为日托机构（day care center）以及幼儿园（kindergarten/preschool），日托机构主要服务于 5 岁之前的儿童，而幼儿园的服务对象是上小学之前的儿童。本节以加拿大的不列颠哥伦比亚省、爱德华王子岛、马尼托巴省以及安大略省为例，对加拿大托幼一体式机构的现状进行梳理，为推进我国托幼一体化进程提供借鉴。

2003 年，安大略省制定了本省学前教育指导性政策《幼儿早期学习指导框架》（Early Learning for Every Child Today：A Framework for Ontario Early Childhood Settings，ELECT），该框架以儿童发展观为基础，以心理学、教育学、人体生物学等多领域研究为视角，面向本省 0～8 岁的所有适龄儿童，指导这一阶段一切学前教育机构（包括日托机构和幼儿园）及学前教育工作者的日常工作。[①] 该框架规定了儿童在早期发展阶段的学习内容和学习方式。[②]《幼儿早期学习指导框架》指出：安大略省学前保育与教育一体不可分，《幼儿早期学习指导框架》的服务对象包括一切日托机构幼儿园及从业人员。[③]

# 一、举办资格

安大略省于 2014 年 8 月正式颁布新一阶段本省学前教育综合法案——《幼儿保育与早期发展法案》（Child Care and Early Years Act，CCEYA）。该法案的目标是构建一个覆盖全面、注重质量、灵活多样的学前教育服务体系。覆盖全面，即学前教育面向本省 0～6 岁儿童，无论性别、民族、种族、宗教、语言如何，无论儿童家庭经济状况、父母受教育水平及居住状况如何，为所有适龄儿童提供其应得的学前教育，学前教育费用低廉甚至免费。注重质量，即全面提升学前教育质量，优化学前教育师生比例，建设专业学前教师队伍，营造健康舒适的发展环境，切实提高儿童身体、情感、认知、沟通、社会等方面发展水平，为儿童一年级入学打下坚实基础。灵活多样，即为儿童家长提供科学、灵活的学前教育服务和项目，帮助儿童家长分担育儿负担及平衡家庭与工作的关系。

根据资格认证的不同，安大略省目前的学前教育机构总体分为两大类：已授权的学前教育机构（licensed child care）和未授权的学前教育机构（unlicensed child care）。二者在办学规模、教学标准、招收人数上均有差异。[④] 安大略省为了提升学前教育服务的质量，《幼儿保育与早期发展法案》对它授权的学前教育机构服务对象的年龄阶段、招收人数都作出了明

①　Ontario Ministry of Education，"Early Learning for Every Child Today：A Framework for Ontario Early Childhood Settings，"http://www.edu.gov.on.ca/childcare/oelf/continuum/continuum.pdf，2019-05-25.

②　Best Start Networks，"How to Start Early Learning，"http://www.edu.gov.on.ca/childcare/oelf/continuum/continuum.pdf，2015-11-25.

③　Ontario Ministry of Education，"Ontario Child Care Providers，"http://www.edu.gov.on.ca/childcare/ChildCareProviders.html，2015-11-29.

④　Ontario Ministry of Education，"Child Care and Early Years Act，2014，"https://www.uoguelph.ca/childcare/sites/uoguelph.ca.childcare/files/public/documents/Child%20Care%20and%20Early%20Years%20Act%202014.pdf，2015-08-31.

确规定，违者将受到行政处罚并罚款。教育部采取量刑的原则，在命令无效的情况下才会施加行政处罚。例如，若一个保育机构超出既定人数多招收了儿童，则每多招收一名儿童将会被处以 2000 加元的罚款。除罚款外，教育部还会将这些违法情况、行政处罚和禁令发布在网站上，一方面，为家长筛选学前教育机构提供参考，另一方面，整顿行业风气，以儆效尤。[①]

马尼托巴省提高早期教育环境质量的目标是通过发展早期学习与儿童保育空间来完成的。许多学前教育机构都设在学校内；教育部也参与合作，支持与公立学校相关的非营利性的早期学习与儿童日托中心的建设。[②]

# 二、人员配备

## (一) 班额和师幼比

在安大略省，《幼儿保育与早期发展法案》对授权学前教育机构中婴幼儿的年龄分段、招收人数与班级限额作出了详细的规定，详见表 3-3。

表 3-3　《幼儿保育与早期发展法案》授权学前教育机构招收对象及人数[③]

| 年龄分段 | 招收人数（名） | 最大班额（名） |
| --- | --- | --- |
| 婴儿（小于 18 个月） | 3～10 | 10 |
| 学步儿（18～30 个月） | 1～5 | 15 |
| 学前儿（3.5～6 岁） | 1～8 | 16 |

自 2017 年 9 月 1 日起，安大略省政府针对已授权的学前教育机构开始推行新的师幼比规定。对于不超过 12 个月的婴儿，师幼比为 1：3；3 名从业人员中至少有 2 名是安大略省的注册儿童早期教育工作者（registered early childhood educator，RECE）。对于 12 个月到 24 个月的幼儿，师幼比为 1：4。在混龄班级中一个班级最多可接收 12 名 24 个月以下的婴幼

---

① 金淑洁：《2000 年以来加拿大安大略省学前教育政策研究》，硕士学位论文，西南大学，2016。

② 经济合作与发展组织（OECD）教育团队：《强壮开端 III：儿童早期教育与保育质量工具箱》，陈学锋等译，43 页，北京，北京师范大学出版社，2015。

③ Ontario Ministry of Education，"Child Care and Early Years Act，2014，"https://www.uoguelph. ca/childcare/sites/uoguelph. ca. childcare/files/public/documents/Child％20Care％20and％20Early％20Years％20Act％202014. pdf，2015-08-31.

儿，当 12 个月以下的婴儿超过 4 名时，班级需要配有 4 名从业人员，师幼比需调整为 1∶3。对于 24 个月到 5 岁的学前儿童，师幼比为 1∶8，每班最多接收 24 名儿童，3 名从业人员中至少需要有 2 名注册儿童早期教育工作者。[①]

不列颠哥伦比亚省的日托机构和幼儿园均面向 2.5～6 岁儿童进行托育，二者的不同之处在于托育时间，日托机构的托育时间每天不超过 13 小时，幼儿园的托育时间每天不超过 4 小时。日托机构的班级规模为每班不超过 25 名儿童，班里低于 36 个月的儿童不能超过 2 名；幼儿园的班级规模为每班不超过 20 名儿童。在不列颠哥伦比亚省的日托机构中，每 8 名及以下儿童需要 1 名早期教育专业教师，每 9～16 名儿童需要 1 名早期教育专业教师和 1 名助理教师，每 17～25 名儿童需要 1 名早期教育专业教师和 2 名助理教师；在幼儿园中，每 15 名及以下儿童需要 1 名早期教育专业教师，每 16～20 名儿童需要 1 名早期教育专业教师和 1 名助理教师，同时幼儿园鼓励参与园内家长教育培训的家长担任助理教师。[②]

### (二)教师资质

#### 1. 教师培养方式

安大略省的托育机构从业职员主要分为两种：注册儿童早期教育工作者和幼儿助理(early childhood assistant，ECA)。注册儿童早期教育工作者教授的对象分为 0～6 岁和 6～12 岁的儿童。安大略省高中毕业生可直接申请进入开设早期儿童教育课程的学院学习，学制通常为 2 年，共 4 学期，学生需要完成 20 门专业理论课和 3 门实践课的学习。部分学院提供强化培训，将学制缩短为 2 个或 3 个学期，但要求申请者具有本科学位或者学院认可的相关学习、工作经历。申请者可以选择参加全日制学习或者非全日制学习。

#### 2. 专业课程内容

理论课程涉及基本的安全、健康和行为知识，儿童早期学习机制，以

---

①　Ontario Ministry of Education, "Licensed Child Care Centers: Age Grouping, Rations, Group Size and Staff Qualifications," https://ascy. ca/wp-content/uploads/2016/01/APPENDIX-2-PHASE-2-RatiosFactSheet. pdf.

②　Quickscribe Services Ltd, "Child Care Licensing Regulation," http://www. quickscribe. bc. ca/secure/archives/173. pdf，2004-02-27.

及不同年龄段儿童教育的授课计划等[①]；具体课程包括"婴儿和婴幼儿的回应式看护""基于游戏的课程概论""核心沟通技能""儿童成长与发展""营养健康和安全""从摸索与探究视角设计基于游戏的课程"等。实践课程由学院安排分配，要求学生有 440 小时以上的实习经历。完成理论课程和实践课程的毕业生可获得大学学院毕业文凭，同时获得"注册儿童早期教育工作者"的从业资格；有意继续深造的毕业生可申请继续学习，攻读学士学位。安大略省儿童早期教育学院（College of Early Childhood Educators）[②]网站上提供注册教育工作者的状态信息，为用工者查询从业资格提供便利。在雇用注册儿童早期教育工作者时，除了学业与实践经历要求之外，所有招聘方都要求应聘者提供 3 份文件：6 个月以内警局出具的无犯罪记录（为弱势者服务的人员筛选报告书）、免疫证明和标准急救证书。

幼儿助理的学制通常为 2 学期，共 30 周，其中含有超过 8 周的实习和 10 余门理论课程，毕业生可获得安大略省儿童早期教育学院的专科院校毕业证书，取得看护 6 个月到 10 岁儿童的从业资格，毕业生也可选择继续学习，取得注册儿童早期教育工作者的毕业文凭。[③]

### 3. 资格证书要求

加拿大爱德华王子岛在 2010 年颁布了"学前卓越行动"，要求所有早期机构的从业人员有省级授予的入门级别机构员工或者管理人员证书。入门级别要求机构中有资质的员工参与 3 门课程的培训：身体成长与发展、发展适宜性实践、教育部和早期儿童发展部门与当地大学一起设计的适合的入门级课程。为了拿到机构员工和管理人员证书，教育者要有早期教育与保育的两年制大专学历。[④]

### 4. 资格认证情况

关于资格认证，在不列颠哥伦比亚省，幼儿园员工和日托机构员工每 5 年就要更新资格证书，而马尼托巴省则不需要进行资格证书更新。（详见表3-4）

---

① Ontariocolleges. ca，" What to Expect from a Career as an Early Childhood Educator,"https://www. ontariocolleges. ca/en/programs/education-community-and-social-services/early-childhood-education，2019-05-25.

② College of ECE，"A Year in Review / Bilan de l'année 2017-2018,"https://www. college-ece. ca/en，2019-04-26.

③ 胡雅莉：《加拿大儿童早期教育体系对"幼有所育新发展"的启示》，载《牡丹江大学学报》，2019(2)。

④ 经济合作与发展组织(OECD)教育团队：《强壮开端Ⅲ：儿童早期教育与保育质量工具箱》，陈学锋等译，187 页，北京，北京师范大学出版社，2015。

表 3-4 不同员工接受职前教育情况

|  | 幼儿园员工 | 日托机构员工 |
|---|---|---|
| 全职 | 不列颠哥伦比亚省、马尼托巴省、爱德华王子岛。 | 不列颠哥伦比亚省、马尼托巴省、爱德华王子岛。 |
| 兼职 | 爱德华王子岛、马尼托巴省。 | 不列颠哥伦比亚省、马尼托巴省、爱德华王子岛。 |
| 公立 | 不列颠哥伦比亚省、马尼托巴省、爱德华王子岛。 | 不列颠哥伦比亚省、马尼托巴省、爱德华王子岛。 |
| 私立 | 不列颠哥伦比亚省、爱德华王子岛。 | 不列颠哥伦比亚省、爱德华王子岛。 |

# 三、建筑设计

## (一)场地要求

不列颠哥伦比亚省、马尼托巴省与爱德华王子岛对日托机构和幼儿园中的婴幼儿的最低空间要求作出了规定，详见表 3-5。

表 3-5 幼儿园、日托机构应具备的最低空间要求[1][2]

| 省份 | 机构类型 | 室内空间要求（平方米） | 户外空间要求（平方米） |
|---|---|---|---|
| 马尼托巴省 | 幼儿园 | 3.1 | —— |
|  | 日托机构 | 3.2 | 7.0 |
| 爱德华王子岛 | 幼儿园 | 3.7 | —— |
|  | 日托机构 | 7.0 | 7.0 |
| 不列颠哥伦比亚省 | 幼儿园 | 4.2 | 7.0 |
|  | 日托机构 | 3.7 | 7.0 |

## (二)配备用房

不列颠哥伦比亚省规定日托机构的睡眠室需配备至少 7.5 厘米厚的床垫、适合儿童的小床，以及方便换洗的床笠和床罩，需为每 10 名儿童配

---

① 经济合作与发展组织（OECD）教育团队：《强壮开端 III：儿童早期教育与保育质量工具箱》，陈学锋等译，32 页，北京，北京师范大学出版社，2015。

② Ontario Ministry of Education，"The Child Care and Early Years Act，"https://www.uoguelph.ca/childcare/sites/uoguelph.ca.childcare/files/public/documents/Child％20Care％20and％20Early％20Years％20Act％202014.pdf，2019-03-31.

备一个卫生间和洗脸池，需为婴幼儿配备专门放置脏衣服的收纳箱；规定幼儿园需为每8名儿童配备一个卫生间和洗脸池。

## (三)选址要求

加拿大对日托机构的选址没有严格的规定，机构多位于设施便利的地区，如公共大楼内或教堂、购物中心内，甚至原来作为单一家庭住宅的翻新建筑、学校中，很少有日托机构在专门建造的建筑物内运营。

# 四、安全防护

在安大略省，根据《幼儿保育与早期发展法案》，当教育部从业人员发现任何让儿童的健康和安全面临危险的操作时，教育部需下达对儿童的保护令和责令机构整改的纠正令。保护令的目的是消除对儿童健康、安全或福利的威胁，纠正令的目的是通过停业整顿或吊销营业执照来支持和保护儿童免受此种威胁。关于政府下达的保护令和纠正令的重要信息均是面向公众公开的，公众人可通过政府网站查询相关情况和处理进展；同样，对所有托儿项目的检查报告都公布于"执照托管项目网站"，公众可随时查阅。①

安大略省规定，教职工如有性犯罪、参与儿童色情制品活动、谋杀和杀害婴幼儿等罪行，将被禁止从事婴幼儿托育服务；当婴幼儿出现被虐待或被性虐待的情况时，政府规定，禁止公布儿童的身份或任何可能披露其身份的材料，保护儿童身心不受伤害。②《幼儿保育与早期发展法案》中规定，托育机构需有记录和核实来访者身份的制度，只有在得到家长的同意后，才能将儿童转交给他人。

加拿大多数省、地区在教育条例中要求所有学校都要有消防安全和紧急疏散计划，当地市政府需要定期进行消防和健康检查。机构成立的前提是要接受当地消防办公室的年度检查、当地公共卫生单位的健康检查，幼儿园和日托机构必须有合适且正常运作的火灾检测和灭火设备（如火警报

---

① Ontario Ministry of Education, "Child Care Licensing," http://www.earlyyears.edu.gov. on.ca/EYPortal, 2018-02-21.

② Ontario Ministry of Education, "Child Care and Early Years Act, 2014," https://www. uoguelph.ca/childcare/sites/uoguelph.ca.childcare/files/public/documents/Child%20Care%20and% 20Early%20Years%20Act%202014.pdf, 2015-08-31.

警器、烟雾探测器、防火毯及灭火器等）；机构有义务提供证据，证明遵守其他立法的具体规定（如对于卫生、消防和建筑的规定），同时，机构内必须设有消防安全通道，禁止其他障碍物占道。

# 五、卫生保健

加拿大政府颁布的《国家儿童权利公约》（Rights of Children）提出，所有儿童都应该在身体上、情感上和精神上保持健康。保护儿童的自尊心，满足儿童对食物的健康的、基本的需求，保护其不受虐待、忽视、歧视、剥削和远离危险。[①]

幼儿园和日托机构注册登记时，要对儿童的免疫记录登记并保存管理，根据每名儿童可能具有的不同健康和饮食需求，机构还必须在儿童注册时就了解和记录儿童饮食方面的信息，如食物过敏、有特殊健康需求等，并且采取相应的调整措施。同时，机构需提供健康和安全的防护措施，培养儿童良好的卫生习惯，避免储存有害儿童健康的药物和材料。当儿童的健康和安全被认为受到威胁时，机构的许可证或将被吊销。

《加拿大安大略省0～6岁儿童分阶段喂养指南》（简称《喂养指南》）是由加拿大安大略省公共健康协会营养专家分会、家庭健康营养咨询组注册营养师撰写的。《喂养指南》目标人群是0～6岁儿童，分为0～6月龄儿童、6～9月龄儿童、9～12月龄儿童、12～18月龄儿童、18～24月龄儿童、2～3岁儿童和3～6岁儿童。早产儿需使用校正后的年龄。《喂养指南》最突出的特点是分阶段营养指导。每个年龄阶段包含3方面的内容：发育里程碑及进食技能、喂养指南和预警信号。预警信号的出现意味着当儿童的营养或喂养出现高危现象时，建议儿童接受进一步检查，机构需建议抚养人向儿童保健医生或营养师咨询并进行营养评估。《喂养指南》条理清楚、语言简练、实用性强，是基层儿童保健工作者可靠的参考资料。

---

[①]　经济合作与发展组织（OECD）教育团队：《强壮开端Ⅲ：儿童早期教育与保育质量工具箱》，陈学锋等译，38页，北京，北京师范大学出版社，2015。

# 第四节　托幼一体式机构设置标准的
# 国际比较、趋势与启示

近年来，随着人们对早期发展与教育的重视和对"教育护理"（EduCare，early childhood education and care）这一概念的关注，"保教结合"的观念越来越受到学界与社会的认可，托幼一体化已成为世界范围内早期教育领域普遍的价值追求与努力方向。在各国陆续开始建构托幼一体式早期教育服务体系的浪潮中，我们通过梳理英国、新加坡、加拿大以及其他部分发达国家的有益经验，总结出当前托幼一体式服务在国际上的共性趋势与特征差异，以期为我国构建科学合理的托幼一体式服务体系提供启示。

## 一、托幼一体式机构设置标准的国际比较

### （一）管理主体明确，运行机制完善

#### 1. 明确的管理主体

要规划托幼一体式服务的设置标准，就不应将主管0～3岁公共服务与3～6岁学前教育的部门割裂开来，更不能使其模糊不清、职责不明，为此，各国确立了统一且清晰的管理主体，将其作为政策制定的必备基础与政策推行的重要保障。以英国为例，2000年颁布的《儿童保育标准法案》（The Care Standards Act）[①]授权英国教育标准局全权代表政府对儿童托育机构进行监管与督导，自2008年9月起，所有为0～5岁婴幼儿提供服务的托育机构就都要接受英国教育标准局早期阶段登记处的注册，而且要使用全国统一的早期教育评估表来接受督导。同理，新加坡的幼儿中心需要接受幼儿培育署的审查，澳大利亚有儿童早期教育和保育质量局作为全国性监管机构。这些负责标准审核与监管督导的机构虽然有的属于政府部门，有的是直接向议会负责的非政府部门，但其职能与作用都是共通的，正因为有了这样统一集中的管理主体，各国制定保教合一的服务机构设置标准才成为可能。

---

① The Stationery Office Limited，"Care Standards Act 2000，"https://www. legislation. gov. uk/ukpga/2000/14/pdfs/ukpga _20000014 _en. pdf，2000-07-25.

### 2. 系统的运行机制

机构质量的考核与评估不是一项一劳永逸的工作，而是动态的、可持续的、需要被不断检验与考证的，因此机构举办伊始的资格考察和运行过程中的监测评估具有同等重要的地位和作用。首先，各国建立了系统全面的运行机制，将准入性评估和过程性评估有机地结合起来，例如，英国、新加坡、澳大利亚等国都从硬件与软件方面审核判断申请者是否具备提供托育服务的资格，对合格者颁发注册证书或营业执照，在初次执照到期后，机构还要继续接受追踪评价，以确保其能够始终符合国家要求的质量标准。其次，过程性评估还考虑到了定期评估与不定期评估的综合使用，例如，英国会进行以四年为周期的综合检查评估和突发情况下的临时抽检，澳大利亚也会在定期检查之余进行收到投诉后的即时性风险评估①。再次，评估方法也融合了多种手段与途径，例如，各国的相关文件中都提到对初次申请的机构进行实地考察，英国②与澳大利亚③的文件中更是详细列举了考察时所使用的具体调研方法，如资料分析、观察、访谈等。最后，认证与评估结果公开透明，例如，英国将机构评估报告公布在英国教育标准局官网上，加拿大将机构检查报告公布于"执照托管项目网站"上，均可供公众随时查阅。全面而有层次的认证与评估机制为托幼一体式服务机构质量标准的落实提供了切实可行的途径，也使得评估工作变得井然有序。

## （二）服务对象范围广泛，关注 0～6 岁儿童整体发展

托幼一体式机构将儿童的保育与教育有机地结合起来，从整体的角度看待儿童发展，虽然各国对托幼一体式服务的具体服务范围划分存在细微差异，但关注儿童 0～6 岁连续性发展已经成为全世界共同的趋势。在现有的实行托幼一体化的国家中，托幼一体式服务覆盖 0～5 岁年龄段的最多，也有些国家覆盖的是 1～5 岁或 1～6 岁年龄段，还有些国家将学龄前阶段与小

---

① Australian Children's Education and Care Quality Authority，"Guide to the National Quality Framework,"https://www.acecqa.gov.au/sites/default/files/2018-11/Guide-to-the-NQF _0.pdf，2019-04-18.

② The Office for Standards in Education，Children's Services and Skills，"Early Years Inspection Handbook," http://thelinkingnetwork.org.uk/wp-content/uploads/2018/05/EY _ inspection _ handbook-April-2018.pdf，2019-04-18.

③ Australian Children's Education and Care Quality Authority，"Guide to the National Quality Framework,"https://www.acecqa.gov.au/sites/default/files/2018-11/Guide-to-the-NQF _0.pdf，2019-04-18.

学阶段结合起来，把儿童早期发展与教育扩展到了更广泛的年龄跨度上。代表性国家早期保育与教育相关指导文件覆盖的具体年龄范围见表3-6。

表3-6　不同国家早期保育与教育指导文件覆盖的年龄范围[①]

| 国家/地区 ＼ 年龄 | 0岁 | 1岁 | 2岁 | 3岁 | 4岁 | 5岁 | 6岁 | 7岁 |
|---|---|---|---|---|---|---|---|---|
| 澳大利亚 | 归属，存在，成长——澳大利亚早期学习框架 | | | | | | | |
| 加拿大（不列颠哥伦比亚省） | 不列颠哥伦比亚省0～5岁儿童早期学习框架 | | | | | | | |
| 加拿大（马尼托巴省） | | | 早期教育回报课程 | | | | | |
| 加拿大（爱德华王子岛） | 早期学习框架 | | | | | | | |
| 丹麦 | 学前课程 | | | | | | | |
| 芬兰 | 早期儿童教育国家级课程纲要 | | | | | | | |
| 德国（巴登—符腾堡州） | 巴登—符腾堡州幼儿园的保育和教育取向计划延续到10岁 | | | | | | | |
| 德国（柏林） | 柏林日托中心的儿童入学前教育与保育 | | | | | | | |
| 德国（勃兰登堡州） | 勃兰登堡州促进儿童日托机构基础教育的原则 | | | | | | | |
| 德国（不来梅州） | 基础级别的教育框架 | | | | | | | |
| 德国（汉堡） | 汉堡日托中心儿童教育与保育建议延续到15岁 | | | | | | | |
| 德国（萨克森州） | 萨克森州教育计划——托儿所、幼儿园、日托中心教育人员大纲 延续到10岁 | | | | | | | |
| 英国 | 早期基础阶段法定框架 | | | | | | | |
| 日本 | 日托中心的国家级课程 | | | | | | | |
| 挪威 | 幼儿园内容与任务的框架计划 | | | | | | | |
| 西班牙 | 儿童早期课程 | | | | | | | |
| 瑞典 | 学前课程98（Lëroplan för förskolan Lpfö98） | | | | | | | |

## （三）场地规模设置灵活，因现实国情而异

　　各国或地区所处地理位置与自然环境不同，早期保育与教育服务机构的场地规模受国土面积、国家人口、居民分布、教育用途土地面积等因素的影响，因此，相关的机构设置标准中对室内与户外儿童活动空间的面积要求也各有不同，室内空间要求每名儿童1.8～10.5平方米不等，户外空间要求每名儿童2～32平方米不等，具体情况见图3-1。

---

　　① 经济合作与发展组织（OECD）教育团队：《强壮开端Ⅲ：儿童早期教育与保育质量工具箱》，陈学峰等译，88～91页，北京，北京师范大学出版社，2015。

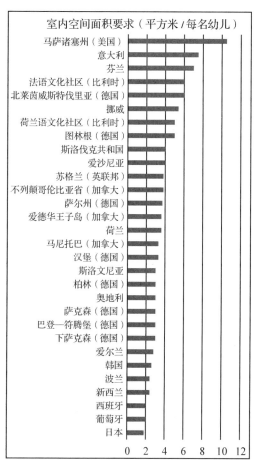
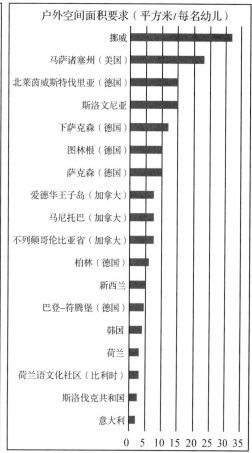

图 3-1　不同国家或地区对托幼一体式机构的儿童活动场地面积要求①

## （四）机构人员配备存在差异

### 1. 师幼比

师幼比是影响早期保育与教育质量发展的关键因素，研究表明，较高的师幼比（每位员工负责照护更少的儿童）能够增加教师与儿童之间有意义互动的潜力②，让儿童得到更加个性化的关注③，从而使机构提高质量，

---

① 经济合作与发展组织（OECD）教育团队：《强壮开端 III：儿童早期教育与保育质量工具箱》，陈学峰等译，32 页，北京师范大学出版社，2015。

② Pianta, R. C., Barnett, W. S., Burchinal, M. & Thornburg, K. R., "The Effects of Preschool Education: What We Know, How Public Policy Is or Is Not Aligned with the Evidence Base, and What We Need to Know," Psychological Science in the Public Interest, 2009(2), pp. 49-88.

③ National Institute for Early Education Research, " Increasing the Effectiveness of Preschool Programs," https://www. researchgate. net/profile/Debra _ Ackerman/publication/39728121 _ Increasing _ the _ Effectiveness _ of _ Preschool _ Programs/links/0fcfd50d1bad56baf9000000. pdf，2019-04-18.

促进儿童更好地发展[①][②]。为方便阅读，我们将代表性国家或地区的师幼比以每位员工负责的儿童数量的形式展示，结果如图 3-2。

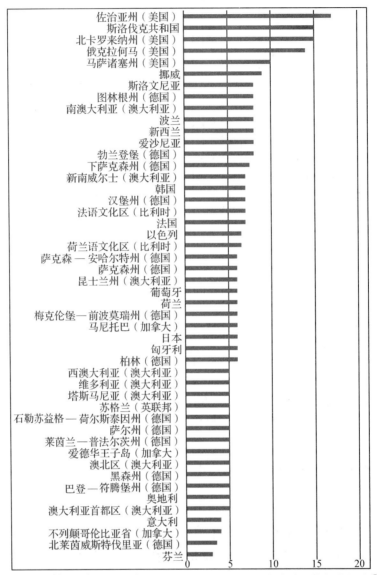

图 3-2 不同国家或地区对托幼一体式机构每位员工负责的儿童数量规定[③]

① De Schipper, E. J., Marianne Riksen-Walraven, J. & Geurts, S. A, "Effects of Child-Caregiver Ratio on the Interactions between Caregivers and Children in Child-Care Centers: An Experimental Study," Child Development, 2006(4), pp. 861-874.

② New South Wales department of Community Services, "Determinants of Quality in Child Care: A Review of the Research Evidence," http://www. community. nsw. gov. au/_ _data/assets/pdf _file/0020/321617/research _ qualitychildcare. pdf, 2019-04-18.

③ 经济合作与发展组织(OECD)教育团队：《强壮开端 III：儿童早期教育与保育质量工具箱》，陈学峰等译，29 页，北京，北京师范大学出版社，2015。

## 2. 教师准入资格

我们归纳发现，托幼一体式机构的员工类型主要包括主班教师、配班员工和保育员三类。各国对从业人员入职的学历水平要求存在差异，以教师为例，按照国际教育标准分类（International Standard Classification of Education，ISCED）等级，代表性国家对早期保育与教育教师的最低学历要求见表3-7。

表3-7 不同国家对托幼一体式机构教师最低学历水平要求[1]

| 国家 ＼ 年龄 | 0 岁 | 1 岁 | 2 岁 | 3 岁 | 4 岁 | 5 岁 | 6 岁 |
|---|---|---|---|---|---|---|---|
| 澳大利亚 | | 学前班/幼儿园教师(5A) | | | | | |
| 奥地利 | | 幼儿园主班教师(4A) | | | | | |
| 爱沙尼亚 | | 1.5 岁幼儿园主班教师(5) | | | | | |
| 芬兰 | | 学前班教师(5B) | | | | | |
| 德国 | | 主班教师(4A) | | | | | |
| 新西兰 | 有资质的教育和保育教师/学前班教师(5B) | | | | | | |
| 葡萄牙 | | 学前教师(5A) | | | | | |
| 斯洛文尼亚 | | 学前教师(5B) | | | | | |
| 瑞典 | | 学前教师(5B) | | | | | |

## 3. 从业人员证书更新周期

虽然职前培训与职后监督是不少国家或地区共通的做法，且各国或地区都要求早期保育与教育服务机构内的人员持证上岗，但是不同国家或地区对于从业人员所持资格证的更新要求则有所不同，大部分国家或地区不要求资格证更新，要求更新的国家或地区的更新周期从 1 年、3 年、5 年至 5 年以上不等，具体情况详见表3-8。

表3-8 不同国家或地区对托幼一体式机构从业人员资格证书更新周期的要求[2]

| | 教师 | 保育员 |
|---|---|---|
| 超过 5 年 | 比利时荷兰语文化社区、日本。 | |
| 每 5 年 | 加拿大不列颠哥伦比亚省、美国佐治亚州、美国马萨诸塞州、美国北卡罗来纳州、美国俄克拉何马州。 | 加拿大不列颠哥伦比亚省、英国苏格兰。 |

[1] 经济合作与发展组织（OECD）教育团队编：《强壮开端 III：儿童早期教育与保育质量工具箱》，陈学峰等译，162～163 页，北京，北京师范大学出版社，2015。

[2] 经济合作与发展组织（OECD）教育团队编：《强壮开端 III：儿童早期教育与保育质量工具箱》，陈学峰等译，169 页，北京，北京师范大学出版社，2015。

| | 教师 | 保育员 |
|---|---|---|
| 每3年 | 新西兰。 | 新西兰。 |
| 不需要更新 | 英国、芬兰、德国、意大利、韩国、加拿大、马尼托巴、墨西哥、挪威、波兰、斯洛文尼亚。 | 英国、芬兰、德国、意大利、日本、韩国、加拿大、马尼托巴、墨西哥、波兰。 |

# 二、国际托幼一体式机构设置标准的趋势与启示

## （一）制定完善的公共政策和运行机制，保障服务规范发展——

我们通过对英国、新加坡、加拿大三个国家早期保育与教育服务机构设置标准的整理与分析，结合其他代表性国家的情况进行归纳总结，可以发现保教结合的托幼一体化模式已经逐渐成为世界的共同趋势与发展方向。而完善的公共政策及配套的制度与运行机制是保障托幼一体式服务规范发展的必要前提。要让制度与标准有法可循、有法可依，制度与标准才真正具备实施效力，因此我们需要通过国家层面的法律法规来明确托幼一体式服务机构的设置与评价标准。我们可参考澳大利亚完备的《国家质量框架》：《国家教育和保育服务法》（Education and Care Services National Law）规定了质量框架的目标和指导原则；《国家教育和保育条例》（Education and Care Services National Regulations）制定了儿童保育与教育服务的具体操作要求；《国家质量标准》设置了早期保教服务的国家质量基准；《幼儿学习框架》（Approved Learning Frameworks）制定了早期保教服务机构所要遵循的促进儿童发展的学习框架。[①] 类似的，英国的《早期基础阶段法定框架》、新加坡的《学前教育认证框架》、加拿大的《幼儿保育与早期发展法案》《幼儿早期学习指导框架》也都可供我国在不同程度上进行参考，从而使我国对托幼一体式服务的宏观层面（国家早期教育发展方向、理念等），中观层面（儿童发展指标、教师专业发展路径等），微观层面（机构人员构成、师幼比等）的各项标准作出统一规范与要求，从法律层面为早期

---

① Australian Children's Education and Care Quality Authority，"Guide to the National Quality Framework，"https://www.acecqa.gov.au/sites/default/files/2018-11/Guide-to-the-NQF_0.pdf, 2018-10-18.

保教服务工作的质量增加保障。

### (二)以促进儿童发展为目标,重视安全防护与卫生保健

#### 1. 将促进儿童发展作为最终目标

不难发现,各国设置早期保教机构质量标准的最终目标和共同落点都聚焦于儿童发展,反映了"儿童本位"的价值取向与保教观念。英国以保障儿童身心健康、促进儿童发展与学习为目标,强调每名儿童都应在早期发展阶段得到最好的支持;加拿大力求切实提高儿童生理、认知、社会性等领域的发展水平,为幼小衔接打下坚实基础;澳大利亚将"儿童的权利和利益最大化是最重要的"视为指导原则,并相信儿童是有能力的学习者,每名儿童的独特素质与能力需要被尊重[1]。归根结底,一切标准设置的最终目标是使儿童能够获得高质量的发展,我国也应围绕这一目标对机构的举办资格、服务规模、人员配备、建筑设计、安全防护和卫生保健等方面作出规定,通过提供适宜的环境、高资质的教师、完备的运营制度等,构建有利于儿童成长发展的早期保育与教育质量标准。

#### 2. 以安全防护与卫生保健为规范重点

各国的机构质量标准中对于安全防护与卫生保健方面的说明都细致入微,足见安全与健康在早期保育与教育环境中的重要分量,且各国在制度管理与设施设备的相关规定上有很多共性。在制度管理上,英国、新加坡、加拿大均对安全责任制度、安全防护制度、应急预警制度、安全巡查制度、安全上报制度作出了有关规定,其中安全防护制度涉及安保、消防、儿童接送等多个方面;严格记录、核实来访者身份是各国共同关注的,机构须采取一切可能措施阻止外部人员未经允许进入,只有在得到家长通知或确认同意后,机构才能将儿童转交给他人,必须确保儿童离开机构时有照护者陪同。另外,饮食营养、疾病防治、卫生习惯、药物使用等也都有相关的明确规定。教师喂养儿童时需要依照指南标准并依据每名儿童的实际情况做好个性化的计划,要注意记录特殊喂养、儿童过敏、药物使用等情况并与家长保持沟通,及时应对传染病并采取必要措施防止传染病扩散,同时要在生活中帮助儿童养成良好的健康卫生习惯。在设施设备

---

① Australian Children's Education and Care Quality Authority,"Guide to the National Quality Framework,"https://www.acecqa.gov.au/sites/default/files/2018-11/Guide-to-the-NQF _ 0.pdf, 2018-10-18.

上，机构的室内外活动空间、地板、墙面、家具、配件、材料、玩具等的安全性均受到关注，特别是各国都强调了机构内须有合适且能正常使用的火灾检测和灭火设备（如火警报警器、烟雾探测器、防火毯及灭火器等），必须设有消防安全通道，且通道内和防火门旁不可堆放障碍物。同时，所有与儿童健康相关的食物、餐具、产品、设备都应接受过卫生处理，避免储存对儿童健康有害的药物和材料。

机构内的人员是与儿童有直接互动接触的第一责任人，因此相关部门需要对其进行必要的培训与监督，以确保儿童不会受到人为伤害。在职前培训上，英国和加拿大的相关标准中都提到应当要求早期保育与教育服务机构人员在职前接受关于儿童安全与健康的培训，包括看护、急救、儿童保护以及其他安全与健康问题的相关内容。机构照护人员在获得职业资格前还要出示无犯罪记录、免疫证明和标准急救证书等证件。在职后监督上，对于体罚、伤害儿童或将儿童置于危险之中的员工，各国强调应按照相关儿童保护法案，将有关情况上报当局并视情节予以制裁。同时，当儿童出现被虐待或被侵犯的情况时，要注意保护儿童的隐私和身心健康，禁止公布任何可能披露其身份的材料。

以上趋势提示我们，在建立托幼一体式机构的进程中，需要立足于儿童最基本的生命安全与健康，通过全面建立安全防护与卫生保健制度、严格管理设施设备、规范从业人员职前培训与职后监督等途径，全方位保障机构内的儿童顺利成长与发展。

## （三）结合本土国情，灵活规划机构服务范畴及资源配备——

目前我国尚未形成系统规范的托育机构设置标准与评估体系，但随着民众对婴幼儿照护服务的需求不断增强，市场中陆续涌现的婴幼儿照护机构亟须接受规范化管理。在构建婴幼儿托育机构设置标准的进程中，我们可以将托幼一体式服务机构纳入讨论范围，不光要借鉴优秀国际经验，做到确立明晰的管理主体、出台支撑性的法律法规、建立完备的保障性制度，还应在机构服务范围、场地规模、人员配备等方面充分考虑我国国情与现实状况，明确服务0～6岁婴幼儿的整体目标，整合现有的园所与机构以及可开发利用的合理空间，灵活规划人员与物质资源配备，对国际经验进行适宜的本土化改良，构建具有中国特色的托幼一体式服务机构设置标准。

# 第四章

## 居家式托育机构设置标准

居家式托育(home-based child care)简单来讲是"在家庭中提供"的托育服务。[①] 按托育地点的差异划分，居家式托育主要有两种形式。一种是看护人员在自己家庭中对规定数量的婴幼儿进行照看，通常称为"家庭日托"(family day care)。家庭日托可以为婴幼儿提供一种家庭氛围以及与同伴群体交往的机会，能促进婴幼儿认知、情感、社会性等方面的发展。另一种是看护人员直接在婴幼儿家中对婴幼儿进行照看，称为"驻家看护"(in home care)[②]，类似于家庭保姆。在国外，居家式托育是一种较受欢迎的托育形式。居家式的环境可以使婴幼儿较快熟悉新的环境并获得安全感；个性化照料为婴幼儿及父母提供了便利，服务内容视父母的要求而定，例如，家长需要轮班或需要出差，看护人员可以隔夜照看婴幼儿。这对于越来越多的双职工家庭而言无疑是最优之选。

## 第一节　加拿大：家庭护理支持模式

加拿大托育服务起步较早，并逐步形成了完善的托育服务体系，包括托育机构、团体式的托育服务，还有居家式托育。其中居家式托育因收托

---

① Lambert，Priscilla，A.，"The Comparative Political Economy of Parental Leave and Child Care：Evidence from Twenty OECD Countries，"Social Politics International Studies in Gender State & Society，2008(3)，pp. 315-344.

② Adamson，E.，Brennan，D.，"Return of the Nanny：Public Policy towards In-home Childcare in the UK，Canada and Australia，"Social Policy & Administration，2017(7)，pp. 1387-1405.

灵活、服务个性化受到加拿大居民的欢迎。据 2013 年统计，有近 44000 名妇女从事受认可的、正式的居家式托育服务工作。另外，加拿大实行长期的招聘移民家政工人的政策①，从 1992 年到 2011 年，加拿大每年最多可以有 14000 个入境计划，移民政策无疑会促进居家式托育体系规范化发展。

# 一、举办资格

加拿大的居家式托育服务无固定统一的标准和模式，其托育服务由各省独立负责，因此在托育服务的开办上，加拿大存在地区的差异性。值得说明的是，安大略省在举办资格这一方面与其他省份差异性较大，举办居家式托育服务的法人必须具备保教相关的执照，安大略省对于法人的性质有着严格的要求，并明确规定法人在居家式托育中的责任②，这也体现了安大略省对托育服务质量的重视。

## 1. 许可证类型

居家式托育机构根据政策规定要求获得许可认证，且许可证必须张贴在家庭显眼的位置。

许可证可分为常规许可证、临时许可证和许可证令。（详见表 4-1）

表 4-1　居家式托育服务的许可证类型

| 许可证类型 | 具体的政策规定 |
| --- | --- |
| 常规许可证 | 常规许可证最长可签发一年。 |
| 临时许可证 | 当居家式托育机构中的部分区域不完全符合标准时，相关部门颁发临时许可证，并列出不符合标准的区域，一旦满足这些标准，托育机构将获得常规许可证。 |
| 许可证令 | 当屡次违反政府要求导致儿童的安全或健康受到威胁时，各省的儿童早期教育和保育管理局主要负责人可签发许可证令；<br>许可证令必须张贴于家中的显眼位置；<br>许可证令（包括居家式托育机构的法定名称和地址）将在 MELCC 网站上公布，并且只要法人还持有许可证或者机构继续运营，它将保持在线状态；<br>如果未按照规定期限及要求改善服务质量，法人将被暂停持有或撤销许可证，禁止继续开办机构。 |

注：MELCC 是从业注册网站，可以查询注册后的居家式托育机构的名称及地址。

---

① Adamson，E.，Brennan，D.，"Return of the Nanny：Public Policy towards In-home Childcare in the UK，Canada and Australia,"Social Policy & Administration，2017(7)，pp. 1387-1405.

② 厉育纲：《加拿大儿童照顾政策及其对我国部分现行政策的启示——以安大略省儿童照顾政策为个案的分析》，载《北京青年政治学院学报》，2007(3)。

申请人应提供两份详细的个人资料和一份由他人写的评估证明；提供个人的无犯罪记录和在虐待儿童登记处相关的信息记录；申请人要年满 18 岁，而且已经完成了 40 小时的课程工作；书面承诺将会参与托育相关的保教培训；提供家庭住所的安全检查报告、相关的行为守则及安全计划书。

### 2. 许可证续订

申请人须在许可证到期前 60 天内按照流程进行续订申请，续订时长以一年为限。申请人需要提前 60 天内准备好书面文件和填写续订表格，声明原来的文件内容和信息没有改变，并确认继续遵守有关的规定。当局的消防和公共卫生检查部门也会上门检查，申请人通过后准许其继续开办机构。

《社区儿童保育标准法》(The Community Child Care Standards Act)规定，如果当局拒绝签发许可证、无故暂停执照、注销执照或者制定不公平的执行条款和许可条件等，申请人有权在当局做出决定后 30 天内向社会服务上诉委员会(Social Services Appeal Board)提出上诉。[①]

# 二、人员配备

## (一)师幼比

加拿大的居家式托育机构无明确的规模标准，但一般而言，规模不宜过大，以便于对每一名儿童进行照顾和看护。居家式托育机构最多为 10 名 12 岁以下的儿童提供保教服务，具体的儿童数量和年龄限制取决于看护人员工作的省份。加拿大各省独立负责托育服务，因此在具体的师幼比例规定上也存在差异，下面以加拿大居家式托育服务发展较完善的省份为例进行说明。

马尼托巴省：最大招收数额为 8 名儿童(看护人员自己的孩子也包含在内)，最大看护比为 1∶8，招收 3 个月至 12 岁儿童，其中 2 岁以下儿童不得超过 2 名。

不列颠哥伦比亚省：最大招收数额为 7 名儿童(居住在家庭中的儿童也包含在内)，最大看护比为 1∶7，其中学龄前儿童不能超过 5 名，3 岁

---

① Manitoba Early Learning and Child Care，"Best Practices Licensing Manual for Family and Group Child Care Homes ，"https://www. gov. mb. ca/fs/childcare/resources/pubs/bp _ licensing _ manual. pdf，2018-10-04.

以下儿童不能超过 3 名，未满 12 个月的儿童不超过 1 名。

安大略省：最大招收数额为 10 名儿童（看护人员自己的孩子也包含在内），最大看护比为 1∶5。

## （二）从业人员类型

为了形成完备的居家式托育服务体系，提高居家式托育服务的质量和更好地对居家式托育机构实施管理，加拿大境内的居家式托育服务体系中不仅有看护人员，而且还有托育服务协调员和管理人员，他们共同促进了居家式托育服务向着专业化、规范化的方向发展。

### 1. 看护人员

居家式托育机构中的看护人员必须要在家中营造健康安全的环境，对住所内的儿童进行监督和照顾。看护人员不仅要根据儿童的年龄阶段提供洗澡穿衣、用餐等保育服务，而且要支持儿童学习、游戏、情感等社会发展，还可以根据父母的要求提供额外的儿童保育服务。

### 2. 协调员

协调员可以为申请人提供早期教育的信息资源和学习资源，协调公共卫生和消防部门的检查工作，解释相关的法律政策以及帮助申请人获得许可证和制订保育计划等。协调员还起到监督的作用，时常到看护人员的家中进行探望、评估和咨询，提供一些改进建议。

### 3. 管理人员

马尼托巴省家庭服务和劳工部门中的早教与儿童保育局对居家式托育机构进行管理和监督。当局的管理人员根据《社区儿童保育标准法》的规定为居家托育者颁发许可证和设立监督标准，还要为机构运营和相关退休人员提供资金支持，包括注册退休储蓄计划[1]缴费报销和退休福利。同时，管理人员负责为儿童保育助理[2]和居家托育者提供相关培训，以提高托育质量。

## （三）从业人员资质

当前加拿大各地对于居家式托育服务从业人员的要求不一，但是仍有

---

　　[1]　注册退休储蓄计划（Registered Retirement Savings Plan，RRSP），为有执照的居家式托育人员提供退休储蓄计划。

　　[2]　儿童保育助理需要持有马尼托巴省早教和儿童保育协会颁发的儿童保育助理证书；没有接受过专业教育的儿童保育助理需要获得早期儿童教育者 2 级或 3 级证书。

一些共同的基本要求。例如，托育人员必须年满 18 岁，拥有健康证明，至少接受过 20 小时的专业技能训练，具备专业的看护技能，能够听、说、读、写，并会至少一种加拿大官方语言，完成了急救与婴幼儿及成人心肺复苏的培训，获得家庭成员的支持。[①] 加拿大为了提高居家式托育的质量，建立了托育人员的资质审查制度和托育工作的管理体系。以马尼托巴省为例，托育人员要先取得许可证，再接受职业技能培训等相关活动，由家庭服务与劳工部门对其进行管理和监督。

居家式托育人员具有 6 种不同类型的职责，包括身体护理、情感护理、特殊护理、家务管理和家务劳动、经营管理、自我发展。

在加拿大，受监管的居家式托育人员不需要具有正规教育学位，但他们必须完成 20 到 60 小时的关于安全、预防性健康教育、儿童营养、儿童心理发展和教育的专业培训，还必须完成 8 小时的急救与婴幼儿及成人心肺复苏的培训。居家式托育人员通常需要具备儿童保育或家庭管理经验。[②]

每一个省对居家式托育人员的具体要求不尽相同，这些职业要求细则取决于看护人员工作的省份，这里以马尼托巴省为例。

居家式托育人员必须完成 40 小时的幼儿教育课程并获得早期儿童教育者 2 级证书；每位居家式托育人员在获得许可证后 6 个月内需要完成急救与婴幼儿及成人心肺复苏的培训课程，并需要每年更新心肺复苏的认证；每年至少接受 12 小时的专业发展培训，包括新技能的学习和现有技能的提高。同时为保障托育人员的资质，受许可的托育人员要加入专业儿童保育协会（Professional Child Care Association），该协会定期为其提供相关服务，如提供专业的图书馆，申请培训补助金和健康福利。

# 三、建筑设计

## （一）选址要求

居家式托育一般是托育服务人员在家中提供儿童照顾与监督的服务，

① Mariam Stitou, Ivy-Lynn Bourgeault, Dafna Kohen, "The Job Content, Context, and Requirements of Regulated Home-Based Childcare Workers," New Solutions, 2018(4), pp. 608-623.

② Mariam Stitou, Ivy-Lynn Bourgeault, Dafna Kohen, "The Job Content, Context, and Requirements of Regulated Home-Based Childcare Workers," New Solutions, 2018(4), pp. 608-623.

加拿大对此也并无明确的场地选址的要求，一般情况下会要求举办居家式托育的家庭地点要与城区有一定的距离，周围的环境安静优美，空气清新流通，能够为儿童提供安全的户外游戏空间。《非吸烟者健康保护法》(The Non-Smokers Health Protection Act)规定，在居家式托育机构营业时间内，服务场所的室内、户外环境要始终保持无烟、干净与安全。

## (二)活动设施

注册成为合格的居家式托育机构的前提之一在于托育机构要具备完善的活动设施，活动设施包括基本的物质设备和活动区域。加拿大马尼托巴省对此出台了详细的文件，以提供参考标准，主要从室内和户外两方面提出明确规定，具体如下。

### 1. 室内活动设施

（1）设备和家具

每位居家式托育人员应该为婴幼儿提供适合的家具和物品，如婴儿座椅、婴儿床、带有安全带的软垫高脚椅、摇椅、枕头、床单、被套等，还要根据儿童的不同阶段和发展特点提供高度合适的桌椅，独立的洗脸巾、牙刷、梳子，尽量提供不易碎的杯子和碗碟，所有的设备和家具都要符合《危险产品法》(Hazardous Products Act)的要求和其他适用的安全法规或标准。

（2）活动区域

在家庭中，看护人员会根据家具数量、房间布局来确定活动区域的可用空间，再依照可用空间以及儿童的年龄和能力来划分每名儿童活动的空间大小。托育服务协调员会定期进行审核评估，并给出调整建议。不同的家庭房间可划分成不同的区域空间，不同空间要满足儿童集体活动、个人游戏、饮食、睡眠的需要。

①游戏空间

游戏空间里会有铺地毯的区域，儿童可在上面搭积木、玩玩具、跳舞或者与同伴游戏，未铺地毯的区域会摆放几张桌子和板凳，儿童可以画画、读绘本等，进行一些安静的活动。看护人员依据年龄段划分不同的游戏区域，放置不同的玩具和安排不同的设施。游戏的材料会根据儿童的兴趣定期添加或轮换，重复提供儿童喜爱的玩具。

②常规空间

常规空间则用于日常的保育活动，分为用餐区、睡眠区、储物区、张贴公示区以及居家式托育人员和家人的私人空间。

③其他区域

其他区域主要包括不常用的空间，如地下室等。从事居家式托育服务的提供者如果想要使用地下室，相关人员必须提前通知托育服务协调员，协调员会将检查请求（由提供者提供）转发给当地消防局，获得当地消防部门的批准后，提供者方可将地下室投入使用。

**2. 户外活动设施**

（1）活动空间

户外游乐场是室内游戏室的延伸，为儿童多种多样的活动提供了更好的发展空间。居家式托育人员需提供安全的户外游戏空间，如设有围栏的院子、350 米范围之内的公园或社区游乐场、开阔地带等都是合适的儿童户外活动空间。在条件允许的情况下，森林和浅滩也是儿童活动的最佳地点。

（2）活动设施设备

居家式托育人员须为儿童提供与其发展能力相匹配的游乐设备和材料。设置有遮挡的门廊、凉亭、游乐棚等设施以适应不同的天气状况。夏天时，托育人员应使用蚊子屏蔽室，添置一些合适的体育锻炼器材，引导儿童开展体育活动，促进身体大肌肉的发展。[①]

# 四、安全防护

## （一）安全制度

加拿大的《国家职业分类》（National Occupational Classification）描述了各省的居家式托育服务人员如何为儿童提供健康安全的环境，如何保证儿童的安全。2010 年，加拿大出台的《儿童保育安全宪章》（The Child Care Safety Charter）是第一个与儿童托育相关的综合法案。该法案规定，所有儿童保育设施必须制定严格的审查程序，并定期接受检查。

安全防护方面详细的规章制度由各省独立出台，因此无固定统一标准，下面以马尼托巴省为例介绍关于安全方面的规定和具体要求。

---

① "Best Practices Licensing Manual for Family and Group Child Care Homes Manitoba Early Learning and Child Care," https://www. gov. mb. ca/fs/childcare/resources/pubs/bp_licensing_manual. pdf，2015-11-09.

居家式托育人员要遵守安全行为守则,并在托育服务协调员的帮助下制定一系列的应急程序,还需要向父母或其他监护人提供安全计划书,在营业时间内监控居家式托育机构中所有的出入人员和实时状况。

## (二)安全设施设备

### 1. 室内安全设施设备

室内的家具和物品需遵守《危险产品法》的要求,厨房周围应放置干式化学灭火器,每一楼层都要安装烟雾报警器和一氧化碳探测器。禁止儿童独自使用和触碰散热器、热水管、锋利的刀具仪器、有毒物品等危险设备物品。窗户带有安全锁,光线良好,屋内陈设合理,无物体遮挡视野。专业人员要经常维护和清洁设施设备,要确保其正常工作,并保存其书面证明。

机构中应常备急救箱,里面必须包括5厘米×5厘米、10厘米×20厘米规格的单独包装的纱布垫,5厘米宽的纱布绷带卷,各种尺寸的创可贴,儿童专用胶带,酒精擦拭巾,三角绷带,剪刀,一次性手套,镊子,安全别针,垫子,蒸馏水等。

### 2. 户外安全设施设备

机构根据儿童的年龄和能力来选择户外游戏场所、设施和安全防护设备,并定期对其进行检查、清洁消毒,确保其安全性,监督年龄较小的儿童进行户外活动。下面以温尼伯市的水域活动为例进行说明。

居家式托育机构如果为儿童提供游泳相关活动,那么游泳池必须设置1.5米高的围栏,活动也必须获得家长的书面批准;儿童不得离开托育人员的视线范围;成人与儿童之间有严格的看护比例,并有合格的救生员,1岁以下的儿童由1名成人照看,2名3岁儿童至少由1名成人照看,4~5岁的5名儿童至少由1名成人照看;鼓励儿童外出时穿浅色、宽松的长袖上衣和长裤,在有阳光时,儿童外出需使用防晒系数(Sun Protection Factor,SPF)15+的防晒霜。(详见表4-2)

表 4-2　加拿大环境部对紫外线防晒措施的规定

| 紫外线指数 | 等级 | 防晒措施 |
| --- | --- | --- |
| 0~2 | 低 | 如果在户外待不到30分钟,采取最小的保护措施。明亮的日子,戴上太阳镜。 |
| 3~5 | 中 | 如果在户外待30分钟或更长时间,请戴上帽子、太阳镜和涂防晒霜。 |

| 紫外线指数 | 等级 | 防晒措施 |
|---|---|---|
| 6～7 | 高 | 需要保护，在上午 11 点至下午 4 点，减少在阳光下的时间，并寻求遮阴处，戴帽子、戴太阳镜和涂防晒霜。 |
| 8～10 | 非常高 | 采取全面预防措施(参见"高"等级)，避免在上午 11 点至下午 4 点晒太阳。 |
| 11＋ | 极高 | 采取全面预防措施，避免在上午 11 点至下午 4 点晒太阳。 |

注：适当的防晒包括戴宽边帽、穿长袖衬衫和戴环绕式太阳镜或带侧护罩的太阳镜，选择 SPF15＋的防晒霜，在出门前大量地涂抹并经常补涂，特别是运动后。

## （三）紧急疏散

居家式托育工作人员每月至少实施一次紧急疏散演练，并详细记录下参与演练的人员、时间、地点等信息，还必须制订出不同情况下的紧急疏散计划。

# 五、卫生保健

## （一）饮食健康

为保障婴幼儿饮食健康，政府针对不同年龄阶段的婴幼儿公布了具体喂养指南及要求。（详见表 4-3）

表 4-3　不同年龄段儿童的喂养指南

| 年龄段 | 喂养指南 |
|---|---|
| 婴儿 | 母乳——宝宝的第一种食物，婴儿配方奶粉，固体食物 |
| 学龄前 | 《加拿大健康饮食食品指南》(Canada's Food Guide to Healthy Eating) 《学龄前儿童喂养指南 ABC》(The ABC's of Feeding Preschoolers) |

儿童饮食菜单必须张贴在显眼的地方，并将菜单保存一年。

至少为儿童提供一份奶制品、一份肉和替代品、一份谷物产品、两份蔬菜和水果；不能给三岁以下的儿童喂食含有花生制品的食物；提供糖、脂肪、盐和添加剂含量低的食品；向儿童提供充足的饮用水；所提供的膳食需要符合加拿大卫生部颁布的《加拿大健康饮食食品指南》。

特殊饮食儿童、食物过敏儿童的姓名必须以保密的形式张贴在食物准备区。

了解儿童的咀嚼和吞咽能力，根据儿童不同的年龄阶段提供不同分量的食物。

## （二）睡眠保健

居家式托育人员应确保婴儿仰卧睡觉（除了特殊的健康需要），需要为18个月至6岁的儿童提供单独的、安全的、卫生的睡眠空间和环境以及合适的床上用品，在尊重每名儿童的睡眠意愿的基础上制订睡眠方案并记录每名儿童的睡眠情况。

## （三）卫生防病

加拿大的公共卫生局（Public Health Agency of Canada）为居家式托育机构提供相关的信息资源支持、政策规定，并出台了《健康儿童保健指南》（A Guide to Health in Child Care），严格把控托育服务的质量与安全。

### 1. 环境的清洁

托育人员按照公共卫生局的标准合理地处置脏尿布，保证厕所等卫生设施的清洁；为了有舒适的睡眠环境，床上用品必须每周清洗一次或根据需要更频繁地清洁消毒；所有儿童的独立储物空间要定期用消毒剂消毒。

### 2. 儿童保育

托育人员按照洗手程序正确地为儿童洗手，将洗漱用品放置于通风处，要时常洗涤消毒每名儿童单独使用的毛巾，经常用漂白剂溶液消毒桌面；在给儿童换尿布时须戴上干净的手套，从前到后擦拭儿童，把弄脏的尿布、擦纸和手套扔在垃圾桶里；托育人员应用塑料袋装儿童穿脏的衣物，送回儿童的家，儿童衣物必须单独存放在衣柜的衣架上或挂在单独的挂钩上。

居家式托育人员需要在儿童突发重大疾病或受伤的24小时内通知家长或其他监护人，并选择一种方式，如打电话、告知协调员、通过在线方式将详细信息上报儿童早期教育和保育部门。①

---

① "Best Practices Licensing Manual for Family and Group Child Care Homes Manitoba Early Learning and Child Care," https://www.gov.mb.ca/fs/childcare/resources/pubs/bp_licensing_manual.pdf，2015-11-09.

加拿大无论是在法律方面还是在具体的部门管理方面都规定了居家式托育服务的具体运行标准，还在运营资金、资源上给予了一定程度上的支持，不仅能够规范居家式托育服务市场，而且能够形成并完善国内的托育体系，解决社会上的养育问题，更加提高了托育服务的质量，保障了家长和儿童的利益。

反观国内，托育市场良莠不齐、托育服务费用高昂、专业监管机制不健全、评估标准匮乏等问题制约了我国托育服务发展的道路，因此我们有必要吸收借鉴他国成熟的经验，立足本土化国情，为构建具有中国特色的托育服务发展体系提供经验支持。

# 第二节　丹麦：家庭日间托儿服务标准

丹麦作为福利制国家的典范，为丹麦公民提供了充足的家庭福利支持，为解决0～6岁婴幼儿家庭照看的问题，丹麦政府设立了类型多样的托幼场所。托幼场所涵盖家庭日间托儿服务（简称家庭日托）、托儿所、幼儿园和各年龄段综合机构四种类型，托育服务由丹麦教育部和中央社会福利部设立相关标准，当地市政府具体实施。对于3岁以下的儿童，多数父母选择家庭日托。该项服务一般在私人家庭或其他场所中进行。丹麦的家庭日托发展已近四十年，各项立法和标准要求较为成熟。下面就丹麦日托系统中的家庭日托展开具体介绍。

## 一、举办资格

家庭日托的申请有两种情况，一种是保育员直接申请在自己家中开展日托服务，另一种是私人自行申请。两者最大的不同在于后者需要自行聘用保育员，不得由私人独立开展家庭日托服务。

不管使用何种方式，申请者在递交家庭日托服务请求后，市政当局会评估日托家庭环境。根据相关立法规定，良好的日托环境应满足儿童基本的身心发展需求。日托场所应当为儿童提供保育与教育服务，不仅确保儿童能够健康成长，而且提高其学习与发展的相关技能，如创造力、独立性、合作能力等。

此外，当地警方会检查日托家庭中每个成年人的行为记录，特别是违规行为。在正式开展日托服务前，当地主管至少访问预备日托家庭两次，家庭中的配偶和子女必须出席其中一次访问，以便主管征求所有家庭成员的认可，待所有申请通过后，日托家庭便有资格开展照料服务了。

# 二、人员配备

家庭日托是以私人家庭为主要照料地点的日托服务类型，形式灵活，没有具体的教学目标，没有明确的班级制度和儿童管理制度。在日托家庭内，一个保育员可以同时照料5名0～3岁的儿童，受照料儿童的人数受家庭内保育员的数量和私人家庭房屋大小双重制约，但为确保照料质量，家庭日托会保障基本的人员配备，具体如下。

## （一）师幼比

一名保育员最多可以照看5名3岁以下的儿童，如果有两名或两名以上的保育员，日托家庭最多可以照顾10名3岁以下的儿童。[1]

## （二）人员类型

### 1. 保育人员

（1）保育员

家庭日托的主要目标是让儿童体验到较为亲切的、非机构化的照料服务。在一个合格的日托家庭中，保育员是家庭日托中的核心人物。保育员的主要职责是在日托期间照料儿童，保证儿童的安全与健康，满足儿童的正常需求，同时开展部分具有教育意义的活动。

（2）替代保育员

当保育员有事外出无法照顾儿童时，替代保育员（substitute child-minders）被允许代替保育员继续照料儿童。每个市政当局都采用不同方式联络替代保育员，最常见的方式是建立游戏室小组，游戏室小组是由住在同一个社区内的5～7名保育员组成的团体。游戏室小组通过组织集体游戏活动，让儿童提前熟悉游戏室小组内的所有保育员和其他儿童，另外允

---

[1]　王伟虹：《丹麦的家庭日托》，载《幼儿教育》，1993(12)。

许保育员之间交流和讨论日托中的常见问题，增进保育员之间的互助性，从而增强家庭日托的可靠性，给予家长足够的支持。还有一种替代方式是提前预留出空闲保育员，以应对任何突发情况，但该方式会耗费较多的人力资源。

### 2. 监督员

在家庭日托系统中，市政家庭日托管理局（The Municipal Family Day-care Administration）会派出专业人员对日托家庭进行实地监察。该类人员被称为监督员或监事，监督员至少每月访问一次管辖范围内的日托家庭，为日托家庭提供健康保育的指导。同时监督员会花费大量时间对儿童进行监管，观察儿童身体和社会发展情况并形成记录。此外，监督员具有雇佣和解雇保育员的权力。

在同一个社区内，监督员和保育员会形成一个工作委员会。工作委员会应当确保各方信息沟通流畅，并于固定时间讨论各项工作安排。

### 3. 董事会

丹麦的日托系统充分考虑家长的作用，所有儿童的家长可以在当地申请成为日托董事会的成员之一。董事会具有确立成为保育员的基本原则和通过提高家庭日托照料服务质量的提案的权力。

## （三）人员资质

### 1. 保育人员

（1）保育员

若申请成为一名保育员，申请者本人需向市政家庭日托管理局提交申请，填写基本信息，如个人健康状况、家庭成员情况等。一名合格的保育员应当具备一定的儿童照料经验和良好的社会技能；申请人的家庭环境应当保证安全和舒适，家中配偶应当具备稳定的工作以维持家庭基本生活的运转。待各类申请通过后，新手保育员应接受为期一周的官方教育课程培训，以提高家庭日托的护理质量。官方课程的主要内容为如何成为一个合格的保育员，课程分为不同类型，以便对应不同工作年限的保育员。

（2）替代保育员

替代保育员的人员资质要求与保育员相同，此处不重复介绍。

### 2. 监督员

监督员由市政家庭日托管理局派出，是政府公职人员。要想成为一名合格的监督员，工作者应当至少拥有 3.5 年的学前儿童照料经验，具备照料相关的专业知识，以便为日托家庭提供日常指导与建议。

# 三、建筑设计

## (一)选址要求

日托家庭可以有一所房子或者一个有足够空间的公寓，确保儿童能在其中自由玩耍。同时日托家庭所在社区必须具备一定的绿色空间。

## (二)场地设施要求

除房屋所处大环境适宜儿童发展外，日托家庭的场地设施也有具体的要求，包含户外活动空间和室内活动空间两大方面。

### 1. 户外活动空间

儿童在接受家庭日托服务期间可以进行户外活动，其场所可为社区内的公共场所或日托家庭的私人户外区域。户外活动空间应当是安全、健康的，能让儿童自由开展活动的，以及能满足儿童身心发展的各项指标的。选择公共活动场所时，保育员应当注意场所的设施安全保障和可能对儿童健康造成不良影响的各种外部因素，如噪声和疾病防护等方面。

### 2. 室内活动空间

室内是儿童的主要活动场所，良好的硬件条件是提高家庭日托质量的基础。《建筑规范》[①]第 8 章规定，在日托机构中，儿童的人均标准活动空间面积至少为 2 平方米。一个基本的日托家庭应当为儿童提供起居室、活动室和饮食区等主要活动空间，各活动空间的设置应当符合建筑规范。

---

① Det Nationale Arkitekt Institut，"Bygningsreglementer，" https://sbi.dk/anvisninger/Pages/258-Anvisning-om-Bygningsreglement-2015-BR15-3.aspx#/6-Indeklima/6-3-Luftkvalitet，2015-11-05.

（1）空间设施

日托家庭应当为儿童提供休息专用床、儿童用椅、摆放玩具的收纳空间以及一些必备的活动设施，这些设施都应当满足国家规范材料标准，如软垫家具必须符合欧洲标准中的关于可燃性物品的要求等。

（2）厨房设置

若日托家庭为儿童提供厨房服务，厨房准备的食品应当严格符合《食物法》①的标准，并且厨房内、外部设计也应达到相应的标准。厨房必须划定使用边界，以免食物受到不必要的外部污染，其最佳位置是在一个单独的房间内，必须规避与易滋生细菌的公共场所相连，如卫生间前厅及起居室等。合格的厨房内部设计应当具备以下几个特点：设立洗手和烘干手的设施，设立清洁食物和消毒厨具的清洁设施，设立食物冷却和冷冻设施等。除厨房内部卫生要求外，厨房还应考虑内部环境的安全要求，如铺设防滑且易于清洁的地板，墙面覆盖物应防水且无毒，天花板须避免污垢积聚等。

（3）通风设计

根据《建筑规范》相关条例，日托家庭中的儿童起居室必须按时进行通风及安排热空气的预回收。通风设备包括供气和排气设备，必须满足以下两个条件：一是满足儿童生理所需的最低通风率，二是控制室内最大二氧化碳含量水平。在日托家庭中，对儿童而言，每秒从户外获取的新鲜供气量至少为 5 升，同时保育员需要确保室内空气中的二氧化碳的体积分数不得超过 $10 \times 10^{-5}$。②

（4）控制噪声

噪声不仅会影响听力，还会影响注意力、记忆力和决策能力等。丹麦卫生委员会（Denmark National Board of Health）表示，日托机构最好确保噪声不会对参加日托的儿童造生听力、学习和语言等方面的损害。由于生理发育不成熟，儿童对于噪声的感知度强于成人。在此背景下，日托家庭应当为缺乏噪声处理知识的儿童提供帮助，做好控制和预防噪声的相关工作，降低噪声对儿童发育的负面影响。日托家庭应当为儿童提供低噪声的

---

① Ministeriet for miljø-og fø devareministeriet，"Bekendtgørelse af lov om fødevarer,"https://www.retsinformation.dk/Forms/R0710.aspx?id=7895，2003.

② Det Nationale Arkitekt Institut，"Bygningsreglementer,"https://sbi.dk/anvisninger/Pages/258-Anvisning-om-Bygningsreglement-2015-BR15-3.aspx#/6-Indeklima/6-3-Luftkvalitet，2015.

室内空间，如设立相关降噪设施。日托家庭若具备重新装修的条件，则可以在活动场所中安装降噪家具，以减少各类尖锐物体的摩擦；日托家庭若没有足够的条件重新安装家具，则可以采取减少塑料游戏用具的使用及在可移动家具下铺垫毛毡垫类的软质布料等措施。

# 四、安全防护

保证日托家庭基础建筑设施后，儿童的安全问题应当放在家庭日托服务的第一位，保障儿童的安全是所有儿童工作者的职责。在日托家庭中，保育员应当使用及时合理的照料手段保证儿童的安全。例如，在儿童洗澡或涉水时，保育员应当对日间洗浴设施进行实时监控，保障儿童的安全。此外，社会生存经验少的儿童不足以面对生活中的种种紧急情况，日托家庭应当提前做好全面的应急措施，以保障儿童的生命安全。本部分将论述紧急事件条件下的相关安全防护措施要求。

## （一）规划逃生路线

逃生路线（如走廊、楼梯、庭院等）必须在整个空间内保证自由、整洁和明亮，途中不得竖立任何阻碍路线的家具和其他物品，且无须使用钥匙或其他特殊工具开启，以便人员可以安全、快速地移动到出口。内部逃生路线必须使人员能在直线方向上通过，保证人员始终可以看到照明的逃生路线和逃生通道门上的标志。连接各类逃生通道的逃生通道门不得覆盖墙壁，不得被固定设施和存储容器挡住。在外部逃生路线中，不得停放机动车辆、轻便摩托车和自行车，以便加快疏散速度。[①]

## （二）科学预防

儿童对火的好奇心强烈，无指导用火可能会发生意外火灾，该类情况要求保育员具备科学防火的相关知识。

科学防火需要满足以下条件。首先是房屋硬件设施，房屋内应当安装烟雾报警器加以警示，同时应当设立降低火灾损害的相关设施，如防火

---

① Forsvar, "Bekendtgørelse om driftsmæssige forskrifter for hoteller m. v., plejeinstitutioner, forsamlingslokaler, undervisningslokaler, daginstitutioner og butikker," https：//www. Retsin-formation. dk/Forms/R0710. aspx？id＝116228，2019-08-25.

门、充水软管、灭火器等，此外，日托家庭应防止过度装修，降低房屋的火灾负荷。其次是人员要求，保育员应当储备良好的火灾知识，能冷静应对一定情景中的小型火灾事故现场，此外，保育员应当提前告知儿童实用性高的防火知识，防止儿童误用火种。最后是日常检查，保育员应当每日检查房屋内的易燃物品，定期监测灭火设施的可使用情况，以及控制日常易燃物品的使用。

# 五、卫生保健

保障儿童健康是日托机构中最重要的卫生保健目标，早期优良的健康保健将为儿童提供更长的寿命和更好的生活质量。丹麦当局颁布了《促进儿童卫生、环境和安全健康》，主要面向所有日托机构和卫生当局的工作人员，该文件针对日托家庭的日常卫生和环境条件等方面提出要求，旨在降低常见疾病发病率和促进儿童健康发展。

## （一）卫生基本设置

日托家庭中应当设立提供饮用水、洗衣服务等的相关设备，严格按照《卫生法》（丹麦语：af sundhedsloven）的各项要求开展照料服务。

### 1. 饮用水的设置要求

日托家庭应当保障儿童能方便地获得新鲜的冷饮用水，若使用从饮用式水龙头接出的直饮水，日托家庭应当保证水龙头质量可靠，同时保育员应当叮嘱儿童接水前放走一部分残余水。若日托家庭使用冷却后的热饮用水，卫生当局要求冷却机器类型必须符合标准[①]且不建议使用封闭容器进行冷却。长期储存冷饮用水会增加水中细菌滋生的可能性，因此日托家庭应当准备多次适量的冷饮用水。为防止饮用水的二次污染，日托家庭应当定时清洗盛水容器，以保证饮用水的清洁度。

### 2. 洗衣服务的设置要求

日托家庭应当按时使用洗衣机清洗游戏房间内的毛绒类玩具、装饰类用品以及床上用品，且应当及时清洗沾染了呕吐物等易传播疾病液体的贴身衣物，清洗水温为80℃及以上。若衣物被大面积污染，保育员可以佩戴

---

① Det nationale sundhedsråd，"Let adgang til frisk og koldt drikkevand i dagtilbud，"https：//docplayer. dk/7056669-Let-adgang-til-frisk-og-koldt-drikkevand-idagtilbud. html，2019-08-25.

一次性手套和围裙进行彻底清洗。在清洗过程中，保育员应当严格遵守衣物洗涤剂的剂量要求，保护儿童皮肤。洗涤衣物的使用水质量应当符合卫生当局对一般水质的要求，如不能使用雨水或其他未经处理的地表水进行清洗工作。此外，卫生当局还要求幼儿使用的尿布应于水温在 80℃ 至 90℃ 的热水中清洗。[①]

待衣服清洗完成后，衣物的干燥最好能在保证良好通风条件的衣物专用柜或滚筒式烘干机中进行，不建议在休息室内进行，因为高湿度会增加儿童在空气中感染病菌的风险，也会增加霉菌在纺织衣料中积累和生长的概率。

### 3. 临时洗澡服务的设置要求

家庭日托中的洗澡服务为非必需服务，若局部的清洗不能完全解决儿童的身体卫生问题，日托家庭可以提供临时洗澡服务，如游戏后身体上带有大量的泥垢和微生物的儿童可以接受洗澡服务。基于此类特殊的服务类型，卫生当局要求日托家庭在安全和健康的环境中满足儿童临时洗澡的需求，如实时监控洗澡过程等。洗澡水应当从当地水厂的安全供水中提取，雨水和地表水均不建议被用作洗澡用水。所有临时浴池都需要每日排空和彻底清洁，清洁范围应包含浴池周围用于保障安全的各类用品。在清洁过程中，保育员应当使用政府当局许可的清洁剂品牌以及严格控制用量；清洗完成后，浴池的排水装置必须以安全、健康的方式排水，如排入公共下水道，保证儿童无法接触到污水来源。

## (二)饮食健康

儿童天性好动，消耗能量的速度也快于成人，日托家庭需要安排额外的进餐。家庭日托中提供的厨房服务属于私人厨房服务类型，应当得到儿童家长的同意许可，需根据丹麦《食物法》[②]进行规范和接受管理。

### 1. 儿童自带食物的要求

父母可提前自行准备儿童日间所需食物。在自己家中准备食物时，父母应当提供持久耐用的食物，如自制的面包，完整的水果、蔬菜以及不易腐烂

---

① Rigs Sundhedsrådet, "Tøjvask I Daginstiitu Tioner," https://www.stps.dk/da/sundhed-sprofessionelle-og-myndigheder/miljoemedicin-og-hygiejne/hygiejne-daginstitutioner/～/media/BB3406D46D704A97950104C8BB64ED89.ashx，2019-08-26.

② Ministeriet for miljø og fødevarer, "Bekendtgørelse af lov om fødevarer," https://www.retsinformation.dk/Forms/r0710.aspx?id=202105，2019-08-25.

的食物，不得提供未经加工的生冷产品和易腐烂的食物等，同时父母应当向日托家庭提供制作儿童食物的完整步骤和流程。在食物运输过程中，包装的食物不得过热，各类型食物之间保持必要的分隔，以免受污染。① 日托家庭若发现食物变质的迹象，可自行决定是否停止使用该食物。

### 2. 日托家庭烹饪食物的要求

厨房内必须有足够的空间保证即食食品和食物原料的分离，必须具备可以单独解冻和储存食物的冷却设施，设施内冷冻温度最高为 5℃。准备儿童非即食食物时，至少需要清洗三次食物原料。在烹饪过程中，生冷食物加热温度至少为 75℃。为避免传播细菌，保育员应当保持良好的个人卫生，经常洗手，保证烹饪环境的卫生条件。

若在厨房中进行以教学为目的的烹饪时，保育员需要提前告知儿童一些基本的卫生建议，如烹饪前后必须洗手，上厕所后彻底洗手，食用食物时不得将手指放入口中或鼻中，不要随意品尝肉类和生蛋等未加工食物原料等。②

## （三）卫生疾病

发育中的儿童抵抗外界疾病的能力较弱，且儿童数量的增加会提高患病率。丹麦当局颁布了相关卫生文件，包含丹麦卫生部出台的《关于学校和日托机构预防传染病措施的通知》（Sundhedsministeriets bekendtgørelse om forholdsregler mod smitsomme sygdomme i skoler og daginstitutioner for børn og unge）及丹麦国家卫生委员会出台的《卫生指南》（Vejledning om hygiejne i daginstitutioner）。市政卫生部将定期为日托家庭提供卫生防病方面的建议和指导。③

### 1. 传染病的预防总则

儿童数量越多，传染病感染风险越大。可能有感染风险的日托家庭不

---

① Ministeriet for miljø og fødevarer, "Vejledning om godkendelse m. v. af køkkener i brneinstit utioner," https://www. foedevarestyrelsen. dk/Leksikon/Sider/K％c3％b8kkener-i-b％c3％b8 rneinstitutioner. aspx，2019-08-24.

② Ministeriet for miljø og fødevarer, "Vejledning om hygiejneregler for køkkener i børneinstitutioner," https://www. foedevarestyrelsen. dk/Selvbetjening/Vejledninger/Sider/Vejledning_Hygiejneregler-for-k％C3％B8kkener-i-b％C3％B8rneinstitutioner. aspx，2019-08-25.

③ Sundhedsministeriet og ministeriet for aldring, "Bekendtgørelse om forebyggende sundhedsydelser for børn og unge,"https://www. retsinformation. dk/Forms/R0710. aspx? id＝133870，2019-08-25.

得接收患有传染病的儿童和工作人员。若儿童接受日托照料服务时出现典型传染病特征，保育员应当通知儿童家长或监督员，及时遣返患病儿童，如有必要，可以将患病儿童隔离开来。若日托家庭中出现传染病，丹麦卫生部有权决定日托家庭何时可以重新开展照料服务。[①]

### 2. 防止过敏性疾病

据统计，丹麦儿童哮喘、过敏和其他超敏反应的发生率逐年增加，大约三分之一的儿童曾患上该类疾病。环境因素是导致过敏的主要因素，因此日托家庭应当严格控制常见过敏原，减少环境因素对未患病儿童的影响。日托家庭若接收了患病儿童，应当保持室内环境的高清洁度，并对儿童实施特殊的照料服务，如选择性使用食物材料等。

综上所述，丹麦良好的社会福利体系为家庭日间托儿服务提供了全方位的支持，包含资金等物质性支持。丹麦家庭日托发展近四十年，具备较完善的服务体系，相关人员配置完整，相关法律文件较完备，涉及安全、卫生、健康及能力发展等方面。相较之下，我国社会福利的覆盖率不及丹麦，且家庭日托系统的建立还处在起步阶段。我国欲建设适合国情的家庭日托系统，可借鉴丹麦的先进经验，建成高质量、低损耗、严管理的家庭日托体系，为学龄前儿童提供优良的成长环境。

# 第三节　澳大利亚：家庭护理支持模式

澳大利亚政府托育服务起步较早，逐步形成了机构托育（centre-based care）、家庭日托两大主要托育形式，其中家庭日托因照看灵活便捷，受到当地居民的欢迎。澳大利亚儿童早期教育与保育质量局 2016 年公布的数据显示，澳大利亚的居家式托育占整个托育服务的 12%，国内约有 17 000 多名居家式托育工作者，约有 125 000 多名儿童接受家庭托育服务，且接受该服务的儿童数量也在持续增加。[②] 另外，澳洲政府为保障托育服务质

---

① Sundhedsministeriet og ministeriet for aldring, "Bekendtgørelse om forholdsregler mod smitsomme sygd ommei skoler og daginstitutioner for børn og unge," https://www. retsinforma-tion. dk/Forms/R0710. aspx? id＝192580，2019-08-25.

② Australia Children's Education and Care Quality Authority，"An Overview of Family Day Care-Carefor Kid s. com. au，"https：//www. careforkids. com . au /child-care-articles/article/55/an-o-verview-of-family-day-care，2019-08-26.

量，澳大利亚儿童早期教育和保育质量局分别颁布了《国家质量框架》、《国家质量标准》和《早期学习框架》，为0～6岁婴幼儿的保育与教育发展提供了法律依据。下面就具体内容展开介绍。

# 一、举办资格

要建立专业化的家庭日托，首先需要明确开办资格，澳大利亚的家庭日托在开办之前需通过登记、评估、改进、认证一系列流程，通过后才具备提供家庭日托服务的资格。

登记：在国家儿童保育认证委员会登记，提交关于个人资质（急救证书、职业资格等级证书、完成一定时长的技能培训、健康证明、无不良嗜好证明、推荐信等）及共同居住者成员审核表（无不良嗜好证明、无犯罪记录证明）等。

评估：家庭日托评估委员会成员根据登记信息进行入户评估，评估标准来自家庭日托质量保证委员会（Family Day Care Quality Assurance）颁发的儿童保育方案，主要包括对管理人员、看护人员、家庭环境等进行评估，并根据评估提供进一步的改进计划。

改进：根据评估委员会提供的评估意见，家庭日托对不合规的地方进行修正，修正结束后再次接受评估。

认证：国家质量保证委员会（National Committee for Quality Assurance）根据改进结果给予资格认证，认证通过后，家庭日托方可获得正式的举办资格，招收托育对象。

# 二、人员配备

## （一）师幼比要求

澳大利亚《国家质量框架》明确规定了开办家庭日托的师幼比例，并针对不同年龄阶段给出了详细照看比例，如下。

在家庭日托中，保育员与幼儿的比例为1：7。（看护人自己的孩子也包含在看护数额内，特指13岁以下的孩子。）

学龄前儿童不多于 4 名。①

3 岁以下儿童不超过 2 名，且 1 名看护人员可照顾 1 名儿童。

1 名看护人员可照顾 2 名 3 岁以上的儿童。

如有特殊情况，可向协调员申请增加看护数量。特殊情况即被照看的儿童都是同一家庭的兄弟姐妹。

## （二）人员类型

澳大利亚政府重视婴幼儿早期保育与教育的质量，认为早期保育与教育会影响婴幼儿未来技能水平、幸福感与学习能力的发展，因此为保障婴幼儿能够接受高质量的保教服务，对托育服务进行了专业化管理，对从业人员提出了更明确的分工。政府要求开办符合政府要求的家庭日托，家庭日托需要配备合格且齐全的专业人员，具体如下。

### 1. 保育员

家庭日托的保育员是提供托育服务的主体，其职责主要是在居家环境中为婴幼儿提供保育与教育服务，保障婴幼儿安全，促进其健康发展。例如，保育员组织婴幼儿开展阅读活动、音乐游戏、手工艺术游戏，以外，还在户外组织开展户外游戏（多在公共游乐园、公园等场所中）。

### 2. 替代保育员

主要保育员因特殊情况（产假期、在外培训期）不能工作，可以让替代保育员负责。只要替代保育员满足托育基本要求，并获得资格认证，家庭日托便可以在保育员服务登记册中记录其信息，在主要保育员缺勤的情况下，由替代保育员开展工作。

### 3. 保育助理

保育助理的职责主要是在一日生活中协助保育员开展照料服务，并在紧急情况下及时分担工作；按时接送婴幼儿，从而减轻家长接送的负担。

### 4. 负责人

负责人的职责主要是制订托育服务计划，并协调组织机构正常运营，负责人多由经验丰富的保育员、协调员或提供者担任。

### 5. 协调员

协调员受聘于日托服务的提供者，主要负责托育服务过程中的行政事

---

① 澳大利亚学龄前幼儿指从出生到五六岁的婴幼儿。

务。例如，与上级管理部门沟通与协调，协调家长、托育人员、婴幼儿之间的关系等。要想成为协调员，首先需要熟悉托育服务相关政策法规。

## (三)人员资质

为保障儿童早期发展的机会和权利，澳大利亚儿童早期教育和保育质量管理局颁布的《国家质量框架》对从事家庭日托服务的人员资质作出了明确的规定，具体如下。

协调员：澳大利亚的家庭日托协调员必须从事过教育相关职业，并持有五级保育资格证书。

保育员：日托保育员至少持有三级保育资格证书、二级急救证书，并完成了基本训练课程，如人格发展沟通、发展心理学、教育学、特殊教育、初级急救及事故预防、组织和基本常识等。

保育助理：需要接受过急救、过敏反应培训和紧急哮喘培训并持有急救证书。

提供者：日托提供者负责托育服务的正常运营及管理，开办家庭日托的提供者在获得保育资格证书的基础上也可从事保育工作。

# 三、建筑设计

## (一)选址

日托提供者向监管机构提交申请，以获得托育场地的批准。场地要求安全、整洁且具有室内、户外的环境，确保儿童能展开多种活动；家具和设备须安全清洁，设施完备没有损坏；接受托育的每名儿童必须能够获得足够的材料、玩具以及适合该年龄段发育的教学设备；为保证托育场地及环境的安全，儿童发展教育部的工作人员每年至少进行一次房屋质量评估。

## (二)场地

澳大利亚政府对家庭日托机构的场地要求未作出明确的具体规定，但各州及地区有不同的规定，主要内容如下。

### 1. 室内环境要求

维多利亚州政府规定，经批准的家庭日托必须为每名儿童提供至少3.25平方米的室内空间，须保持通风和有自然采光，有适当的室内温度，有符合儿童发育和年龄的厕所、洗涤和烘干设施，其设计能够使儿童安全方便地使用，确保儿童的安全和健康。室内的区域包括常规区域、尿布更换区域、室内游戏区域。

### 2. 户外环境要求

经批准的家庭日托必须为每名儿童提供至少7平方米的无障碍的户外空间。户外空间必须用围栏或栅栏围起来，围栏或栅栏的高度及设计以不让儿童通过为宜。（具体详见安全防护部分）户外区域包括游泳池、水池、户外游戏区域、围栏、仓库、花园等。

## （三）用房设施

在申请成为合法批准的家庭托育机构之前，家庭日托机构需要具备完整的房屋区域和活动设施，并且符合安全要求。

卫生间区域：洗手台、浴缸、马桶都需要根据儿童的年龄而配置；若在卫生间中安置洗涤和烘干设施，其位置和设计需要确保儿童安全方便地使用；浴缸在不使用的情况下，需要覆盖。

尿布更换区域：需要有洗手台、尿布存放处、套有塑料袋的垃圾桶（装脏尿布）、尿布台、换尿布示意图。

常规区域：包括睡眠室、饮食区、厨房区以及保育人员的私人空间。政府对于每个区域尚未明确规定空间具体面积，主要依据婴幼儿年龄段、婴幼儿的数量由保育员进行合理分配。但在具体设施的使用要求上，须符合国家标准。

室内游戏区域：这一区域需要铺有地毯，儿童主要在这一区域进行绘画、看图书、做手工等活动，家庭日托机构根据儿童的年龄段、位置的安全性划分不同的游戏区域和玩具设施。

# 四、安全防护

## （一）安全制度

为保障婴幼儿托育服务的安全与质量，澳大利亚儿童早期教育和保育质量管理局出台了《国家质量框架》，并要求家庭日托严格按照其要求进行一日活动，监察员会定期进行监督，检查家庭日托在应对紧急情况处理、安全防范等方面的规范程度，具体如下。

**1. 紧急情况处理**①

（1）紧急疏散

家庭日托必须制定紧急疏散程序，且向上级授权机构提交计划，以防有紧急情况发生。紧急疏散示意图必须张贴在家庭日托每个出口附近的显眼位置，每名家庭日托的工作人员应能够熟练掌握应对措施以减少风险，保障婴幼儿的安全。

（2）紧急通信

要求每个家庭日托机构内有一部可用电话及备用的紧急通信方式，每部电话旁边应有各部门的紧急电话号码清单，如安全局、消防部门、警署等的紧急电话号码。

（3）急救管理

所有保育人员必须持有现行的急救证书，急救步骤图应张贴在显眼位置。根据儿童的数量来决定急救箱的数量，且需要存放于婴幼儿接触不到但工作人员可以随时取用的地方，工作人员要定期检查急救箱，确保它们库存充足且产品未过期。

**2. 安全防范**

（1）防火、用电安全

所有家庭日托必须配备烟雾探测器及灭火器（符合国家标准）；厨房区域安装防火毯，相关人员应熟悉其使用流程；电器需要符合国家标准，并禁止婴幼儿触摸所有的电气设备；定期维修安检设施设备。

（2）防晒安全

澳大利亚对于婴幼儿防晒有严格规定，要求保育人员在游戏活动中贯穿防晒知识教育，提高儿童防晒意识并采取物理措施保护其安全。尤其是春季、夏季的所有户外活动中或当紫外线指数水平为 3 和 3 以上时，保育人员必须采用防晒措施保障婴幼儿防晒安全，具体如下。

---

①　Australia Children's Education and Care Quality Authority，"Standard-Physical Environment in Family Day Care Including Beds，Fencing and Safety，"https：//www. education. sa. gov. au/sites/g/files/net691/f/family-day-care-standard-physical-environment-in-fdc. pdf，2019-08-26.

12 个月以下的婴幼儿应避免阳光直射；户外游戏在阴凉区域组织，且婴幼儿应佩戴遮阳帽；婴幼儿应穿宽松的衣服，尽可能保护他们的皮肤；户外游戏前至少 20 分钟使用 SPF30＋防晒霜，此后每两小时重新涂抹一次。

（3）人员检查

经批准的家庭日托机构必须保留人员进出访问记录，对于志愿者、家长、学生等其他人员访问都应有详细的记录，如访问时间、离开时间、到访原因等。

## （二）安全设施

为保障托育质量与安全，澳大利亚政府针对不同区域空间明确规定了物质设施的安全规范标准，并要求工作人员定期检查所有设备是否被损坏并采取适当措施及时修缮及更换设备设施。所有的设备和家具都要符合澳大利亚产品安全局[①]的规定要求和其他适用的安全法规或标准。

### 1. 基本活动区域设施要求

基本活动区域的物质设施主要包括窗户、门、镜子、家具、投影仪或电视等，在家庭日托中，相关设施必须是安全、不易破碎的产品，且工作人员在基本活动区中应采取安全保护措施，防止儿童受到撞击和伤害。儿童可以使用的平面屏幕或大型电视机应固定在稳定的表面（墙壁或水平表面）上，以防止掉落或被拉扯。

### 2. 用水区域要求

在水中和水周围（指游泳池或河边）时，工作人员必须始终时刻对婴幼儿进行监督。

婴幼儿不得在无人监督的情况下接触任何热水供应设备。（建议在水龙头上安装水龙头锁保护罩。）禁止儿童使用包括水桶在内的所有装水的容器。

装水的容器/设备（如水池、水桶）应在使用后立即清空。

儿童在洗澡时必须接受严格看管。

---

① 澳大利亚产品安全局是由澳大利亚竞争和消费者委员会组成的，它以网站形式存在，向消费者和小企业提供有关产品安全、召回和伤害报告的信息。https：//www.accc.gov.au/sites/www.accc.gov.au/themes/accc_accc_responsive/images/top-logo.png.

### 3. 物品存放区域要求

清洁材料、消毒剂、毒药等危险的易燃或有害物质，应安全存放；急救设备和药物应安全存放；为了预防火灾危险，不得将助燃溶剂存放在厨房内；将有害产品和药物保存在原来的容器中（不要放在饮料瓶、塑料容器中）且禁止儿童触碰；禁止儿童触碰任何对儿童有害的设备或产品（园艺工具等）；垃圾（如一次性尿布、手套）应存放在套有塑料带的垃圾箱中，且禁止儿童触碰；任何儿童都可以使用的书架或存放装置的物体，必须经过处理，以确保儿童不会摔倒；电池位于小型电子设备（如汽车遥控器、电子蜡烛、手表、唱歌贺卡和其他电子设备）内，可能会造成严重伤害时，须对电池作相应处理。

### 4. 户外游戏区域要求

轮式玩具和设备应在成人监督的情况下使用。

轮式设备，如电动骑乘玩具，不得在公共道路上使用。

家庭日托如果提供蹦床，必须提供符合国家标准的蹦床，并定期检查是否有磨损；确保一次只有一名儿童使用蹦床，且按照蹦床的使用规则开展活动。例如在使用过程中，儿童必须在垫子中央跳跃，应从蹦床上爬下来，而不是随意上下跳跃。

户外区域禁止种植有害的植物。例如种植玫瑰时，相关人员需根据其种植的位置采取保护措施，确保儿童触碰不到玫瑰刺。

### 5. 楼梯和栏杆要求

凡是离地板/地面 1 米以上的所有楼梯、坡道、阳台都需要靠近墙壁或设置栏杆。

栏杆或护栏[①]：在楼梯踏板的前缘上方，两阶梯的最大厚度间距为 86.5 厘米；栏杆中杆子之间的最大间隙应为 12.5 厘米；若楼梯的高度超过 1 米，则需要楼梯护栏（永久性或便携式）。栏杆或护栏应至少有一种。（详见图 4-1）

---

[①] Australia Children's Education and Care Quality Authority，"Family Day Care Safety Guidelines，"https://kidsafesa.com.au/_files/f/3545/2012_Family_Day_Care_Safety_Guidelines_FINAL.pdf，2019-08-24.

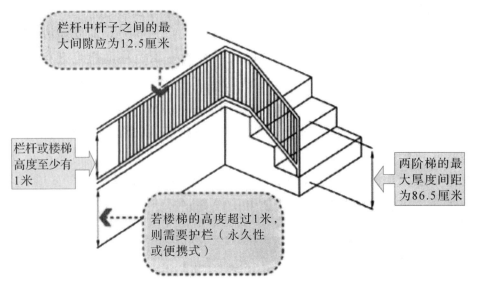

栏杆中杆子之间的最大间隙应为12.5厘米

栏杆或楼梯高度至少有1米

若楼梯的高度超过1米，则需要护栏（永久性或便携式）

两阶梯的最大厚度间距为86.5厘米

图 4-1  楼梯建筑设计规范

### 6. 睡眠设施要求

在家庭日托服务中，即使监护人要求，工作人员也不得将婴儿车、推车、弹跳床用作睡眠工具。

如果一名婴儿只会在婴儿车中安静下来，保育员应该留在婴儿身边，当婴儿睡着时，将婴儿放入安全的婴儿床上。

至少每周清洗一次床上用品，或根据特殊情况进行洗涤。

床应符合每名儿童的年龄和体型，建议将 2 岁及以上的儿童从婴儿床移到床上。不允许使用充气床、折叠床，若使用双层床，其必须符合国家标准。

婴儿床垫应符合国家婴儿床垫安全标准；婴儿床必须符合国家婴儿床标准，便携式婴儿床应符合便携式婴儿床标准，且床垫与婴儿床的两侧之间的距离小于 2 厘米。

每名儿童只能睡在一张床上。

安排睡眠时，应尊重儿童的隐私。

# 五、卫生保健

## (一)营养食品与饮食健康

澳大利亚非常重视婴幼儿的营养与健康，因此出台了《澳大利亚膳食指南》（Australian Dietary Guidelines）、《澳大利亚健康饮食指南》（The Australian Guide to Healthy Eating ｜ Eat For Health）、《食物安全标准指南》（A Guide to the Food Safety Standards），为家长及家庭日托机构提供了婴幼儿健康饮食指导，具体内容如下。

### 1. 健康饮食

为儿童提供各种健康营养的食物，包括水果和蔬菜、全麦谷物产品、乳制品、瘦肉等。

至少每两天换一次菜单，并张贴在父母可见的地方。

提供餐点时要确保食物充足，并符合营养需要。

### 2. 进食与饮水安全

确保儿童可以随时饮水（室内和户外）。

在进食和饮水时，观察儿童。

确保所有儿童在进食和饮水时保持正确坐姿。

注意食物过敏、有特殊饮食需求的儿童，与家人协商制订单独饮食计划。

不得提供可能导致窒息的食物。

### 3. 食品安全与卫生

处理即食食品（如罐头）时，所有工作人员都使用钳子、一次性手套等工具。

在吃饭和吃餐点之前，儿童和工作人员须洗手并擦干（使用肥皂、温水或一次性毛巾）。

食品在安全温度下（5～60℃）储存和供应。

处理生肉时使用单独的砧板；在接触其他食物之前洗净器皿和手。

不鼓励儿童食用其他儿童的餐点及混用餐具。

确保处理食物的工作人员定期参加相关培训课程并分享保育相关的知识。

### 4. 提供放松、积极的饮食环境

保育员应与儿童一起用餐，成人树立正确的榜样，并鼓励儿童认识餐桌上的食物。

加强儿童与家庭和社区伙伴的关系，了解来自不同文化和语言背景的儿童的饮食差异。

在用餐时营造轻松的氛围，让儿童有足够的时间吃饭，享受美食，享受与教育工作者和其他儿童的社交互动。

鼓励年龄较大的儿童帮助学龄前儿童摆设和清理餐桌。

鼓励儿童耐心地吃复杂的食物，如鸡肉、牛肉等。

鼓励儿童尝试不同的食物，但不能强迫儿童进食。

切勿将食物作为奖励或惩罚制度的工具。

### 5. 饮食安全培训与沟通

为所有负责为儿童提供食物和饮料的工作人员提供机会，让他们定期参加食品培训，使他们加深对儿童营养需求的了解和理解。

为家庭提供参加有关儿童营养和健康的信息会议的机会。

### (二)卫生防病

每个家庭日托都应提前制订合理、正确的医疗计划，有一定的医疗工具。如果儿童在接受护理期间发生任何事故，有创伤或疾病，工作人员必须尽快通知其父母，且不得迟于事件发生后 24 小时；看护人员禁止为儿童提供烟草、非法药物和酒精；看护人员不得接触酒精或毒品(包括处方药)，以免影响提供保教服务的能力，保育人员必须具备健康和卫生习惯；看护人员都应具有医疗保健的知识及技能，以满足过敏或需要相关医疗条件的儿童的要求。

当前我国的托育领域方面起步较慢，处于发展时期，还未有明确的规范，目前家庭日托作为一种灵活便捷的托育形式在国内已被较多家长选择。因此，为建立健全有保障的托育服务体系，我们需要借鉴和吸取发达国家的经验，澳大利亚托育服务起步早，托育体系成熟，我们有必要借鉴其优势，开辟出一条适合中国国情的托育道路。

## 第四节 居家式托育机构设置标准的国际比较、趋势与启示

### 一、居家式托育机构设置标准的国际比较

自 20 世纪 70 年代起，西方国家妇女外出就业率持续上升，为解除妇女外出就业的后顾之忧，政府着手重视婴幼儿托育服务问题，并逐步形成

了完善的托育服务体系。回顾各国托育服务发展历史，了解各国托育服务发展现状，我们发现各国都在逐步构建完善的托育服务体系，朝规范化方向发展。对比分析各国托育发展历程，我们发现世界上成熟的居家式托育服务类型多样，政策与管理健全，监管与评估体系完善，师资培训专业。但我们在共性背后又发现各国在具体的托育服务细则上存在较大差异，下面就以居家式托育服务发展较为典型的国家为代表进行详细论述。

## （一）主管部门明确，政策法规完善

明确的行政主管部门是家庭托育服务体系的规范化、制度化发展的前提。政策法规的出台是家庭托育服务规范化、制度化发展的重要保障。居家式托育服务发展较为成熟的国家规定了托育服务主要由谁负责，从而能够准确把控托育发展的方向，另外，各国又出台了相关政策文件来具体规范托育服务发展要求。但我们分析发现，各国托育服务主管单位及政策法规的具体要求存在国情差异。（详见表 4-4）

表 4-4　各国居家式托育服务管理主体部门及主要法律法规

| 国家 | 主管部门 | 相关法案 | 主要目的 |
|---|---|---|---|
| 英国 | 教育标准局 | 《儿童保育法案 2006》<br>《托育机构国家标准》（National Standards for Child care Agencies）<br>2002 年苏格兰地区出台了《国家看护标准：16 岁以下的早期教育和托儿服务》 | 明确了居家式托育服务的目标及实施要求。 |
| 丹麦 | 教育部及中央社会福利部联合负责 | 《国家指导方针》（National Guidelines） | 给各地方实施居家式托育提供了方向性指导。 |
| 加拿大 | 地方政府独立负责托育服务；联邦政府通过税收及移民政策对居家式托育提供支持 | 安大略省：<br>• 1948 年《日托法案》<br>• 1983 年《儿童托育法案》<br>• 2000 年《儿童早期学习与照顾方案》 | 明确规定了实施居家式托育的基本要求，如人员、硬件配置、发展目标等。[①] |
| 澳大利亚 | 人口服务部（the Department of Human Services） | 2011 年《国家保教服务法》（The Education and Care Services National Law）<br>2014 年《家居护理的临时标准》（Interim Standards for In Home Care） | 明确了居家式托育服务的标准及服务形式。 |

---

① 厉育纲：《加拿大儿童照顾政策及其对我国部分现行政策的启示——以安大略省儿童照顾政策为个案的分析》，载《北京青年政治学院学报》，2007(3)。

续表

| 国家 | 主管部门 | 相关法案 | 主要目的 |
|------|---------|---------|---------|
| 德国 | 联邦政府 | 2008 年《儿童促进法案》（Kind-Förderung-Bill） | 提出要从法律上保障更多 3 岁以下婴幼儿享受居家式托育服务的权利，明确了婴幼儿托育的地位、性质及发展的方针。 |
| 日本 | 厚生省（社会福利部） | 1989 年《幼儿教育大纲》1990 年《保育所保育方针》2002 年《儿童·育儿支援法》 | 托育目标与幼儿园教育目标基本保持一致，幼儿教育内容以健康、人际关系、环境、语言和表现五个领域为主。① |
| 新西兰 | 教育部 | 《国家护理标准及有关事项》规例 | 规定了居家式托育机构的实施细则。② |

## （二）托育类型多样，呈个性化特征

比较各国居家式托育服务类型，我们发现，尽管国家的发展程度不同，但是它们对托育服务发展都非常重视，尤其是能够针对不同年龄段的婴幼儿提供相应的托育服务类型。但受经济、文化、地域差异等方面的影响，不同国家对于居家式托育服务的类型设置又存在具体差异。（详见表 4-5）

表 4-5　各国 0～3 岁居家式托育服务类型比较表

| 国别 | 儿童的年龄 | | | |
|------|------|------|------|------|
| | 0 岁 | 1 岁 | 2 岁 | 3 岁 |
| 澳大利亚 | 为居家式托育提供 20 小时或 50 小时的服务 | | | |
| 加拿大 | 居家式托育 | | | |
| 英国 | 无 | 无 | 无 | 游戏小组或托儿所，早期教育（3 岁以下儿童获得 12.5 小时的免费早期教育） |

---

① 何锋：《英国、日本及中国台湾地区 0 岁～6 岁托幼一体化述评》，载《早期教育（教科研版）》，2012(1)。

② National Care Standards, "Early Education and Childcare up to the Age of 16," https://www.gov. scot/binaries/content/documents/govscot/ publications /advice-and-guidance/2011/05/national-cares-tandards-early-education-childcare-up-age-16/documents/ 0116828-pdf/0116828-pdf/govscot%3Adocument/0116828. pdf，2019-08-26。

| 国别 | 儿童的年龄 | | | |
|---|---|---|---|---|
| | 0 岁 | 1 岁 | 2 岁 | 3 岁 |
| 新西兰 | 无 | 无 | 社区型幼稚园、游戏小组 | |
| 爱尔兰 | 无 | 无 | 学前游戏小组 | |
| 西班牙 | 无 | 无 | 学前教育 | |
| 法国 | 居家式托育 | | | |
| 荷兰 | 居家式托育及游戏小组 | | | |
| 希腊 | 为 2.5 岁以下儿童提供居家式托育，2.5 岁以上儿童进入托儿所 | | | |
| 冰岛 | 无 | 无 | 托儿所 | |
| 丹麦 | 居家式托育（托育时长＞32 小时）<br>全日制混龄托育（age-integrated）（托育时长＞32 小时） | | | |
| 芬兰 | 居家式托育和政府早期发展中心（Early Development Centre）<br>全日制居家式托育（托育时长＞50 小时） | | | |
| 挪威 | 幼稚园、乡村居家式托育、全日制托育 40 小时 | | | |
| 瑞典 | 全日制托儿所（30 小时，乡村居家式托育） | | | |
| 塞浦路斯 | 居家式托育，由公立、私立机构或社区提供 | | | |
| 爱沙尼亚 | 全日制托育 | | | |
| 匈牙利 | 无 | 无 | 幼稚园 | |
| 斯洛伐克 | 无 | 无 | 幼稚园 | |
| 波兰 | 无 | 无 | 学前教育 | |
| 日本 | 无 | 无 | 幼稚园、家庭的保育 | |
| 韩国 | 无 | 无 | 幼稚园 | |

注：图表中的白色底为公立托育机构，图表中的灰色底为私立托育机构。

## （三）开办要求明确，人员准入严苛

我们分析发现，各国为保证托育服务的安全，对居家式托育机构开办资质的审查较为严苛，同时为保证托育服务质量，对从业人员的准入资质也有明确的要求。在开办资质方面，各国主要重视房屋的安全检查、人员的背景审查两个方面；而在从业人员准入资质方面，主要从从业人员的年龄、是否接受过培训、是否具备职业资格等级证书、个人背景及经历等方面进行审核。但受国情及地区差异性影响，各国在开办资质及人员准入资质等方面上存在差异性。（详见表 4-6）

表4-6　部分典型代表国家居家式托育机构开办资质及人员准入要求

| 国别 | 英国 | 澳大利亚 | 加拿大 | 新西兰 | 德国 |
|---|---|---|---|---|---|
| 相关政策与标准 | 《儿童保育法案(2006)》《8岁以下儿童日托和居家保姆全国标准》 | 《国家质量框架》《家庭托育中的临时标准》 | 地方自行制定标准《居家看护项目要求》 | 《国家护理标准及有关事项》规例 | 《居家式托育人员的指导手册》 |
| 居家式托育服务开办资格 | 1. 缴纳申请费用。2. 提供申请资料(举办者的详细信息、接受过培训和有经验的细节、打算如何提供育儿服务)。3. 提供开办居家式托育机构的住宅信息。4. 举办者接受犯罪及违法行为的信息检查。 | 1. 评估:教育发展署的职员对居家式托育机构申请者进行房屋评估。(房屋建筑的安全性;紧急出口的畅通性;具备家庭火灾的预防措施、灭火器、烟雾和一氧化碳探测器、急救箱等。)2. 登记注册:家庭日托工作人员的资料,在家庭日间护理服务总办事处进行登记注册。3. 接受家庭环境:具备适宜的家庭空间,包括活动空间、睡眠空间、储物空间、私人空间等。4. 具备教育设施设备:为不同年龄的婴幼儿提供相应的活动设施及游戏材料等。 | 1. 举办者本人及共同居住者的刑事记录检查。2. 刑事记录自我披露声明及资料披露同意书。3. 虐待儿童登记记录检查。4. 接受家庭服务中心的检查。5. 提交两封推荐人证明信。6. 环境评估:检查家里环境的安全性,如出入口、家具、消防设施等。 | 1. 需要获得早期儿童教育委员会批准。2. 符合《教育法》和其他相关法律的要求。3. 环境质量安全且达标,消防设施齐全。4. 设施齐全。 | 1. 家庭中有适宜的场地。2. 每周能提供超过15小时的照管服务。3. 能连续提供3个月以上的照管服务。4. 合理的收费。 |
| 托育人员准入要求 | 1. 年满18岁且拥有高中以上文化程度。2. 具备急救证书。3. 具备儿童保育相关技能证书。4. 接受过儿童保教知识和技能培训。5. 有健康证明。6. 有无犯罪记录。7. 有基本保险等。 | 1. 每个家庭看护者至少获得教育和护理资格的3级证书。2. 每个家庭看护者及其助理都需要获得急救资格证书、婴幼儿及成人心肺复苏证书。3. 接受过教育培训及接受过过敏反应管理培训。4. 具有两名推荐人的推荐信。 | 1. 年满18岁。2. 完成相当于加拿大高中6个月的英语或法语课堂教学培训等。 | 1. 年满20岁。2. 具备看护经验、技能。3. 具有2级资格等级证书。4. 家庭成员或共同居住成员接受背景调查等。 | 1. 年满18岁。2. 接受过相关保教课程的专业训练。例如,德国柏林的从业人员要取得家庭托育资格,需要科班(社会照顾科专业)出身,并获得毕业证书。3. 具备照看婴幼儿的经验。 |

## （四）监督管理严格，评估体系完善

我们综合分析了各国较为成熟的居家式托育服务发现，为保证托育服务的质量，各国都形成了完善的托育监督与评估体系，主要包括专职的监管部门、专业的管理体系、专门的监管人员及可操作的评估内容。但各国在由谁监管、如何管理、如何监管、如何评估等方面存在差异性。（详见表4-7）

表 4-7　部分典型国家居家式托育的监督与评估差异比较

| 国别 | 部门 | 管理形式 | 监管人员 | 评估内容 |
|---|---|---|---|---|
| 丹麦 | 市政府 | 家庭托育网络。将社区内的从业人员纳入其中，各社区的家庭托育网络形成托育服务系统，被纳入政府管理工作之中。 | 1. 督导。<br>职能：受地方政府委派，根据《家庭日托制度》指导、监管、协调整个家庭托育网络系统的运行。<br>资质：接受过3年专业理论学习与实践训练并获得相关证书，或者具有学前教育资质的认证。<br>2. 巡视员。<br>每个社区自行聘任巡视员负责家庭日托的巡视工作。<br>职能：①日常巡视。巡视员根据托育服务规定日常巡视家庭日托的情况，并进行记录，以作为督导评估的依据。②解答疑惑。定期举办儿童家长会，解答相关问题。③负责紧急情况处理。例如，当儿童出现发高烧或严重事故时，巡视员承担联系家长和相关负责机构的任务，联系医生和家长，帮助家庭托育点处理相关事务。<br>资质：具有专业的护理知识的人员，且负责儿童数量不超过50人。 | 根据托育服务规定（如公共卫生、饮食安全、资源配置等要求）对居家式托育机构进行评估并提出改进建议。<br>评估内容：托育质量（儿童的保育及身心发展情况、安全状况、卫生状况）、看护人员（看护人员是否与注册信息符合、看护人员是否定期学习了培训课程、看护比是否达标等）和家长态度。对评估效果好的居家式托育机构给予奖励，对评估效果差的居家式托育机构予以警告并要求改进。 |
| 新西兰 | 教育评估办公室 | 家庭托育网络系统。 | 协调员。<br>职能：①定期探访家庭看护人员，检查儿童的安全和发展情况，进行安全检查。②观察看护人员的实际情况，向看护人员提供意见和支持，并确保其符合所有法律规定。③做好看护人员与家长的沟通工作。<br>资质：根据《2004年教育（幼儿服务教师注册）规例》，协调员必须为早期儿童教育提供合格的注册教师。注册教师需要持有教育文凭（幼儿教育）或拥有同等学力。 | 评估内容：重点评估看护人员专业知识与技能、儿童身心发展情况、环境安全等方面。 |

| 国别 | 部门 | 管理形式 | 监管人员 | 评估内容 |
|---|---|---|---|---|
| 澳大利亚 | 国家儿童保育认证委员会 | 质量监督管理局负责监管工作，《国家质量标准》。 | 澳大利亚儿童早期教育和保育质量局的专职督查员：根据澳大利亚国家法律法规开展居家式托育的管理工作。 | 评估内容包括七个重要的质量指标领域。①教育计划和实践：满足儿童的发展需求，考虑其个体差异性。②儿童的健康和安全：为婴幼儿提供干净、安全和丰富的托育环境。③物理环境：提供愉快、温暖、安全和资源丰富的环境。④人员安排：看护人员、协调员及父母合作，共同制订适合儿童的发展方案。⑤与儿童的关系：积极促进婴幼儿、家庭、照顾员和协调员之间互动。⑥看护人员与社区及家长的关系状态。⑦统筹领导能力。 |
| 加拿大（以马尼托巴省为例） | 马尼托巴省政府 | 儿童早期教育和保育管理局。 | 专职婴幼儿看护协调者根据《社区儿童保育标准法》或《儿童保育规例》，负责具体的托育管理工作。职能：①提供资料及协调所需的巡查工作，如公共卫生及火警工作。②日常巡视。③提供婴幼儿托育的信息和资源。④定期上门观察、评估和提供咨询服务。⑤解读儿童保育法规和政策。⑥为婴幼儿早期学习与发展提供咨询（如行为管理、房间安排等）。⑦参与有额外支持需求的儿童入学和审查会议。 | 评估内容：①儿童健康与安全。②儿童的行为发展。③托育环境设置。④看护人员与家长的关系。⑤看护人员及看护助理的教育资格及颁发营业牌照的级别。⑥对看护人员进行能力评估。 |

# 二、国际居家式托育机构设置标准的趋势与启示

早在 2000 年，联合国教科文组织将"儿童早期教育与托育服务"作为实现全民教育的第一项目标，并列入了《达喀尔行动纲领》（The Dakar Framework for Action）之中。因此，建立完善的婴幼儿托育服务体系、重视托育质量已成为国际上的普遍共识。其中居家式托育机构以费用相对低

廉、看护精细、时间灵活、距离近、环境居家等优势受到较多家长的认可和欢迎，成为托育机构的重要补充形式。[①] 居家式托育的兴起不仅解决了部分家庭的托育需求，而且为赋闲在家的妇女提供了新的就业机会和收入来源。目前我国托育服务刚刚起步，尚未出台与居家式托育相关的政策及法规，但类似于居家式托育的服务形式已悄然生存在社区之中，由于缺少相关部门的监管，托育安全和服务质量都无法得到有效保障。因此，我国有必要立足国情，借鉴国际上成熟的居家式托育机构发展经验，探析适合中国本土化的家庭托育模式。

### (一)明确居家式托育机构的主管部门，出台相关政策法规

当前，我国部分省市开始逐步探索婴幼儿托育服务，并陆续出台了相关文件，例如，南京市出台了《南京市 0—3 岁婴幼儿保育机构设置管理暂行办法》，上海市出台了《上海市 3 岁以下幼儿托育机构设置标准(试行)》等文件，但由于缺乏明确的行政主管部门，部门职责不清，相互推诿责任，所以在政策落实与执行上并未取得显著效果。我们借鉴国际经验可以发现，完善的托育服务体系具备明确的责任主体及行政主管部门。因此，我国政府应发挥领导作用，在与各部门协商的基础上确定主管部门，来统一负责托育服务体系的构建。在此基础上，进一步制定托育服务相关政策法规，厘清各相关部门、机构的职责，完善政府投入和保障机制，明确居家式托育人员的地位、权利与义务，规范居家式托育机构服务质量的评估与问责制度等，使居家式托育服务与其他形式的托育服务真正做到有法可依。

### (二)制定严格的居家式托育机构设置标准，明确人员准入资格

目前，我国托育行业尤其是居家式托育尚未出台相关的设置标准，所以社区内的居家式托育机构均属无证开办，在托育质量与安全等方面存在较大风险、隐患。因此，政府主管部门应制定相关标准，并就举办资格、人员配备、空间环境、安全防范、卫生保健等方面提出具体要求。针对举办资格，应建立看护人员资格审查机制，基本审查内容应包含对托育人员

---

① Freeman，R.，Karlsson，M.，"Strategies for Learning Experiences in Family Child Care: American and Swedish Perspectives,"Childhood Education，2012(2)，pp. 81-90.

及其共同居住者的背景调查、家庭环境质量评估、人员身心健康评估；针对人员配备，应明确规定看护人员教育资质水平及师幼比例；针对空间环境，应确保空间明亮、干净、卫生，具有一定规模的活动室、睡眠室、储物室等；针对安全防范，应建立安全防范制度及防范措施（如消防设施、安保系统）；针对卫生保健，应制定饮食安全标准及建立卫生防病应对机制。符合以上资质的家庭可向所在地区的主管部门提交认证资料并进行审核登记注册。认证通过后，以上家庭人员可成为注册了的家庭看护人员，并被纳入政府的监管体系。

### （三）建立监管与评估体系，保障居家式托育机构的服务质量

首先，政府部门应成立相关的社区托育服务中心，对独立式托育机构、社区式托育机构及居家式托育机构进行统一管理。以区、街道两级托育服务中心计算机联网为基础，构成信息资源网络，并形成以社区托育服务中心为监管主体、居委会和社区单位分散监管的社区托育网络系统。同时，社区托育网络系统应与公安、消防、公共医疗、教育局等单位联合组成区域性服务网络系统，全方位保障家庭托育的安全与质量。现阶段，婴幼儿的安全问题是父母送托时最担忧的问题。因此，为让家长安心，目前可以考虑在婴幼儿一日生活区域中安装安保监控系统，并把资料自动备份给地方公安部门，把网络化监管的手段作为评估安全质量的基础。其次，社区托育服务中心的督导应定期或不定期上门随访，评估托育质量。家庭托育质量评估监测标准应包含安全管理、资源配置、师资水平、托育服务的内容及服务质量、家长满意程度等方面。再次，依托信用评估机制，对服务质量效果好的居家式托育机构进行适当奖补，以提高其服务质量及从业积极性。对于违反托育质量标准者，应根据情节轻重给予警告、罚款或停办处罚，对于严重违反者，应禁止其进入托育行业。最后，居家式托育机构的建立是为社区居民提供便捷育儿照看服务的，因此，社区居民应参与到监管之中，对违反看护标准要求的居家式托育机构及从业人员进行监管举报，自上而下形成全方位的监督管理体系。

### （四）加强职业技能培训，提升居家式托育机构的师资队伍水平

看护人员的资质关系到婴幼儿早期保教的质量，婴幼儿早期的托育质量关系到其未来情感及社会技能的发展。目前，大多数居家式托育机构中

以育婴师、幼儿教师①为主要师资力量，但这均不能满足 0～3 岁婴幼儿的要求。3 岁前的婴幼儿处于生长发育快速成长期，自我保护性差，因此，托育工作更需要专业性和科学性。为保障婴幼儿看护质量，有必要对看护人员进行专门培训及考核。培训应包含岗前培训、在岗培训两种基本形式。培训内容应包含基本的理论部分和实操部分。理论部分应包含职业道德规范、职业责任、安全意识等职业素养；实操部分应包含日常生活护理、营养卫生与保健等方面。针对岗前人员，应鼓励有意向从事居家式托育的全职妈妈及退休妇女进行一定时数的课程学习，并考取托育相关证书，从而成为注册的看护人员，弥补看护行业的不足；针对在职人员，相关部门应定期组织托育行业人员参加统一培训或听取专业讲座，提升托育服务水平。

另外，为保障看护人员的培训质量，应以考核的形式查验培训效果，并将平时考核成绩、看护质量标准与看护人员的福利补贴相挂钩，例如，对那些符合要求的看护人员，政府应通过提供资金奖补、减免税收等形式激发看护人员的从业积极性。

---

①　育婴师资格证书的取得难度较低，只需要经过考试即可获得。培训工作流于形式，考试难度较小。幼儿教师是针对 3～6 岁幼儿的教育工作者，缺少对 3 岁以下婴幼儿保教知识的学习。

# 第五章

## 我国托育机构设置标准：
## 探索与展望

当前，我国 3 岁以下婴幼儿照护服务事业的发展尚处在起步阶段，而部分地区已率先开展了地方性探索。例如，南京市、上海市和台湾地区先试先行，为了促进机构的良好发展，根据当地机构发展的特点及政府要求，出台了当地的托育机构设置标准，机构的开办应当遵照相应的标准执行。南京市、上海市和台湾地区托育机构设置标准的地方性探索，对于国家研制托育机构设置标准具有重要的借鉴意义。

## 第一节　南京市：育儿园、亲子园、看护点
## 设置基本标准

南京市早在 2011 年便启动了 0～3 岁婴幼儿早期发展工作，《中共南京市委南京市人民政府关于进一步加强人口服务管理工作的意见》首次在政策上明确了 3 岁以下婴幼儿照护服务发展的主要职责部门和基本发展要求。2012 年，《市政府办公厅关于推进南京市 0—3 岁婴幼儿早期发展工作的意见》中首次确定"政府指导、部门监管、市场运作、社区组织、家庭参与"的工作机制。至今，南京市婴幼儿托育服务已具备较长的发展历程，建立起了"1 计划＋2 办法"的地方性政策体系，具体包含了《南京市 0—3 岁婴幼儿早期发展工作提升行动计划（2017—2020 年）》、2014 年出台的《南京市 0—3 岁婴幼儿保育机构设置管理暂行办法》和《南京市 0—3 岁婴幼儿早期发展均等化促进工程实施办法》。其中，《南京市 0—3 岁婴幼儿保育机构设置管理暂行办法》明确将南京市的保育机构分为育儿园、亲子

园、看护点三种类型：育儿园是指为0～3岁婴幼儿提供全日制/半日制保育服务的机构；亲子园是指为0～3岁婴幼儿提供计时制保育服务的机构；看护点是指为0～3岁婴幼儿提供看护服务的机构。针对三种不同类型机构，标准的设置既有一定的共性规定，也根据三种类型机构的定位进行了不同的标准设置，结合共性要求和不同类别规定，托育机构设置得以有据可依。

# 一、举办资格

面对南京托育市场供给少于需求的情况，南京在发展托育事业初始之时便鼓励机关、企事业单位、社会组织、民办非企业、公民个人等以多种形式举办0～3岁婴幼儿保育机构。因此申请举办机构者的背景多种多样。然而要成为在主管部门——卫生健康部门有备案，且证照齐全的保育机构，机构要在民政部门或工商部门进行法人登记。民政部门是0～3岁婴幼儿保育机构民办非企业单位的登记管理机关；工商部门是经营性0～3岁婴幼儿保育机构的登记管理机关。

在民政部门登记时，机构需要通过民办非企业单位法人申请的一系列的前置审批，机构需要在区县卫生健康部门进行核名，相关政府部门对场地、消防、餐饮方面进行排查，经过排查后，机构取得相关证件，之后才能够在民政部门进行法人登记，之后才能到区卫生健康部门申请备案，而区卫生健康部门会按照机构设置的基本条件，组织相关专家上门具体进行评估并打分，达到合格分数后，机构才算备案成功、证照齐全，才能接受相关部门的监管与指导。以企业法人的身份举办婴幼儿托育机构的步骤相对于以民办非企业单位法人的身份举办婴幼儿托育机构的步骤而言比较简单，机构仅仅需要在工商部门的企业登记平台上以"保育公司"的名义进行登记，便可以申请法人身份，由于工商部门尚未出台针对"保育公司"的前置审批，卫生健康部门无法直接约束以企业法人身份注册的托育机构，卫生健康部门在企业登记平台上获悉"保育公司"的信息后，通知属地街道前往核查机构情况并向机构宣发相关证照获取及备案的政策，然而后期手续的落实完全取决于机构意愿。

# 二、人员配备

《南京市0—3岁婴幼儿保育机构设置管理暂行办法》对全市范围内从业人员的师幼配比、保育机构的人员配备以及资质方面进行了规定。

## （一）师幼比

南京三类婴幼儿保育机构对于师幼比的要求保持一致，根据月龄不同，师幼比的要求也有所不同。（详见表 5-1）

表 5-1　南京市婴幼儿保育机构师幼比

| 婴幼儿月龄 | 师幼比要求 |
| --- | --- |
| 0～6 个月 | 1：2 |
| 7～12 个月 | 1：3 |
| 13～18 个月 | 1：5 |
| 19～24 个月 | 1：6 |
| 25～36 个月 | 1：7 |

## （二）人员配置

《南京市0—3岁婴幼儿保育机构设置管理暂行办法》要求举办者在申请举办机构时需要配备一定的从业人员，且从业人员"应身体健康、具有相应资质"。三类不同类型机构的人员配备既有相同之处，也有一些细微的区别。

首先，育儿园、亲子园和看护点均要求配备专职园长或是负责人，负责机构的运营、管理与协调。其次，机构应当配备专任负责婴幼儿保育工作的人员。育儿园中既要配备指导婴幼儿保育活动的指导人员，也要配备保育员；亲子园对配备指导人员有明确的要求，但未对配备保育员进行规定；看护点需要配备满足需要的看护人员。对于其他从业人员的规定，三类机构基本保持一致，三类机构均要求配备"专（兼）职卫生保健人员"，此外育儿园和看护点还要求配备保安人员，而提供餐饮的育儿园和看护点还需有符合要求的炊事人员。

## （三）人员资质

《南京市0—3岁婴幼儿保育机构设置管理暂行办法》对机构中的从业人员总体要求为"从业人员应身体健康、具有相应资质"。此外，为了保障机构员工的合法权益和职业发展，南京市要求0～3岁婴幼儿保育机构应当按照《劳动法》的规定用工，并定期对员工进行职业道德教育和业务培训。

育儿园和亲子园必须配备专职园长，并且园长应具有学前教育专业（包括教育管理专业）大专以上学历或中级以上技术职称，同时，园长应当持有教师资格证和育婴师证，有一定的组织管理能力和协调能力；看护点对于专职负责人的资质要求没有作出明确规定。

育儿园和亲子园中的指导人员直接提供婴幼儿保育等服务，对于指导人员的资质，南京市要求指导人员应具有教育学专业大专及以上学历，取得教师资格证和育婴师证，其中育儿园还要求配备保育员，而保育员也要求必须经过保育职业培训；看护点对于看护人员的资质要求没有作出明确规定。（详见表5-2）

表 5-2　南京市婴幼儿保育机构人员配置

| 机构类型 | 人员配置 | 学历要求或培训要求 | 资格证要求 |
|---|---|---|---|
| 育儿园 | 园长 | 学前教育专业（包括教育管理专业）大专以上学历或中级以上技术职称 | 教师资格证和育婴师证 |
| | 指导人员 | 教育学专业大专及以上学历 | 教师资格证和育婴师证 |
| | 保育员 | 经过保育职业培训 | |
| | 专（兼）任卫生保健人员 | | |
| | 保安人员 | | |
| | 炊事人员 | | |
| 亲子园 | 园长 | 学前教育专业（包括教育管理专业）大专以上学历或中级以上技术职称 | 教师资格证和育婴师证 |
| | 指导人员 | 教育学专业大专及以上学历 | 教师资格证和育婴师证 |
| | 专（兼）任卫生保健人员 | | |

| 机构类型 | 人员配置 | 学历要求或培训要求 | 资格证要求 |
|---|---|---|---|
| 看护点 | 专职负责人 | | |
| | 看护人员 | | |
| | 专(兼)任卫生保健人员 | | |
| | 保安人员 | | |
| | 炊事人员 | | |

# 三、建筑设计

《南京市0—3岁婴幼儿保育机构设置管理暂行办法》对婴幼儿保育机构的建筑设计进行了规定，主要涉及场地要求、配置用房两大方面。

## (一)场地要求

场地的要求首先必须满足选址安全性，三类机构必须设置在"安全、无污染、相对独立的区域内"，且机构所处楼层应当在3层以下且不得设置在地下建筑内，婴幼儿活动的区域应当"采光良好，空气流通"。

在活动场地面积方面，育儿园和亲子园要求室内人均活动面积不得低于3平方米，看护点的室内人均活动面积不得低于1平方米。

在户外场地方面，只有育儿园要求应当配置适宜的户外活动场地和游戏场地，且户外活动场地中应当摆放适合0～3岁婴幼儿活动的中小型户外玩具。

## (二)配置用房

在满足机构场地的基本要求之外，根据三类机构的服务定位，机构的配置用房的类别也有所不同。

育儿园为婴幼儿提供全日制/半日制的托育服务，因此有婴幼儿活动室、午睡室、盥洗室、多功能室以及卫生保健室等活动用房和服务用房，此外提供餐饮的育儿园需有符合要求的厨房。

亲子园提供计时制的托育服务，因而在用房配备上更重视对婴幼儿活动用房的合理功能划分，可以划分为亲子活动室(区)、游戏区、阅读区等活动区域。

看护点对于房舍的要求不如育儿园、亲子园规定明确，仅要求房舍能够满足机构需要，提供餐饮的看护点必须配置符合要求的厨房。

# 四、安全防护

在安全制度方面，三类机构必须根据已有规章制度设置机构内的安全制度。在安全设备方面，《南京市0—3岁婴幼儿保育机构设置管理暂行办法》和三类不同机构均要求配备"安全防护设施"和"报警监控设施"，且"地面经过软化处理，无尖锐突出物，墙面有安全防护"。

# 五、卫生保健

《南京市0—3岁婴幼儿早期教养指南(试行)》对婴幼儿的卫生保健提出了一些要求，和《南京市0—3岁婴幼儿早期教养机构设置管理办法(试行)》共同对婴幼儿保育机构的卫生保健工作进行了规定。《南京市0—3岁婴幼儿早期教养机构设置管理办法(试行)》规定，婴幼儿保育机构应当具备防暑保暖设备、卫生消毒设施。在生活照护方面，《南京市0—3岁婴幼儿早期教养指南(试行)》涉及了生活条件、营养膳食、生活制度、卫生习惯、体检和预防接种五个方面，条目详细明确，对机构作出了要求。

## (一)饮食营养

· 机构提供的食物应当是新鲜优质的，给婴幼儿卫生的餐具，确保婴幼儿饮食的安全。

· 科学配膳。保证食物的多样化，注意营养的全面性。按月龄添加辅食及生长发育所需的营养补充剂，引导婴幼儿吃各种适宜的食物，注意个别差异。

· 合理喂养。根据婴幼儿消化系统的特点，合理安排婴幼儿喂养时间，提供充足的奶量和水分，引导婴幼儿逐步适应各种食物，满足婴幼儿生长发育的需要。

## (二)卫生防病

· 婴幼儿卧具应当帮助其生长发育，工作人员要保证婴幼儿充足的睡眠时间，逐渐帮助婴幼儿形成有规律的睡眠。

· 婴幼儿便器必须保持干净卫生，工作人员要细心观察照护，教会婴幼儿主动表示大小便，逐步养成定时排便的习惯。

· 机构内应当设置"婴幼儿保健药箱"，及时处理突发的小事件，确保婴幼儿健康安全成长。

· 培养婴幼儿漱口、洗手、剪指甲、洗头、洗澡、排便等良好的个人卫生习惯，使婴幼儿注意仪表整洁。

· 指导婴幼儿维护环境的卫生，不随地大小便，不随地吐痰，不乱扔废弃物等。

· 定期为婴幼儿进行体格检查，了解婴幼儿的生长发育状况和身体基本机能状况。

· 按时为婴幼儿进行预防接种，帮助婴幼儿提高对传染病的抵抗能力，预防各种传染病。

· 预防跌落，烫伤，误服，把小物品放入口、鼻、耳中等意外事故的发生。

# 第二节　上海市：3 岁以下幼儿托育机构设置标准

上海市自 20 世纪便开始探索婴幼儿托育服务，在经历人口低潮后，托儿所等婴幼儿托育机构纷纷关停或被挪作他用，近些年来随着人口新政的落地以及外来人口的不断涌入，上海市新生儿数量迎来新一轮高峰。随着某亲子园虐童事件在公众视野中的发酵，托育服务再度引起了上海市政府的重视，上海市政府从 2017 年年底重启对 3 岁以下婴幼儿托育事业的管理和体系建设，3 岁以下婴幼儿托育事业重新回归公众视野。

自 2018 年 4 月 28 日以来，上海市接连出台 3 岁以下幼儿托育服务工作"1＋2"政策文件，包括《关于促进和加强本市 3 岁以下幼儿托育服务工作的指导意见》和配套的托育机构管理暂行办法及设置标准，同年 7 月 10日，上海市出台了《上海市 3 岁以下幼儿托育机构从业人员与幼儿园师资队伍建设三年行动计划（2018—2020 年）》，建立起上海市托育服务体系"1＋2＋1"的政策，明确了"政府引导、家庭为主、多方参与"的总体思路，促进托育服务健康有序发展。

《关于促进和加强本市 3 岁以下幼儿托育服务工作的指导意见》是上海

市对婴幼儿托育事业发展的纲领性文件，直接影响了总体思路、主要目标、基本原则、主要任务和管理体制的确定，也为出台配套托育机构管理暂行办法及设置标准提供了根本依据。《上海市3岁以下幼儿托育机构设置标准（试行）》（以下简称《设置标准》）对上海市范围内各类托育机构设置提出了标准要求，《设置标准》界定了标准的适用范围，明确了设立托育机构的基本条件，包括选址要求、供餐标准、安全防护、班级规模、人员配置规格、卫生保健措施等，同时对举办者、名称、章程、组织机构、管理制度等也提出了一定要求。在文件中，"托育机构"一词的概念仅包括在上海市行政区域内，由社会组织、企业、事业单位或个人举办，面向3岁以下尤其是2～3岁幼儿，实施保育为主、教养融合的幼儿照护全日制、半日制、计时制机构，幼儿园托班和托儿所不适用于《设置标准》。

# 一、举办资格

"政府引导、家庭为主、多方参与"是上海市发展托育事业的总体思路。在这种促进发展的思路引领和目标导向下，上海市政府引导本市托育服务市场发展，支持社会组织、企业、事业单位和个人积极提供符合适龄幼儿家庭多样化需求的托育服务。因此申请举办托育机构的既可以是社会组织、企业、事业单位，也可以是个人。申请举办托育机构的社会组织、企业、事业单位，应当具有独立法人资格。事业单位出资举办托育机构时，应当经其上级主管单位批准同意；国有及国有控股企业投资举办托育机构时，应当向对其国有资产负有监管职责的机构履行备案手续。申请举办托育机构的个人应当具有中华人民共和国国籍并具有政治权利和完全民事行为能力。

上海市主管3岁以下婴幼儿托育服务事业的是教育部门。上海市教育委员会专门成立了托幼工作处，从基础教育处中分离出来，管理全市0～3岁婴幼儿托育和3～6岁幼儿保育工作，各区也成立了专门科室，负责托幼工作，科室中专门成立了托育指导中心。在机构举办的过程中，市、区的托幼科室，联合其他部门共同对机构的准入审批进行管理，联合审批模式采用"派单制"，通过建立市、区、街道三级联动的综合监管机制，搭建市级监管平台，使用专门的托育机构网进行线上系统化管理，在审核准入上，将申办请求派单到各区，区里的不同部门分别登录系统进行自己辖区内的资格审查后在系统中打勾并出具证明，待整套程序全部结束后，由教育部门在系统中生成相关的审批通过单。

托育机构分为营利和非营利性质两种，以不同的方式进行申请，无论是营利性质托育机构，还是非营利性质托育机构，均需要满足《设置标准》中的软硬件条件才能通过审批。机构需要向区级主管部门提交托育机构卫生评价报告、食品经营许可证、消防安全合格证明文件、举办者资格证明、场所证明以及从业人员资格证明材料，由教育部门进行服务检查后，非营利性质机构才能获得法人身份，而营利性质机构在工商分局注册成为托育式公司之后还不能立即经营，只有按照教育部门的要求经过检查后，才具备了正式经营的资格。

# 二、机构规模

首先，托育机构按照幼儿年龄编班。单个托育机构的规模不宜过大，应当有利于3岁以下尤其是2～3岁幼儿的身心健康，便于进行照护和日常管理。其次，托育机构应当根据当地街道、乡镇的发展规划和实际需求，结合社区人口发展趋势、城市交通、环境等因素综合考虑，合理布点及规划托育机构的规模。托育机构(不含托育点)服务半径宜为300～500米。

在2～3岁幼儿生活的班级中，每班不超过20人；在2岁以下幼儿生活的班级中，每班不超过15人。全日制和半日制托育机构不宜超出6个班，计时制托育机构不宜超出4个班。具体托育机构规模和单班规模详见表5-3、表5-4。

表 5-3　上海市托育机构规模

| 分类 | 班级数 | 人数 | 服务居住人口（人） |
|---|---|---|---|
| 全日制/半日制 托育机构 | 5～7 | 81～140 | 3001～6000 |
| | 3～4 | 41～80 | |
| 计时制 托育机构 | 3～4 | 41～80 | 小于3000 |
| | 1～2 | 20～40 | |

表 5-4　上海市托育机构单班规模

| 机构类型 | 幼儿年龄 | 人数（人） |
|---|---|---|
| 全日制/半日制 托育机构 | 18～24 个月 | 10～15 |
| | 24～36 个月 | 15～20 |
| 计时制 托育机构 | 18～24 个月 | 5～10 |
| | 24～36 个月 | 11～20 |

# 三、人员配备

上海市婴幼儿托育机构应当根据班级数量和收托婴幼儿数量，根据合理比例配置从业人员。专任负责提供婴幼儿托育服务的人员被称为保育人员，具体师幼比、人员配置和人员资质如下。

## (一)师幼比

根据年龄班划分，每班的保育人员数量与婴幼儿数量的比例要求不同。2～3岁幼儿与保育人员的比例应不高于7∶1，18～24个月幼儿与保育人员的比例应不高于5∶1，18个月以下婴幼儿与保育人员的比例应不高于3∶1。

## (二)人员配置

托育机构应当配备专任负责机构管理、运营等事务的负责人，负责人应当具有政治权利和完全民事行为能力，品行良好，身心健康，富有爱心，热爱保育工作。托育机构应当按照《设置标准》为每班配置保育人员，保育人员包括育婴员和保育员，且每班育婴员不得少于1名。

在卫生保健人员的配置方面，收托50人以下的托育机构，应至少配备1名兼职卫生保健人员；收托50～100人的托育机构，应至少配备1名专职卫生保健人员；收托101～140人的托育机构，应至少配备1名专职和1名兼职卫生保健人员。

托育机构应至少有1名保安员在岗，保安员应由获得了公安机关颁发的保安服务许可证的保安公司派驻。

托育机构还应根据运营管理需要为婴幼儿配置营养员、财会人员。

## (三)人员资质

在托育机构中工作的所有从业人员，必须具备无刑事犯罪记录，具备无吸毒记录和精神病史，取得健康证明，无其他不适宜从事托育服务的情况。托育机构从业人员患传染病期间，应暂停在托育机构中的工作。

市、区主管部门建立托育机构从业人员资格审查机制，机构负责人、育婴员、保健员、保育员、财会人员、营养员、保安员等从业人员应具有完全民事行为能力，品行良好，身心健康，热爱儿童，热爱保育工作，专职负责人应具有政治权利。主管部门对托育机构中的从业人员设置了明确的学历、资格证书等要求。

托育机构专职负责人应当具有大专及以上学历，同时具有教师资格证和育婴员四级及以上国家职业资格证书，有从事学前教育管理工作六年及以上的经历，能胜任机构管理工作。

育婴员应当具有大专及以上学历，并取得育婴员四级及以上国家职业资格证书。

保健员应当具有中等卫生学校、幼师或高中以上文化程度，经过本市妇幼保健机构组织的卫生保健专业知识培训并考核合格。

保育员应当取得保育员四级及以上国家职业资格证书。

保健员、营养员等托育机构食品安全管理人员，关键环节操作人员应当取得食品安全知识培训考核合格证书。

保安员须由获得了公安机关颁发的保安服务许可证的保安公司派驻，并均应当经公安机关培训取得保安员证。

# 四、建筑设计

托育机构的建设必须坚持依法依规，确保安全卫生第一的前提，遵循"功能完善、配置合理、绿色环保"的原则。建筑规划面积、建筑设计、功能要求、管线部署、房屋朝向、日照保障、机构内的道路、装修材料以及提供的设施设备等，应符合《托儿所、幼儿园建筑设计规范》(JGJ 39-2016)的有关标准要求，符合《建筑设计防火规范》的消防规定，符合婴幼儿生理和心理成长规律。

## (一)场地要求

托育机构的功能布局、建筑设计、设施设备等应当以保障安全为先，因此在托育机构进行选址时，托育机构所在地点必须满足以下基本条件。

·地质条件较好，空气流通，日照有保障，交通方便，排水通畅，场地平整干燥，基础设施完善，周边环境适宜，邻近绿化带，符合卫生和环保要求。

·确保选址安全，避开可能发生地质灾害和洪水灾害的区域、加油站、输油输气管道和高压供电走廊等不安全地带。

·不得与公共娱乐场所、集市、批发市场等人流密集、环境喧闹、杂乱或不利于幼儿身心健康成长的建筑物及场所毗邻。

·确保选址卫生，远离医院、垃圾及污水处理站等危及幼儿安全的各种污染源，远离城市交通主干道或高速公路等，符合国家现行有关卫生、防护标准的要求。

·3个班级及以上的全日制、半日制托育机构以及企事业单位、园区或商务楼宇开办的托育机构宜独立设置。在居住、就业集中区域，如符合消防安全、卫生防疫、环保等专业管理部门的相关要求，且房屋产权清晰、房屋性质不变更的，举办者可以试点结合住宅配套服务设施、商务办公、教育、科研、文化等建筑综合设置幼儿托育设施，但新建、改建、扩建托育机构应符合《托儿所、幼儿园建筑设计规范》(JGJ 39-2016)和国家相关抗震、消防标准的规定，利用房龄 20 年以上的既有建筑提供托育服务的，须通过房屋结构安全检测。幼儿生活用房不应设置在地下或半地下，当设置在建筑的首层确有困难时，可设置在地上二、三层，但必须符合《建筑设计防火规范》要求以及其他消防要求。

### (二)配置用房用地

房屋建筑由幼儿活动用房、服务用房、附属用房三部分组成。

全日制、半日制托育机构的幼儿活动用房包括班级活动单元(含生活区与游戏活动区)、综合活动室等。计时制托育机构的幼儿活动用房包括生活区与游戏活动区。

托育机构的服务用房包括保健观察室、晨检处、幼儿盥洗室(具备淋浴功能)、洗涤消毒用房等。

自行加工膳食的全日制托育机构的附属用房包括厨房、储藏室、教职工卫生间等，其中厨房平面布置应符合食品安全规定，满足使用功能要求，不得设在幼儿活动用房的下部，房屋为多层时宜设置提升食梯。非自行加工膳食的全日制、半日制、计时制托育机构的附属用房包括配餐间、储藏室、教职工卫生间等，不提供点心的计时制托育机构可无配餐间。

### (三)建筑面积

托育机构整体建筑面积应不低于 360 平方米(只招收本单位、本社区适龄幼儿且人数不超过 25 人的托育机构的建筑面积应不低于 200 平方米），且幼儿人均建筑面积不低于 8 平方米。在户外场地符合《托儿所、幼儿园建筑设计规范》(JGJ 39-2016)的机构中，幼儿人均建筑面积应不低于 6 平方米。

托育机构宜设专用户外活动场地，场地周围应当采取安全隔离措施，防止出现走失、失足、物体坠落等风险。户外活动面积不宜低于 60 平方米，各班活动场地之间宜采取分隔措施。户外公共游戏场地人均面积不宜低于 2 平方米。计时制托育机构每班户外专用活动场地不宜低于 40 平方米。

自行加工膳食的全日制托育机构应设不低于 30 平方米的厨房，其中加工场所（包括初加工、切配、烹饪等）和备餐间分别不小于 23 平方米和 7 平方米。不自行加工膳食但提供午餐的全日制托育机构应设置不低于 8 平方米的配餐间。若用餐人数超过 50 人，机构需执行上海市食品经营许可中关于幼托机构食堂的要求。半日制、计时制托育机构或企事业单位、园区、商务楼宇自办托育点若提供点心且由其他单位配餐，应设不低于 8 平方米的配餐间。

# 五、安全防护

《上海市 3 岁以下幼儿托育机构设置标准（试行）》对机构的安全制度的建立以及安全设施的运用作出了明确且详细的规定，具体涉及安全责任、防范预警、巡查上报等方面。

## (一) 安全制度

在安全责任制度方面，机构应当建立责任主体制度，托育机构法定代表人和托育点举办者是机构安全和卫生保健工作的第一责任人。在安全问责制度方面，托育机构第一责任人负责进行针对幼儿人身安全问题的内部监督和责任追究。在首问责任制度方面，第一位接到家长来访、来电或来信对托育机构提出异议的从业人员即为首问直接责任人，负责做好事件的全程跟进。在行为规范制度方面，严禁从业人员做出虐待、歧视、体罚或变相体罚幼儿等损害幼儿身心健康的行为。

在防范预警制度方面，机构首先应当建立安全防护制度，实施全封闭管理，报警系统确保 24 小时设防，建立健全机构一日生活各方面的安全防护制度。此外机构还应当建立应急预警制度，制定突发事件的应急预案和管理制度并规定优先保护幼儿的措施。全体托育从业人员应当掌握基本急救常识和防范、避险、逃生、自救的基本方法，并定期进行事故预防演练，机构中至少有一名保育人员接受过急救培训并持有有效急救证书。

在巡查上报制度方面，机构应当建立安全巡查制度，对园舍、活动场地和设施设备的安全进行检查，落实各项安全防范措施，执行每日巡查制度，做好安全巡查记录；建立安全上报制度，发现安全或暴力问题后应按要求及时准确上报有关信息。

### （二）附属安全设施

为了做好机构中的安全防护工作，机构应当配置相应的附属安全设施，其中包括安全防范设备和消防设备。

机构应当配置安全技术防范系统和智能安防系统，机构应确保监控全覆盖幼儿的活动区域，符合上海市"智慧公安"相关要求。机构实施全封闭管理，周界宜设置入侵报警系统。机构应根据实际场地，设置电子巡查系统。托育机构的门卫室、安防控制中心、负责人办公室应安装紧急报警装置，且与区域报警中心联网。

根据消防要求，托育机构区域内和建筑内应配置相应的消防设备。

# 六、卫生保健

婴幼儿生理和心理卫生保健工作是婴幼儿托育机构的重要工作内容，因此机构应当遵守行业操作规范，建立健康检查制度，确保保健资料齐全，定期开展检查与指导，并对从业人员进行健康与安全教育，做好卫生防病、营养、防暑降温工作。

### （一）健康检查制度

·幼儿入托后，工作人员应当定期进行健康检查、晨检或午检以及全日健康观察，建立幼儿健康档案并进行管理。

·工作人员发现幼儿身体、精神状况、行为等异常时，及时处理并通知其监护人。

·建立从业人员上岗体检、在岗定期体检和健康档案管理制度，制定对患有可能影响幼儿身体健康疾病的从业人员及时调离工作岗位的规范条例。

### （二）卫生防病工作

托育机构应建立卫生与消毒、传染病防控与管理、饮用水卫生、常见病预防与管理、健康教育宣传等相关制度，落实各相关工作措施与要求。

### （三）营养工作

托育机构应严格执行国家和本市有关食品安全的法律法规，建立健全各项食品安全管理制度和确定营养食谱。

·托育机构提供的餐饮、点心服务，必须符合托育机构提供餐点的卫生要求与操作流程，托育机构应有食品经营许可证。

·建立为全日制幼儿提供安全、卫生、健康膳食的管理制度，确保每周向家长公示幼儿食谱，定期进行营养摄入量分析。

·建立食品留样制度。

### （四）防暑降温

托育机构应建立极端天气防护制度，确保做好夏季防暑降温和冬季防寒保暖工作，防止幼儿中暑或冻伤。

## 第三节　台湾地区：托婴中心、幼儿园设置标准

台湾学前教育的年龄段划分和大陆地区有所不同。2005 年，台湾地区行政管理机构召开了"研商教育部门与内政部门所拟幼托整合方案（草案）会议"，确定幼稚园和托儿所整合为幼儿园，招收 2～6 岁幼儿，由教育部门管理；托婴中心收托 0 岁至未满 2 岁的婴幼儿，由社政部门管理。"幼托整合"改革为 0～3 岁托育快速发展奠定了基础，对台湾学前托教制度、托育机构人员培训与转换、人员配置、设置及立案基准进行了规划。台湾托婴中心有三种收托方式：一是半日收托，指每日收托时间不满 6 小时；二是日间收托，指每日收托时间在 6 小时以上又未满 12 小时；三是临时收

托，指父母、监护人或其他实际照料儿童之人因临时事故送托。

本书讨论的 3 岁以下婴幼儿托育机构的服务范围，既涵盖了台湾托婴中心，也包含了幼儿园第一年。本节重点讨论单独成制的托婴中心，部分内容会涉及幼儿园中 2 岁至 3 岁学段。托婴中心的设置标准根据儿童与少年福利与权益保障文件第七十五条第二项规定制定，被包含在儿童及少年福利机构设置标准中。针对幼儿园，台湾在学前教育及照顾有关规定的精神指引下出台了专门的幼儿园设置标准，其中对于 2 岁至 3 岁年龄班的设施设备也有相应的标准。

# 一、举办资格

托婴中心设置标准中并未明确提出托婴机构举办者的资格要求，《私立儿童及少年福利机构设立许可及管理办法》中要求，私人或团体申请儿童及少年福利机构许可设立者，需要根据设置标准进行机构的建设，再向机构所在地主管部门提出书面申请，提交和机构设立相关的人员、硬件、财产、法人及董事会等资料。主管部门受理儿童及少年福利机构申请设立许可后，连同其他部门实地对机构的设施设备审核应在 1 个月内完成。

而对于 2 岁至 3 岁年龄班所在的幼儿园，政府、直辖市山地少数民族地区、学校、法人、团体或个人均可以兴办幼儿园，幼儿园必须经过直辖市或县（市）政府主管机关许可才可招收幼儿，进行教保服务。私立幼儿园必须办理财团法人登记，并设立董事会。

# 二、人员配备

在托婴中心中，向婴幼儿直接提供教育保育的人员被称为托育人员；在幼儿园中，幼儿园教师、教保员、助理教保员被统称为教保服务人员，2 岁至 3 岁幼儿班级中需要配置教保服务人员。

## （一）班额和师幼比

托婴中心作为儿童与少年福利机构的一类，应当具备收托或安置 5 人以上的规模。在幼儿园中，2 岁到 3 岁的班级每班不得超过 16 人。在台湾偏远地区或是山地少数民族地区，由于 2 岁至 3 岁幼儿数量较少，因此可以对 2 岁至 6 岁幼儿进行混龄编班，每班幼儿数量不得超过 15 人。

托婴中心的托育人员数量根据收托儿童数量决定，师幼比保持在 1∶5 以上，每收托 5 名婴幼儿应当设置专任托育人员 1 名，未满 5 名婴幼儿，按照 5 名婴幼儿设置托育人员。

在幼儿园 2 岁至 3 岁的班级中，若班级幼儿数量不超过 8 人，则应当配置 1 名教保服务人员；若班级幼儿数量超过 8 人，则应当配置 2 名教保服务人员。

## （二）人员配置

在托婴中心的人员配置方面，专任主管人员一人综合管理中心业务，并配置至少 1 名特约医师或专任照护人员；托婴中心根据收托婴幼儿数为每个班级配置专任托育人员。

## （三）人员资质

托婴中心主管人员应具备下列资格之一。

·大学学前教育、幼儿保育、家政、照护相关学院、系、所硕士班或硕士学位学程以上毕业，且有 2 年以上儿童教育、保育及照护经验。

·大学学前教育、幼儿保育、家政、照护相关学院、系学士班或学士学位学程毕业或取得辅修证书，有 2 年以上儿童教育、保育及照护经验，并取得主管人员专业训练结业证书。

·学士学位以上毕业或专科学校学前教育、幼儿保育、家政、照护相关学院、系、所、学位学程、科毕业，有 3 年以上儿童教育、保育及照护经验，并取得主管人员专业训练结业证书。

·专科学校毕业，有 4 年以上儿童教育、保育及照护经验，并取得主管人员专业训练结业证书。

·通过了高等考试、相当于高等考试的各类公务人员考试的社会行政或社会工作职员，具有 2 年以上社会福利相关机关或社会福利机构工作经验。

要求所需的儿童教育、保育及照护经验，指符合下列规定，并取得直辖市、县（市）主管机关或教育主管机关开立的服务年资证明的人员的经验。

·托儿所、幼稚园或改制后幼儿园的教保人员、助理教保人员、教师、教保员及助理教保员。

- 托婴中心的托育人员。
- 早期疗育机构的早期疗育教保人员及早期疗育助理教保人员。
- 安置及教养机构的托育人员。

在托婴中心中，托育人员应年满 20 岁并具备以下资格之一。

- 取得保姆人员技术士证。
- 高中以下学校学前教育、幼儿保育、家政、照护相关学院、系、所、学位学程、学科毕业。

在幼儿园中，在 2 岁至 3 岁婴幼儿班级中工作的幼儿园教师、教保员、助理教保员的学历要求和经验要求均与在幼儿园其他年龄段班级中工作的上述人员的要求保持一致。

# 三、建筑设计

## （一）选址要求

托婴中心作为单独设置的婴幼儿托育机构，要求应有固定地点和完整的专用场地，婴幼儿活动的楼层应在一楼至三楼中，地下一楼经过主管部门批准仅能提供行政或储藏等非婴幼儿活动的功能。在幼儿园中，2 岁至 3 岁幼儿班级必须设置在幼儿园所在建筑的一楼。

## （二）配置用地用房

托婴中心根据规定应当具备七类空间。

- 活动区：生活、学习、游戏、操作教具及玩具的室内或户外空间。
- 睡眠区：睡眠、休息的空间。
- 盥洗室：洗手、洗脸、如厕、沐浴的空间，应当配置沐浴槽和护理台。
- 清洁区：清洁及照护的空间。
- 备餐区：调奶及调理食品的空间，应当设置调奶台。
- 用餐区：进食餐点的空间。
- 行政管理区：办公、接待及保健的空间。

除此七类空间以外，托婴中心可以根据中心本身的需要设置其他与服务相关的必要空间。活动区应当根据收托规模、儿童年龄与发展能力不同设置明确的标志进行区分；盥洗室和清洁区应当和用餐区分割开；睡眠区、清洁区和用餐区应当设置在活动区中；睡眠区和用餐区可以合并使用，厨房和备餐区也可以共用同一个空间；清洁区可以设置在盥洗室内。

2 岁至 3 岁幼儿的班级由于设置在幼儿园中，在空间使用上，除了每个班级单独的室内活动空间和户外活动空间外，其余空间设置应与幼儿园共享。2 岁至 3 岁幼儿使用的盥洗室（含厕所），被着重强调应当设置于室内活动室内，并设置冷、温水盥洗设备等。

### （三）建筑面积

托婴中心室内楼地板面积及户外活动面积扣除盥洗室、厨房、备餐区、行政管理区、储藏室、防火空间、楼梯、阳台、法定停车空间及骑楼等非儿童主要活动空间后，总共面积应当达到 60 平方米以上。在供儿童主要活动的空间中，每名儿童的室内活动面积不得少于 2 平方米，户外活动面积不得少于 1.5 平方米。若托婴中心不具备设置户外活动条件或户外活动面积不足时，可以另外以非儿童主要活动区域的楼地板面积代替，至少每人 1.5 平方米。

幼儿园的室内活动面积应当按照招收的儿童数来计算，每人室内活动面积不得少于 2 平方米。因此招收 15 名儿童以下的班级专用的室内活动面积应当不少于 30 平方米，招收 16 名至 30 名儿童的班级专用的室内活动面积应当不少于 60 平方米。儿童每人户外活动面积不得少于 3 平方米，但设置于高密度行政区的私立幼儿园的儿童每人户外活动面积可以缩小至 2 平方米的标准。

# 第四节　国际托育机构设置标准的研制经验及对我国的启示

## 一、托育机构设置标准研制的国家经验与思考

### （一）托育机构设置标准研制的现实意义

0～3 岁早期阶段是人生发展的重要时期，发展 3 岁以下婴幼儿托育服

务，事关国家和民族的未来，事关千万家庭的健康福祉。然而，当前我国婴幼儿托育服务发展不充分、供给不足等问题较为突出，难以满足广大家庭的基本需求，成为制约"全面二孩"政策实施的关键因素。为深入贯彻党的十九大精神，大力发展我国3岁以下婴幼儿托育服务，助推"全面二孩"政策实施，增强广大家庭的获得感、幸福感，国家近期已经正式出台了《托育机构设置标准（试行）》和《托育机构管理规范（试行）》，顺应国际趋势，补齐历史短板，满足时代需求，推进新时代我国人口战略实施和幼有所育民生问题的解决。

**1. 遵循国际共识：制定机构设置标准，保障托育服务有序健康发展**

早期教育有利于婴幼儿在情感认知、社会情绪等方面的良性发展，为其终身发展创造良好的人生开端。此外，科学、适宜的早期教育可有效减少家庭贫困、营养不良、亲情缺失、教育资源不足对婴幼儿综合发展产生的不良影响。而优质的0～3岁婴幼儿托育服务，不仅能够为婴幼儿人生开端奠定良好的基础，还可为家庭和谐以及社会稳定提供坚实的保障。尤其是在工业化、城市化等社会冲击下，越来越多的女性走向就业岗位，家庭照顾功能失灵，家庭对托育服务的需求日益迫切，亟待国家、社会等多方支持。其中，研制并出台托育机构设置标准是国际社会保障托育服务有序健康发展的主要举措之一，我们要通过设置机构标准，把好托育服务入口关。

英国政府高度重视早期教育的法律指导与保障，自20世纪起，英国就逐步通过立法以完善早期教育政策体系，为早期教育的发展提供了有力的法律支持与保障。英国不仅出台了《8岁以下儿童日托和居家保姆全国标准》等标准[①]，而且建立起0～5岁儿童教育和保育相统一的公共托育服务体系框架，并由教育标准局依据统一的视察标准展开对学前儿童服务的全面督导。2009年，澳大利亚将全国所有的托育机构纳入同一个监管体系，颁布了《早期儿童教育与保育国家质量标准》，学前儿童保育与教育监管部门均由新成立的澳大利亚儿童早期教育和保育质量局直接管辖[②]。美国加利福尼亚州出台了《加州儿童托育中心许可证管理要求》《儿童托育中心一般许可要求》等托育机构服务标准，在依托社区进行公共托育服务的建设

---

① 吴琼、李贵仁：《英国"确保开端"儿童中心的发展历程、经验及启示》，载《黑龙江高教研究》，2017(1)。

② 刘颖、冯晓霞：《澳大利亚幼儿保育政策的演变及启示》，载《学前教育研究》，2012(8)。

方面积累了许多先进经验。①

近年来，我国台湾地区、香港地区、四川省、上海市、南京市等地也相继出台了托育机构设置标准，国家层面的托育机构设置标准也于近期正式出台，以保障托育服务有序健康发展。可见，制定托育机构设置标准是国内发展托育服务的共识和必然走向。

**2. 补齐历史短板：托育服务长期处于边缘化，亟待有效的规范管理**

中华人民共和国成立初期，我国的许多企事业单位开办了托儿所和幼儿园，解除了许多职工家庭的后顾之忧。② 然而，随着经济社会的快速发展，我国的经济体制由计划经济向市场经济转变，福利性的社会托儿所服务体系逐渐萎缩，婴幼儿照料开始回归家庭，托育服务发展也一度停滞。0～3岁婴幼儿的托育长期都是家庭的"私事"，尚未进入我国公共服务的领域。在此情况下，托育服务缺乏明确的规划、定位和政策保障。目前我国托育行业的法律与政策不健全，无法起到引导、规制托育行业的重要作用，更是会导致目前许多责任下沉到家庭而无法由政府和社会共同分担，直接影响托育服务的普惠优质发展。③ 一方面，公共托育服务体制不健全，公共托育服务边缘化，缺少专门的政策法规。另一方面，政府管理缺位，0～3岁婴幼儿托育服务市场鱼龙混杂，服务质量良莠不齐。④ 目前我国尚未建立对0～3岁婴幼儿托育服务的管理机制，托育服务领域也缺乏有效的准入、监管措施。在托育机构的类型上主要以私立为主，资本竞相逐利，然而由于缺少管理，托育服务市场乱象越发严重，私立托育服务的运营与管理没有得到有效的监管。⑤ 2019年2月，国家发展和改革委员会、中央宣传部、教育部等部门联合发布的《加大力度推动社会领域公共服务补短板强弱项提质量 促进形成强大国内市场的行动方案》中明确提出，到2020年"婴幼儿照护服务的政策法规和标准规范体系初步建立"。为促进婴幼儿照护服务的健康发展，各地应在参考国家标准的基础上尽快制定、出台婴幼儿托育机构设置标准实施细则，设底线，保基本，明确托育机构设立的

---

① Child Care in California, "Child Care Center General Licensing Requirements," https://secure. cps. ca. gov/cdss/default. aspx, 2019-05-18。

② 和建花：《中国3岁以下儿童托幼政策与事业发展回顾》，载《中国妇运》，2017(1)。

③ 刘中一：《多措并举 加强0～3岁幼童托育工作》，载《人口与计划生育》，2016(11)。

④ 李沛霖、王晖、丁小平等：《对发达地区0-3岁儿童托育服务市场的调查与思考——以南京市为例》，载《南方人口》，2017(2)。

⑤ 陈红梅：《0～3岁婴幼儿早期教育共同体的建构与保障》，载《学前教育研究》，2011(8)。

基本条件，同时对举办者、组织机构、管理制度等提出设置要求。

### 3. 满足时代需求：推动新时代"幼有所育"的实现和人口战略的落地

21世纪以来，社会经济快速发展，中国人口增速大幅放缓，生育水平持续低迷，人口老龄化等问题日趋严重。为了解决这个问题，党中央和国务院高瞻远瞩，及时回应了社会呼声和人民关切的问题，对人口政策进行了战略性调整，逐步放开二孩政策，这对改善中国人口结构，促进人口的可持续发展无疑具有重大战略意义。我国在迈入新时代的新阶段，必须要大力推进"全面二孩"政策的顺利实施。随着"全面二孩"政策的逐步推进，人民群众对婴幼儿托育服务需求的呼声变得越发强烈。党的十九大报告明确提出了"办好学前教育"的目标，在保障和改善民生的蓝图中，将"幼有所育"排在首位。2017年12月，习近平总书记在中央经济会议上再次强调"着力解决好婴幼儿照护和儿童早期教育服务问题"。2019年"两会"，李克强总理在《政府工作报告》中进一步指出，要针对实施全面二孩政策后的新情况，加快发展多种形式的婴幼儿照护服务，支持社会力量兴办托育服务机构，加强儿童安全保障。2019年5月，国务院办公厅印发《关于促进3岁以下婴幼儿照护服务发展的指导意见》。然而，我国3岁以下婴幼儿托育服务起步较晚、发展缓慢，属于民生短板。如今，婴幼儿托育服务建设直接关系到实现党和国家的人口发展战略，无人照护已经成为制约家庭生育意愿的重要因素之一。[①] 近年来，在巨大的家庭托育需求刺激下，大量托育机构涌现，但是存在行业乱象，机构设置无章可依，亟待建立一套托育机构设置标准。一方面，我国可加强对3岁以下婴幼儿照护服务机构的管理，进而促进婴幼儿照护服务事业的健康持续发展；另一方面，我国要引导各方利益主体客观认识服务质量，规范行业市场。在托育机构设置标准的引领作用下，向家庭提供"优质且安全"的婴幼儿照护服务，推动"幼有所育"民生问题的解决和人口政策的落地，促进我国人口的均衡发展。

### （二）托育机构设置标准研制的基本原则

#### 1. 儿童为本，教养结合

3岁以下婴幼儿托育机构应当坚持儿童优先的原则。把儿童放在首位，房屋建筑和设施均须符合婴幼儿成长规律和特点，并具有抵御自然灾害、保障婴幼儿安全的能力。同时应坚持养育与教育紧密结合的原则，保中有

---

① 闫萍：《家庭照料视角下家庭生育决策影响因素研究》，载《北京行政学院学报》，2016(3)。

教，教中重保，自然渗透，教养结合，促进婴幼儿生理与心理的和谐发展。

### 2. 基本规范，安全为先

首先，要确保最低门槛，提出保基本的底线要求。在当前市场中，有些托育机构"麻雀虽小，五脏俱全"，因准入门槛较高，难以获得审批，因此应结合实际发展情况，在保障基本规范的前提下，确保最低门槛，推动尽可能多的无证托育机构合法化。其次，应严把安全关和保障托育服务基本质量。明确场地和设施设备安全规范，要求落实人防、技防和物防等基本建设要求。明确托育机构法人和托育点举办者是安全工作第一责任人。明确托育服务从业人员岗位职责及资质要求，不断提高从业人员队伍素质。

### 3. 分类指导，灵活多元

当前托育机构类型多样，形式多元，有托育机构、社区看护点、早教机构，也有为家庭提供全日制、半日制、计时托管、假期托管、夜间托管等多样化的托育服务。各种类型的托育机构的办托性质、时间、主要服务内容不同，我国在设置机构标准时不可"一刀切"。托育机构设置标准既要充分反映托育机构应具有的普遍性标准，更要根据不同类型托育机构的特点设计相应设置标准，我国要实现分类审批、分类监管、分类指导，推动引导各类托育机构健康、规范发展。

### 4. 立足国情，有国际视野

托育机构设置标准是引领托育机构发展的基本准则，因此，我国要充分考虑满足当前社会发展和婴幼儿照护服务事业改革发展的需求，并充分考虑广大家庭照护的基本需求，同时要立足国际视野，充分吸纳和借鉴国际上有关婴幼儿发展、托育服务改革，特别是托育机构设置标准等方面的最新研究成果，以制定更加符合世界婴幼儿托育服务改革与发展趋势，又适合本国国情的托育机构设置标准。

### （三）托育机构设置标准研制的主要维度和内容

托育机构设置标准应适用于全国范围，面向为 3 岁以下婴幼儿提供小时托、半日托、全日托等服务的各类托育机构，应至少包括机构选址、场地和设施、班级规模、人员配备四大维度，具体内容如下。

### 1. 机构选址：保障婴幼儿安全，符合其成长规律和特点

首先，选址安全适宜。一方面，托育机构选址应在日照充足、环境适

宜、交通便利、基础设施完善的地段；另一方面，托育机构选址应远离各种危险地带、污染源。例如，托育机构不应置于易发生自然地质灾害的地段，与易发生危险的建筑物、物品等之间的距离应符合国家现行有关标准的规定，不应与大型公共娱乐场所、商场、批发市场等人流密集的场所相毗邻，应远离各种污染源，并应符合国家现行有关卫生、消防安全、卫生防疫、环保的要求。

其次，建筑设计规范安全。托育机构的建筑设计应以保障婴幼儿安全为先，托育机构原则上应当设置在低层，既方便婴幼儿活动，又有利于发生危险时婴幼儿迅速逃离。例如，阿联酋为方便儿童，要求托育机构原则上应设置在低层（三层以下）。如果位于高层建筑内，那么托育机构需要获得市政府、城市建设管理局和教育局的特别许可。例如，中国香港地区要求应在楼宇中设有两条供机构使用者专用的独立逃生通道。

### 2. 场地和设施：用房设施完备，活动面积充足

首先，室内外场地和设施完备齐全。室内用房应主要包括婴幼儿的活动用房、服务管理用房和供应用房。除了基本用房外，室内相应设施也需配备齐全。一是室内空间应当通风良好，有充足的自然光，温度适宜。二是材料的安全性和环保性必须得到保障。为了保证室内空气质量，托育机构建筑使用的建筑材料、装修材料和室内设施均应符合现行国家标准。当前，较多儿童患有白血病等恶性疾病，这与室内环境污染有关。因此托育机构建筑设计、施工中选用的建筑材料、装修材料必须符合现行国家标准规定，确保婴幼儿的身体健康。三是必须为儿童配备合适的桌椅、玩具柜，并提供适合年龄特征的充足玩具和材料（包括但不限于积木、阅读材料、促进婴幼儿感知觉与精细动作发展的操作材料、艺术与手工材料等），以确保有充足且适宜的设施供婴幼儿活动和玩耍。户外活动空间对于婴幼儿发展也是极为必要的。托育机构应在保障安全的前提下把附近的公共户外场地或者公用场地作为户外公共游戏场地。此外在户外场地的用地设施方面，应保证地面平整，无尖锐突出物，采用符合婴幼儿年龄特征的环保软质防滑材料，游戏设备须坚固、安全、清洁，活动空间应当设置围护设施等，以满足婴幼儿活动的需求及保障他们在活动过程中的安全。

其次，室内外活动面积充足。一是要设置托育机构最低室内外人均活动面积，满足每名婴幼儿活动的需求。身体运动是婴幼儿智力、心理发展最重要的源泉和动力。身体运动有助于大脑神经系统发育及智力开发，对构建婴幼儿的智能具有重要的决定作用。"身体的、运动的学习"是一切学

习的基础。[①] 因此，对于承担学前教育的重要场所而言，托育机构需要为婴幼儿的身体运动和发展提供充足的活动面积。二是对于不同年龄段的婴幼儿而言，我国应该设置分年龄的活动面积标准和要求。婴幼儿的发展具有阶段性，年龄越小，发展的速度越快，不同年龄之间的发展水平差异很大。为此，在机构活动面积的设置上，尤其是在室内活动面积的设置上，应该对处于不同身体发展阶段的婴幼儿予以区别和划分，对于能够进行独立行走和活动的学步儿，给予更多的活动空间，而对于仍在蹒跚学步的婴儿，可以适当缩减活动的面积，更为注重提供活动和材料来支持婴儿的身体发展。

### 3. 班级规模：以婴幼儿发展水平为依据，限定最大单班规模

首先，托育机构应按照婴幼儿的年龄编班。在年龄的划分上，应充分考虑不同年龄阶段婴幼儿发展的水平和特点。但是不能简单地以年龄为依据来进行阶段的划分，而需要以婴幼儿的实际发展水平为依据。动作是婴幼儿早期神经系统发育的重要指标。[②] 在婴幼儿的动作发展中，以婴幼儿身体的位移能力作为教养阶段划分的依据比较可行。因为，婴儿躯体位移能力的发展对婴儿心理发展，包括认知、情绪和社会性行为的发展，都有重要的影响。为此，0～3岁婴幼儿可以被大致划分为三个阶段，即0～1岁（尚处于爬行阶段的婴儿）、1～2岁（稍大一点的学步儿）以及2～3岁（能够独立行走的学步儿）。

其次，在单班规模上，托育机构应至少限制最大单班规模，0～3岁婴幼儿需要得到更多积极的回应和个别化的照料。教学资源约束理论认为，每一个班级内的教学资源都是相对固定的。班级人数越多，教师所能给予每名婴幼儿的学习指导越少，每名婴幼儿分得的教学资源相应地也越少。班额增加会对教师个人精力的占用和分配产生巨大影响。因此，0～3岁婴幼儿的班级规模必须根据各年龄段婴幼儿的发展特点而确定，年龄越小，班级规模应该越小。在婴幼儿的单班规模上，在国内已出台的托育机构设置标准中，四川的要求最低，要求24～36个月幼儿的班级不超过25人，12～24个月幼儿的班级不超过20人，0～12个月婴幼儿的班级不超过15人。在国际上，加拿大要求每班不超过12名儿童。丹麦建议1～2岁幼儿

---

① 张健忠：《对婴幼儿身体运动作用的再认识》，载《学前教育研究》，2004(11)。

② 华爱华：《婴幼儿发展的连续性和早期教养的阶段性——试论0～3岁婴幼儿教养阶段划分的依据》，载《幼儿教育（教育科学版）》，2006(Z1)。

班每班班额为 10～14 人，建议 3 岁幼儿班每班班额为 20～25 人。阿联酋要求 0～2 岁婴幼儿班每班班额不高于 12 人，要求 2～4 岁幼儿班每班班额不高于 24 人。可见，各地要求有所不同，但是总体班额最高均在 25 人以下。

### 4. 人员配备：配齐各类人员，明确人员资质要求

首先，托育机构应配齐各类必备人员，包括机构负责人、专业照护人员、卫生保健人员、财务管理人员、炊事人员、保安人员等。其中在专业照护人员上，托育机构应该按照最低师幼比的标准进行配比，按照婴幼儿年龄分班，规定相应单班照护人员配备最低比例。当前，国内上海、南京、四川出台的托育机构标准按照婴幼儿年龄划分，最小师幼比规定为 1∶3、1∶5 和 1∶7，虽然各地划分婴幼儿年龄的标准有所区分，但是对于师幼比的规定都处于 1∶7～1∶3。而从国际来看，有些国家对 0～3 岁婴幼儿托育机构的师幼比总体要求会更为严格，比如，美国、爱尔兰、土耳其、日本的最低师幼比为 1∶6，芬兰、加拿大的最低师幼比甚至大于 1∶4。可见，当前国际社会对于师幼比具有较高的要求，且婴幼儿年龄越小，师幼比越大。

其次，托育机构应明确各类人员的资质要求。其中，在各类人员资质的要求中，对于机构负责人和照护人员的资质要求是最为严格的。机构负责人负责托育服务的日常管理工作，需要具有一定从事儿童保育和教育相关管理工作的经历。此外，托育服务是非常具有专业性的工作，也要求机构负责人具有相应的专业学历或背景。上海市托育机构设置标准中便明确要求机构负责人应当具有大专及以上学历，同时具有教师资格证和育婴员四级及以上国家职业资格证书，有从事学前教育管理工作 6 年及以上的经历，能胜任机构管理工作。马耳他共和国在日托中心认证标准中也明确提出机构负责人要具备与儿童工作的经验，有保育资格证、小儿急救证等。而专业照护人员是实施教学工作，与婴幼儿及其家长进行直接互动的主要人员，其资格要求更为严格和具有专业性。专业照护人员除了具备婴幼儿照护如医学、早期教育、学前教育专业背景和学历外，还需要持有相应的资格证书。然而，当前我国尚且缺乏统一的照护人员资格认定标准，各地对于资格证要求的情况比较复杂，当前的婴幼儿照护服务相关资格证书混乱，有幼儿园教师资格证、育婴师证，还有保育员证，没有统一的标准，我国难以对照护人员的专业资质予以基本的保障。而从国际社会来看，照护人员持证上岗开始成为一种趋势，南卡罗来纳州将婴幼儿教师资格证分

为三个等级，一级早期儿童证书将作为获得二级、三级证书的基础。只有通过上一等级，照护人员才能申请通过修读学分课程来获得下一等级的证书。加拿大还建立了定期资格证书审核制度，根据资格证类型，在一年、五年内要求照护人员提供继续教育、最近的工作经验、培训时长和急救的最新认证等，对个人婴幼儿资格证进行审核。照护者必须继续符合州法规，才可以继续工作。此外，还有不少文件对卫生保健人员、财务管理人员、炊事人员、保安人员进行了要求和规定，例如，炊事人员应当取得食品安全知识培训考核合格证书，且在上岗前须取得食品从业人员健康证，财务管理人员应具有财会人员资质，保安员须经公安机关考核取得保安员证等。

# 二、我国托育机构设置标准的展望与趋势

## (一)加快标准建设，各地应尽快出台托育机构设置标准细则

随着 20 世纪 80 年代末托儿所逐渐萎缩，我国针对婴幼儿的照护体系缺失，急需加快建立政策法规体系。目前，我国各地的托育机构，不少处于无照经营状态，处于监管的灰色地带。要规范托育服务行为，需要有统一的、规范化的准入标准。当前，我国上海、南京、四川等地已出台了托育机构设置和管理的相关政策文件，国际上通过制定托育机构设置标准以保障托育服务规范发展也已成为共识。为此，我国应尽快贯彻落实国家层面颁布的《托育机构设置标准(试行)》。同时，各地应尽快基于国家标准和各地情况出台托育机构设置标准细则。通过提供标准化的机构设置要求，规范和引领托育机构的基本办托方向和健康发展。由于我国幅员辽阔，各地区经济发展不平衡，机构质量也参差不齐，各地区托育机构设置标准的具体规定也不可避免地会受到该地区经济和社会文化发展等因素的影响。因此，我国在建立全国统一的托育机构设置标准的基础上，应允许地方形成适用于本地区托育机构发展实际、体现本地区特色的托育机构设置标准。

## (二)加强队伍建设，建立健全托育机构照护人员资格认证制度

当前我国尚无专门针对婴幼儿照护人员的资格证，这将直接影响托育

机构设置标准中对照护人员资质的要求。目前，照护人员的资格证书一般用育婴师证和幼儿园教师资格证替代。但是，当前育婴师资格证并非准入类资格证书，不能与创业就业挂钩，因此托育机构设置标准中不能明确规定照护人员要持有育婴师证。此外，育婴师证考取较为容易，对参与考试人员几乎没有任何条件限制，参加短时间培训后即可考取资格证，而培训内容主要以理论性知识为主，缺乏实操性，其专业性有待考察。而持有幼儿园教师资格证书的照护人员虽然经过了系统训练，但是主要面向3岁以上幼儿进行教育，这一阶段幼儿的发展特点和教育方式与3岁以下婴幼儿存在巨大差异。为此，必须严把"入口关"，尽快建立并严格执行照护人员任职资格制度。首先，应结合婴幼儿照护的要求和内容，对照护人员的基本任职要求与条件，考核、退出和晋升等任职程序予以明确。其次，应在托育机构设置标准中明确规定所有照护人员必须持证上岗，尽快改变目前相当大比例的照护人员无证上岗的现象。最后，可实行资格证书定期注册制度，对照护人员的资格证书实行定期注册，对照护人员专业素质、培训学时和工作业绩进行综合考核，取消不进行定期注册或考核不合格的照护人员的任职资格。

## （三）优化审批流程，支持更多社会力量举办托育机构

当前，托育机构无法人身份现象和未履行备案现象广泛存在，违规运营情况较为严重，这阻碍了托育机构的整体规范发展进程。此外，托育机构审批和监管部门包括了教育局、工商局、妇女联合会等不同的部门，容易造成托育服务标准不一，审批过程复杂烦琐，耗时较长。为此，首先，应简化行政审批流程，提高办事效率。一是精简审批事项。缩小或明确审批的范围，尝试并联审批，进一步缩短办理时限，精简申报材料。二是创新审批服务模式。积极推进托育机构审批注册线上办理，推动各审批部门信息互联互通。其次，审批与引导相结合。一方面，需要对托育机构进行严格的审查、监督和评估等；另一方面，在需要审批过程中，要加强对托育机构的指导和帮助。例如，美国加州，在筹划和准备阶段，审批机关会给予申请人一份申请手册，告知申请机构有关申请的各项事宜；在填写申请材料时，每一份材料都有指导语；在核实情况时，如发现材料填写不合规范或填写的内容与事实不符，审批机关会将材料返回，提醒申请机构再做修改；在审批之时，对于不符合要求的地方，审批专家会提出改进意

见。为了更好地引导社会力量举办托育服务，有效扩充托育服务资源供给，各审批部门必须要加强服务导向，不仅要对审批过程进行严格审查，而且要让广大托育机构熟知审批的流程和要求，在整个审批过程中，也要加强对托育机构的指导，对不符合要求的地方进行说明，并给予机构机会进一步修改和完善，最终帮助更多有志为3岁以下婴幼儿提供服务的托育机构能够更有效、更快速地通过审批。

## （四）拓宽服务形式和内容，引导机构为家庭提供综合性的服务和育儿支持

当前托育机构主要以服务婴幼儿为主，为3岁以下婴幼儿提供专业化的教养服务。但是从国际上看，托育机构不仅面向婴幼儿，而且为家庭提供了综合性服务和育儿支持的良好平台。例如，澳大利亚社区托育中心开设了针对偏远地区的远距离教育计划；英国儿童中心成立了游戏小组，满足家长交流分享、婴幼儿游戏的需要等。当前，我国家庭对3岁以下婴幼儿照护服务需求旺盛。在托育服务的形式上，对全日制、半日制、寄宿制的托育服务有着不同需求；在托育服务的内容上，除了专门的托育服务外，家庭更需要获得更多的育儿支持。为此，未来在托育机构的设置中，应积极拓宽托育机构的服务形式和内容。在服务的形式上，充分发挥多方优势，构建性质多样、保教结合的托育服务模式，提供全日制、半日制、临时制等多种选择，满足家长的不同需要。在服务的内容上，除了对婴幼儿进行基本的照料和看护外，应着重加强家庭育儿支持服务，将家庭教育指导服务纳入托育机构服务范畴，以托育机构等为服务阵地，开展家庭教育讲座、培训、亲子互动等活动，提高家庭科学育儿能力。

# 附　录

## 附录1　独立式托育机构设置标准汇总表

| 国家或地区 | 机构类型 | 概念界定 | 基本规定 | | | 建筑设计 | | 安全防护 | | 卫生保健 | |
|---|---|---|---|---|---|---|---|---|---|---|---|
| | | | 举办资格 | | 选址原则 | 场地要求（室内、户外） | 配备用房（活动用房、睡眠室、供餐用房等） | 安全制度（安全防护制度、应急预案制度等） | 安全设施（消防设施、安保系统、材料/家具安全） | 饮食营养（安全、营养） | 卫生防病 |
| | | | 举办机构规模（机构规模、机构班级规模） | 人员配备（收托幼儿数与从业人员间的比例、从业人员资质要求） | | | | | | | |
| 美国（得克萨斯州） | 日托中心（2~3岁） | | 托幼机构班级规模：12人班级所用大中班和大班为18人、小班为12人。 | • 最低师幼比要求：12人班级所适用的师幼比为1:6;14人班级所适用的师幼比为1:7;16人班级所适用的师幼比为1:8;18人班级所适用的师幼比为1:9。• 最低师幼比室内活动时为1:4;户外活动时为1:2。• 人员资质教师年龄在18岁以上，身体健康，具备高等教育毕业证书或有一定的等学力，具有一定的 | | 婴幼儿（0~2岁）应该提供一个舒适的活动场地，可以让婴幼儿使用各种姿势来发展协调、平衡能力，促进婴幼儿的精细动作。除此之外，还应该提供此机会和材料使婴幼儿发展手部的精细动作。户外活动场地应保证婴幼儿人均6.97平方米的空间。户外活动场地应人均3.25平方米的空间。室内活动场地应保证婴幼儿人均3.25平方米的空间。 | 睡眠设施的摆放不能挡住睡眠区域的出入口，不得占用其他活动区域，睡眠区域要使照顾者有充足的空间，儿童睡觉时，要将光线调暗。 | 每年做一次消防检查，并保留消防检查报告，制订紧急疏散计划。 | 1. 电源插座有安全的盖，空调、电风扇、加热器要保证儿童设不到的地方。2. 消防设备要有灭火器和烟雾侦测系统。 | 保留婴幼儿3个月的菜单和替代物的记录，并注明日期。 | |

续表

| 国家或地区 | 机构类型 | 概念界定 | 基本规定 | | | | 建筑设计 | | 安全防护 | | 卫生保健 | |
|---|---|---|---|---|---|---|---|---|---|---|---|---|
| | | | 举办资格 | 举办规模（机构规模、机构班级规模） | 人员配备（收托幼儿数与从业人员间的比例、从业人员资质要求） | 选址原则 | 场地要求（室内、户外） | 配备用房（活动用房、睡眠室、供餐用房等） | 安全制度（安全防护制度、应急预警制度等） | 安全设施（消防设施、安保系统、材料/家具安全） | 饮食营养（安全、营养） | 卫生防病 |
| 美国（加利福尼亚州） | 日间护理中心 | 指任何容量的任何场所。 | | | 专业背景、获得急救与幼儿护理等复苏认证。<br>• 护理中心主任资格：<br>1. 成为一名完全合格的婴幼儿护理老师。<br>2. 在经认可或获批准的学院或大学中完成同等时间的实践学习，并完成绩合格。（在主任的领导下，主任助理可负责婴幼儿护理部分。）<br>• 教师资格：<br>就业前：在经认可或批准的学院或大学中完成至少3年的幼儿教育及与婴幼儿护理相关的高 | | • 户外活动面积根据许可总容量，每名儿童至少应为6.97平方米。<br>• 室内活动面积根据许可总容量，每名儿童至少应有3.25平方米的室内活动空间。(浴室、隔离区、食物储备区和储存室内不得被包含在室内活动空间的计算中。)（婴幼儿的室内活动空间不包括婴儿床使用的空间。） | | | 操场应用围栏围起，以保护儿童并将其留在户外活动区。围栏应至少高1.22米。高攀登设备、秋千、滑梯和其他类似设备的周围和下方的区域应使用采用软的材料进行缓冲。婴幼儿的室内活动空间应与儿童和学龄儿童中心部分的空间使用分开。 | 1. 应按照个人计划喂养婴儿。(1)应至少每隔4小时喂一次用奶瓶喂养的婴儿。(2)婴儿护理中心应为婴儿提供适当的食物。2. 食材选择的任何变化应反映在喂养计划中。 | |

续表

| 国家或地区 | 机构类型 | 概念界定 | 基本规定 | | | 建筑设计 | | | 安全防护 | | 卫生保健 | |
|---|---|---|---|---|---|---|---|---|---|---|---|---|
| | | | 举办资格 | 举办规模（机构规模、机构班级规模） | 人员配备（收托幼儿数与从业人员间的比例、从业人员资质要求） | 选址原则 | 场地要求（室内、户外） | 配备用房（活动用房、睡眠室、供餐用房等） | 安全制度（安全防护制度、应急预警制度等） | 安全设施（消防设施、安保系统、材料/家具安全） | 饮食营养（安全、营养） | 卫生防病 |
| | | | | | 等教育的学习。就业后：在经认可的学院或大学中完成12个学期或同等学分的儿童早期或儿童发展的高等教育的学习，并成绩合格。（其中至少3个单元应与婴儿或幼儿的护理有关。）至少有6个月照顾5岁以下儿童的经验。每位教师作业应完成所需课程的复印件应被留在中心。在主任和助理主任的指导和监督下，婴幼儿应提供中心的婴幼儿提供直接的婴幼儿护理和监督；婴幼儿护理和监督对儿护理教师应对儿护理教师应根据婴幼健康和安全法完成16小时的健康和安全培训。 | | | | | 可移动的墙壁或隔板（如果使用）应至少高1.22米；应采用吸音制料材料/家具制成；应尽量减少幼儿受伤的风险。 | | |

续表

| 国家或地区 | 机构类型 | 概念界定 | 基本规定 | | | 选址原则 | 建筑设计 | | 安全防护 | | 饮食营养（安全、营养） | 卫生保健 |
|---|---|---|---|---|---|---|---|---|---|---|---|---|
| | | | 举办资格 | 举办规模（机构规模、机构班级规模） | 人员配备（收托幼儿数与从业人员间的比例、从业人员资质要求） | | 场地要求（室内、户外） | 配备用房（活动用房、睡眠室、供餐用房等） | 安全制度（安全防护制度、应急预警制度等） | 安全设施（消防设施、安保系统、材料/家具安全） | | |
| 阿拉伯联合酋长国① | 所有为0~4岁儿童提供服务的各类机构。 | 儿童保育服务机构，包括任何专门用于照料4岁以下儿童的场所，以及附属于学校的托幼机构。儿童保育服务和运作，包括对儿童人员负责的组织，儿童保育机构每天接收4岁以下的儿童。 | 儿童保育提供者应根据现行法律得到政府有关当局的许可。领有当局的许可。执照按照符合全国国家标准的政策准予准许手续和程序机构的托育服务，儿童保育机构和运作，包括对儿童人员负责的组织及儿童保育机构每天接收4岁以下的儿童的记录保存以及保育人员的记录保存以及 | 班级规模：0~2岁的班级12名婴幼儿。2~4岁班级24名幼儿。 | 最低师幼比：0~2岁婴幼儿的班级师幼比为1:4。2~4岁幼儿的班级师幼比为1:8。户外活动时教师比例应增加30%。人员资质：所有从事儿童保育工作的人员都应具备专业资格和接受过实践培训。托育专业许可证有4个级别：4级托育主管；3级主班教师；2级教师助理；1级保育员。 | 位置：静安的区域，并可以让儿童安全抵达和离开。 | 室内：所有房间都有空调，自然通风，并提供适合每个房间用途的自然和人工照明。活动室应通过10%墙面积的窗户进行自然采光。户外：0~2岁婴幼儿占用的空间最少为2.0平方米/人；2~4岁幼儿占用的空间最少为4.5平方米/人。在工作场所设有邻接外部区域的儿童保育中心、游乐活动中心、游戏室观离行距离内，应提供所 | 儿童睡眠房活动室间独立专供2岁以下的婴幼儿。每个房间里不超过6个婴幼儿。每个孩子不得少于1.5平方米，并配有玻璃窗，以便从事游戏观察婴幼儿。 | 环境安全建筑应确保入口不许外人未经许可进入的人，也不允许儿童离开建筑物，除非有其父母、其他护人或护人的书面授权人的陪同。可伤害儿童的材料和工具，如清洁材料、药物和锋利工 | 家具和儿童护理家具家具大小符合婴幼儿的生长发育，不宜过大或不宜过小。机构家内家具数量应该保持充足。家具适合婴幼儿使用。家具应耐用并且易于移动。 | 食品准备在卫生条件下，提供一个食品储存区，防止污染，并采取一切必要的预防措施，确保工作人员和儿童的安全。 | 监视室每8名2岁以上儿童使用一个厕所/洗手盆。应在远离儿童厕所的地方提供足够数量供成人使用的量的厕所和洗手盆，不允许儿童进入成人监视室。医务室为护士和访问医生提供一个房间，生提供公共卫生部。按照门的要求配备设备，包括应急救设备，要有临时护理的病儿的隔离和隔离病儿的规定。 |

续表

| 国家或地区 | 机构类型 | 基本规定 | | | | 建筑设计 | | | 安全防护 | | 饮食营养（安全、营养） | 卫生防病 |
|---|---|---|---|---|---|---|---|---|---|---|---|---|
| | | 概念界定 | 举办资格 | 举办规模（机构规模,机构班级规模） | 人员配备（收托幼儿数与从业人员间的比例、从业人员资质要求） | 选址原则 | 场地要求（室内、户外） | 配备用房（活动用房、睡眠室、供餐用房等） | 安全制度（安全防护制度、应急预警制度等） | 安全设施（消防设施、安保系统、材料/家具安全） | | |
| | | 童每天不超过4小时，不包括医院和医疗中心为患病儿童设立的儿童保育中心。 | 入学和核算。 | | | 层建筑，需获得民政府部、市政府和社会事务部的特别许可。 | 需面积的户外活动场所。或者具有同等面积的额外室内空间，可以供婴幼儿进行运动活动和容纳一个有天然植物的室内花园。 | • 单独的活动和游戏室<br>• 0~2岁婴幼儿占用的空间最少为2.5平方米/人；<br>• 2~4岁幼儿占用的空间最少为3.0平方米/人。<br>• 奶粉冲泡区 | • 具，应避免儿童接触。<br>• 应提供足够的保护，确保楼梯、攀爬梯和儿童能进入的游泳池的两侧有安全门的扶手。所有的窗户和玻璃门应提供充分的保护。<br>• 所有电源应放在儿童接触不到的地方，并提供无护的地方。 | 家具应易于清洁和维护。家具尽可能使用天然材料。家具和环境尽可能使用中性色。• 设备类• 应向儿童保育机构提供广泛的设备，以便开展各种不同类型的活动和游戏。• 儿童提供的地方所有设备、材料和玩具都是安全的，应适合年龄、健康的，应按照公共的，可洗漆、安全、无毒。 | • 膳食准备儿童保育者应提供做好充分的准备，为儿童提供膳食和饮料中心，也可以由专门提供饮食者提供。在所有情况下，确保所有膳食都是健康的，是按照卫生部门的指导 | • 一般卫生对所有使用的场所、设备和家具进行必要的清洁和消毒，确保儿童在任何时候都得到保护。应定期由虫害控制专家处理虫害和喷洒农药。• 急救提供一套设备齐全的急救箱，并将其放置在所有工作人员知道的地方。• 各座医生儿童保育提供者应与在同一城市注册的执业儿科就医生签订合同，每个儿童应接受定期检查，每月应至少接受一次检查。 |

续表

| 国家或地区 | 机构类型 | 概念界定 | 基本规定 | | | 选址原则 | 建筑设计 | | 安全防护 | | 卫生保健 | |
|---|---|---|---|---|---|---|---|---|---|---|---|---|
| | | | 举办资格 | 举办规模（机构规模,机构班级规模） | 人员配备（收托幼儿数与从业人员间的比例,从业人员资质要求） | | 场地要求（室内、户外） | 配备用房（活动用房、睡眠室、供餐用房等） | 安全制度（安全防护制度,应急预警制度等） | 安全设施（消防设施,安保系统,材料/家具安全） | 饮食营养（安全、营养） | 卫生防病 |
| | | | | | | | | 用于准备奶瓶奶粉,并确保制备符合卫生条件,不受污染。奶粉冲池应远离盥洗室和尿布区。为希望母乳喂养的母亲的孩子提供一个安静的个地方。·行政用房间行政人员为和工作人员分配一个的人数。 | ·保险 承保洪险、火灾险和盗窃险,和涉及儿童的意外保险,以及第三方责任保险。·交通和郊游 采取一切必要的预防措施,确保儿童在出游期间的安全,包括安排陪同儿童的工人和主管的人数。 | 该设备应包括与已通过的儿童保育方案兼容的教学材料。·消防 遵守民防局的所有指示,尤其要确保警报系统、灭火器、电气系统、楼梯、出口和方向标志和方向的充分性和的有效性。建立明确的批准的应急疏散程序,并定期进行消防演习。 | 方针在卫生条件下准备的,并且含有新鲜有配料。儿童应备注的档案的说明。在准备儿童餐时,工作人员应遵守的任何特殊饮食,包括宗教文化或健康的方面的要求。18个月以下,下需服用药物的婴幼儿餐应由父母童应提供明确提供明确。 | ·疾病和药物 生病的儿童在康复前不应该被送到儿童保育机构。如果儿童出现疾病症状,应通知其父母,安排在他们到达之前,应不断观察这名儿童的治疗。在儿童患有需要长期治疗的慢性病,如糖尿病或哮喘,在这种情况下,儿童应按照父母的书面指示服用药物,剂量和给药方法的医生处方。 |

续表

| 国家或地区 | 机构类型 | 概念界定 | 基本规定 | | | 建筑设计 | | | 安全防护 | | 卫生保健 | |
|---|---|---|---|---|---|---|---|---|---|---|---|---|
| | | | 举办资格 | 举办规模（机构规模、机构班级规模） | 人员配备（收托幼儿数与从业人员间的比例、从业人员资质要求） | 选址原则 | 场地要求（室内、户外） | 配备用房（活动用房、睡眠室、供餐用房等） | 安全制度（安全防护制度、应急预警制度等） | 安全设施（消防设施、安保系统、材料/家具安全） | 饮食营养（安全、营养） | 卫生防病 |
| | | | | | | | | 或多个房间，并有足够的区域供管理人员、来访者、休息期间工作人员休息以及记录和储存行政文件。行政用房要与儿童区域分开，但工作人员要进行密切的监测和监督。 | | | 的书面说明，说明种类、数量和喂养间隔时间。 | • 事故和紧急情况<br>如果儿童身患重病或受伤，工作人员应立即采取急救措施，并根据病情的严重程度，打电话或同儿童前往就近的医院，并通知家长。<br>备存一份事故登记册，详细列出勤人员的时间、情况和所采取的行动，并向家长提供一份报告副本。 |

| 国家或地区 | 机构类型 | 基本规定 | | | | 建筑设计 | | | 安全防护 | | 卫生保健 | |
| --- | --- | --- | --- | --- | --- | --- | --- | --- | --- | --- | --- | --- |
| | | 概念界定 | 举办资格 | 举办规模（机构规模、机构班级规模） | 人员配备（收托幼儿数与从业人员间的比例、从业人员资质要求） | 选址原则 | 场地要求（室内、户外） | 配备用房（活动用房、睡眠室、供餐用房等） | 安全制度（安全防护制度、应急预警制度等） | 安全设施（消防设施、安保系统、材料/家具安全） | 饮食营养（安全、营养） | 卫生防病 |
| 日本 | B型认证保育所（0~2岁） | 由私营企业等举办的，招收对象为0~2岁婴幼儿的机构。 | 设置主体为私营企业等。1. 经营认证保育所必须有单独的经济基础。2. 能够持续、健全、顺利地实施该项目。3. 关于该项目，不存在欺诈或不诚实实行的风险。4. 财务需符合本大纲规定的设施或区域人员分配等标准。 | 原则为6~29人（0岁儿童也应计算在内）；容量的弹性操作与保育认证原则相符，即原则上，年平均入园率该合适。 | 全职工作人员（保育所教师）应占60%或以上，员工为有资格并具有担任幼儿园教师机构工作有儿童福利机构工作经验的人员。 | 在设立认证保育所的情况下，该建筑应根据建筑标准法进行保育所的建筑。但是，如果对现有建筑进行翻新并新建立 | 保育室或游戏室（教室）：2岁以上每人1.98平方米或以上。婴儿室：每个0岁或1岁儿童至少2.5平方米。对户外游戏区设有要求。 | • 必备厨房和厕所为防止婴幼儿进入，将厨房与保育房与房所分开。根据儿童福利机构《托儿所的烹调工作包》（1998年2月18日卫生福利部儿童家庭局发布的通知），委托第三方提供食品服务，在特殊情况下，设置其他的设施和设备的有 | | • 消防设施设有防火区，确保防火双向疏散。即使在一楼提供保育所或设在屋顶上两个地方，以便在发生火灾等情况时，有效疏散儿童。口应安装在两个地方，便于保育房与房所分开。 | 我们将安排厨师作为规定的工作人员。1. 负责为儿童提供膳食的保育所的营养等。2. 在经过认证的保育所和其他设施，如公共卫 | 医务室有休息的功能，它也可以被用作办公室。 |

续表

| 国家或地区 | 机构类型 | | 基本规定 | | | 建筑设计 | | | 安全防护 | | 卫生保健 | |
|---|---|---|---|---|---|---|---|---|---|---|---|---|
| | | 概念界定 | 举办资格 | 举办规模（机构规模、机构班级规模） | 人员配备（收托幼儿数与从业人员间的比例、从业人员资质要求） | 选址原则 | 场地要求（室内、户外） | 配备用房（活动用房、睡眠室、供餐用房等） | 安全制度（安全防护制度、应急预警制度等） | 安全设施（消防设施、安保系统、材料家具安全） | 饮食营养（安全、营养） | 卫生防病 |
| | | | 5.在建立新的认证保育时，不存在单独取得规定资格的全部消除原因。 | 年度内每月第一天的在所人员总数除以每月的一天的全体人员以120％以上，将进行调整。 | | 100平方米或更小的认证保育所，则需提交一份符合保育所标准的文件。 | | 烹饪人员。厕所内设有仅用于洗手的洗手间，它与厨房间和烹饪室隔开，可以安全地供儿童使用。每20个婴幼儿的厕所数量必须为1个或以上。 | | 效位置，步行距离更为30米或更短。认证保育所具有的《建筑基准法》第2条第7项规定的防火结构的地板或墙壁。保育所应按照《标准法令》第112条第1款规定的特定防火设备进行划分。在这种情况下，通风、加热或冷却装置的风路穿 | 生中心中，营养专家必须注意，可以从营养学角度提供指导。3.接受烹饪服务的人，在认证保育所中应充分认证保育工作的作用，应充分认识该保育所的饮食宗旨，并 | |

| 国家或地区 | 机构类型 | 概念界定 | 基本规定 | | | 选址原则 | 建筑设计 | | 安全防护 | | 卫生保健 | |
|---|---|---|---|---|---|---|---|---|---|---|---|---|
| | | | 举办资格 | 举办规模（机构规模、机构班级规模） | 人员配备（收托幼儿数与从业人员间的比例、从业人员资质要求） | | 场地要求（室内、户外） | 配备用房（活动用房、睡眠室、供餐用房等） | 安全制度（安全防护制度、应急预警制度等） | 安全设施（消防设施、安保系统、材料家具安全） | 饮食营养（安全、营养） | 卫生防病 |
| | | | | | | | | | | 过地板或穿过墙壁或其附近的部分，提供一种地防以有效地防止其他地防受到影响。配有喷水灭火设备和与此类似的其他设备。根据教具类型提供有效的自动灭火器，以及采取措施防止火势蔓延。提供紧急报警设备和向消防机构报告的灭火的设施。 | 具有能够妥善保障卫生、平衡营养等烹饪业务的能力。4.烹饪工作者要考虑孩子的年龄阶段以及健康状况、患过敏性特等，确保必要的营养素，能够对儿童的餐食的内容、次数，和时间作 | |

续表

| 国家或地区 | 机构类型 | 概念界定 | 基本规定 | | | 建筑设计 | | | 安全防护 | | 卫生保健 | |
|---|---|---|---|---|---|---|---|---|---|---|---|---|
| | | | 举办资格 | 举办规模（机构规模、机构班级规模） | 人员配备（收托幼儿数与从业人员间的比例、从业人员资质要求） | 选址原则 | 场地要求（室内、户外） | 配备用房（活动用房、睡眠室、供餐用房等） | 安全制度（安全防护制度、应急预警制度等） | 安全设施（消防设施、安保系统、家具材料家具安全） | 饮食营养（安全、营养） | 卫生防病 |
| | | | | | | | | | | • 材料/家具安全　认证保育所和天的墙板的饰面花部分是不燃物质，嬰幼儿进出的地方提供防止坠落的故事。安装人员应根据《认证托儿所符合室内化学物质所标准，并在安全后进行地震防结构。 | 出适当的反应。　5. 从儿童发展健康的角度出发，按照儿童发展的过程，保育所尝试根据教育提供膳食，该规定了有关食品的问题。 | |

| 国家或地区 | 机构类型 | 基本规定 | | | | 建筑设计 | | | 安全防护 | | 卫生保健 | |
|---|---|---|---|---|---|---|---|---|---|---|---|---|
| | | 概念界定 | 举办资格 | 举办规模（机构规模，机构班级规模） | 人员配备（收托幼儿数与从业人员间的比例、从业人员资质要求） | 选址原则 | 场地要求（室内、户外） | 配备用房（活动用房、睡眠室、供餐用房等） | 安全制度（安全防护制度、应急预案制度等） | 安全设施（消防设施、环保系统、材料/家具安全） | 饮食营养（安全、营养） | 卫生防病 |
| 马耳他共和国 | 儿童日托场所（0～3岁） | 1. 仅用于向儿童提供服务的日托服务，并配备相关的设备和审核过的机构。 2. 是服务提供商在房子的一部分，但具有单独的入口。（幼儿园、游戏学校、托儿所和其他为3岁以下儿童提供服务的设施。） | 监管机构的许可；马耳他其他环境与规划局许可证书；健康与安全相关的审核证书；在社会福利标准局登记；其他必要的材料。 | | • 教师资格 主管：21岁以上，有儿童工作经验；保育资格证；行政培训；急救证书。 照顾者：18岁以上，只有其他相关的保育培训；2年全日制大专学历；急救证书。 • 最低师幼比 0～1岁　1:3 1～2岁　1:5 2～3岁　1:6 混龄（只有一个18个月以下的儿童）　1:6 | | | • 合适的环境。即可在一楼。（也可以考虑半地下室，只要它们满足其他要求即自然光线充足且儿童可以进入户外游乐区；若位于易受洪水影响的地区，中心预计应将制订应急计划。）室内和户外区域 | • 保存有关事故和/或伤害者的记录，父母可以查看有关其子女的记录。 • 当孩子生病或发生意外时，父母应立即得到通知；若孩子可以进行照顾者将照顾。 • 儿童只有在父母、直接到母亲身边；若受母亲到来。只有父母或代理其授权的人才能从中心领取子女。 • 有组织的儿童外出游需要 | • 房屋和设备的维护定期清洁和维护房屋和设备。所有材料均经过防火/阻燃认证。所有材料、玩具油漆均经过无铅认证。 • 儿童在无烟环境中得到照顾。室内和户外区域的场所安全可靠。 • 安全措施个人的特殊饮食要求。 • 儿童无法触及电源及电源插座。 | • 应鼓励为孩子提供食物的父母提供的母乳供健康食品和零食。 • 服务提供者食物应营养丰富，服务者要做好的适当的准备。 • 服务记录者的特殊饮食要求。人的饮食始终提供饮用水。 | 所有药物都被锁定在儿童接触不到的地方。只有获得授权为儿童管理药物的员工才能管理药物。 实行严格的卫生标准，以预防和控制感染的传播，进行相关的处置。 每日清洁程序，良好的卫生习惯。 每两年进行一次健康与安全审计。 安全处置医疗废物。 生病的孩子政策和程序。 |

续表

| 国家或地区 | 机构类型 | 概念界定 | 基本规定 | | | 建筑设计 | | | 安全防护 | | 卫生保健 | |
|---|---|---|---|---|---|---|---|---|---|---|---|---|
| | | | 举办资格 | 举办规模（机构规模、机构班级规模） | 人员配备（收托幼儿数与从业人员间的比例、从业人员资质要求） | 选址原则 | 场地要求（室内、户外） | 配备用房（活动用房、睡眠室、供餐用房等） | 安全制度（安全防护制度、应急预警制度等） | 安全设施（消防设施、安保系统、材料/家具安全） | 饮食营养（安全、营养） | 卫生防病 |
| | | | | | | | | （户外区域至少占总空间的20%）。每名儿童有5平方米的空间（包括室内和户外空间）。自然采光、通风。舒适的温度。固定电话。小厨房区（不必是一个单独的房间）。 | 得到儿童自家长的书面同意。 | 角落覆盖有柔软的保护层。安全存放器具和清洁材料。防碎玻璃窗户/门。门/窗/橱柜/抽屉上有儿童防护锁。低层窗户/玻璃面板上有防护屏障。楼梯上有安全门。仅在墙壁和家具上使用的无铅涂料。 | 急救箱（指定人员检查和定期维护急救箱）。 | |

续表

| 国家或地区 | 机构类型 | 概念界定 | 基本规定 | | | 建筑设计 | | | 安全防护 | | 卫生保健 | |
|---|---|---|---|---|---|---|---|---|---|---|---|---|
| | | | 举办资格 | 举办规模（机构规模、机构班级规模） | 人员配备（收托幼儿数与从业人员间的比例、从业人员资质要求） | 选址原则 | 场地要求（室内、户外） | 配备用房（活动用房、睡眠室、供餐用房等） | 安全制度（安全防护制度、应急预警制度等） | 安全设施（消防设施、安保系统、材料/家具安全） | 饮食营养（安全、营养） | 卫生防病 |
| | | | | | | | | 休息区。尿布更换区域。用于使用的卫生容器。为员工和儿童提供独立卫生间（不一定是单独的房间）用来分隔的使用。马桶是可以接受的。安全门、围栏。安全玻璃。室内防滑地板。户外游乐设备。 | | 适用于户外和潮湿游乐区的防滑地板。儿童使用安全，恒温控制供水。·消防安全灭火器和梯子。使用阻燃/抗性材料。消防通道通畅通无阻。房屋计划表明疏散期间的出口。中心标志指示逃生路线。禁止使用煤气罐。 | | |

# 附录 2　社区式托育机构设置标准汇总表

| 国家或地区 | 机构类型 | 基本规定 | | | 建筑设计 | | | 安全防护 | | 饮食营养（安全、营养） | 卫生防病 |
|---|---|---|---|---|---|---|---|---|---|---|---|
| | | 举办资格 | 举办规模（机构规模,机构班级规模） | 人员配备（收托幼儿数与从业人员间的比例,从业人员资质要求） | 选址原则 | 场地要求（室内、户外） | 配备用房（活动用房、睡眠室、供餐用房等） | 安全制度（安全防护制度,应急预警制度等） | 安全设施（消防设施,安保系统,材料/家具安全） | | |
| 美国（加利福尼亚州） | 民办公助 | 个人、社会团体、企业或者其他政府单位等都可以申请提供社区托育服务。 | 依照《儿童托育中心一般许可要求》，加州社区托育中心可以设置一定规模提供至少 14 个婴幼儿服务，最多供托婴幼儿服务人数 | • 托育机构负责人完成 12 个核心学期单元或 3 个与婴儿护理相关的学期单元，理相关的学期单元，有 3 学期单元的行政管理课程,有 4 年 5 岁以下儿童教学经验。• 合格的婴幼儿教师完成 12 个核心学期单元或 3 个与婴儿护理相关的学期单元及婴儿中心以及婴儿中心至少有 4 个月的 5 岁以下儿童护理经验。• 婴儿中心的师幼比为 14 个为：4 名幼儿：1 名合格教师；1 名合格教师和 2 名助手：12 名婴儿。 | 婴儿中心和学步儿中心需要为婴幼儿提供适合其年龄特点的场地。其中,室内空间应保持全年温度适宜,有充足的阳光,通风良好,备有设备。符合婴幼儿的身心需求和年龄特点。同时, | 室内活动空间与其他儿童使用的空间上方是分开的,可移动的墙或墙壁至少有 1.22 米高。厕所应为个人提供了隐私,异性儿童不能同时使用。户外和室内的游戏空间与学龄前儿童同的空间是分开的,根据许可的容量,每个儿童的户外活动空间至少有 6.97 平方米。根据许可的总容量,每个儿童的室内活动空间至少有 3.25 平方米, | 各个中心需要有公用办公空间,食品制备空间,存储空间和任何其他的通用空间。 | 灾难演习每 6 个月举行一次。要教育儿童和工作人员,包括志愿人员面对死亡、受伤、需要治疗的病、异常事件、疫情暴发、火灾等时发生要求提交事故和伤害事故报告。目前有儿童名册。1. 父母的姓名、地址、电话号码的。 | 固定装置,家具和设备都是足够和维护良好的,设备清洁,安全、卫生、维修良好。禁止携带或存放枪支。玩具和设备符合婴幼儿年龄,家具和设备的类型、高度和尺寸应与儿童年龄相称。不使用婴儿学步车。 | • 食物不受污染。1. 食品准备区,设备齐全。• 菜肴和零食都具有用具包括两种或以上拓养包括两种以上的食物。2. 零食或两种种以上的食物。• 每个婴儿都有自己的喂养计划。1. 婴儿奶瓶有标签。2. 用奶瓶要喂奶时要抱着婴儿。 | 患病的儿童应被隔离。急救用品齐全、工作人员可以使用。药物集中储存在原始容器中,标签没有更改,儿童无法接触药物。按照家长书面批准及指示存档。当不再需要药物时,药物会返还给父母。1. 记录是当前的,并为每个孩子保存记录。2. 儿童档案是保密的。3. 需要时更新记录。服务终止后保存 3 年。4. 医学评估特殊需要,包括药物的需求,包括流动的状态。确定特殊需要已经归档。 |

续表

| 国家或地区 | 机构类型 | 基本规定 | | 建筑设计 | | | 安全防护 | | 卫生保健 | |
|---|---|---|---|---|---|---|---|---|---|---|
| | | 举办资格 举办规模（机构规模，机构班级规模） | 人员配备（收托幼儿数与从业人员间的比例、从业班构资质要求） | 选址原则 | 场地要求（室内、户外） | 配备用房（活动用房、睡眠室、供餐用房等） | 安全制度（安全防护预应急预警制度等） | 安全设施（消防设施、安保系统、材料/家具安全） | 饮食营养（安全、营养） | 卫生防病 |
| | | 不能超过机构可承载的最大限度，即社区托育中心须能保证最低限度的师幼比，以及满足每名幼儿室内、户外活动人均的活动面积的要求。 | ·学步儿中心的师幼比：1名合格教师：6名幼儿；1名合格教师和1名助手：12名幼儿。 | 婴幼儿托育中心的室内、户外活动空间应与其他年龄阶段的儿童使用的空间分开，可使用可移动的墙壁或墙将活动空间进行隔离，但可移动的墙壁或墙应至少有1.22米高。 | 室内和户外都有饮用水。使用装水容器，孩子们想喝什么就喝什么。 | | 2. 儿童医生的姓名和电话号码。 | 换尿布的桌子就在洗手池边洗手可及的地方。玩具是安全的，不会被婴儿吞食。每个婴儿都有一张床或床垫。不使用堆叠的婴儿床。可从婴儿床爬出的婴儿不使用地垫。婴儿床或垫子分开，以便 | 3. 至少每4小时用奶瓶喂婴儿一次。4. 不给婴儿喂蜂蜜和玉米糖浆。·所有人员在护理每次给婴儿喂奶和换尿布前后都要洗手 1. 不使用普通毛巾。2. 不使用香皂。 | 5. 免疫接种。没有最新的免疫接种证明，任何儿童不得进行接种。6. 不寻常的行为或疾病迹象应报告给家长、其他监护人，并记录在孩子的档案中。7. 生病的婴幼儿在被父母接走之前是被隔离的。婴幼儿应放在幼儿围栏内或婴儿床或垫子上（如适用）。隔离区内的任何婴幼儿应由主任、助理主任、教师或助手不断进行目视观察。 |

续表

| 国家或地区 | 机构类型 | 基本规定 | | | 建筑设计 | | | 安全防护 | | 卫生保健 | |
|---|---|---|---|---|---|---|---|---|---|---|---|
| | | 举办资格 | 举办规模（机构规模，机构班级规模） | 人员配备（收托幼儿数与从业人员间的比例，从业人员资质要求） | 选址原则 | 场地要求（室内，户外） | 配备用房（活动用房，睡眠室，供餐用房等） | 安全制度（安全防护制度，应急预警制度等） | 安全设施（消防设施，安保系统，材料/家具安全） | 饮食营养（安全，营养） | 卫生防病 |
| | | | | | | | | | 为工作人员提供通道。设备合适，无限制使用年龄。设备使用安全，无任何危险。孩子们能够安全到达操场。操场是坚固的。危险物品应远离儿童。每天检查沙箱，无危险。 | ·计划应包括以下项目<br>1. 婴儿医生关于特殊饮食或喂养的指示。<br>2. 喂养时的配方奶粉。<br>3. 引进固体和新食品的时间表。<br>4. 食品一致性。<br>5. 对食物的好恶。 | |

续表

| 国家或地区 | 机构类型 | 基本规定 | | | 建筑设计 | | | 安全防护 | | 饮食营养（安全、营养） | 卫生防病 |
|---|---|---|---|---|---|---|---|---|---|---|---|
| | | 举办资格 | 举办规模（机构规模、机构班级规模） | 人员配备（收托幼儿数与从业人员的比例、从业人员资质要求） | 选址原则 | 场地要求（室内、户外） | 配套用房（活动用房、睡眠室、供餐用房等） | 安全制度（安全防护制度、应急预案制度等） | 安全设施（消防设施、安保系统、材料/家具安全） | | 卫生防病 |
| 英国 | 儿童中心 | 依照《儿童早期基础阶段》中的相关规定，儿童学校和家庭部负责监督，地方当局对当地儿童中心的组建和管理指导下，由地方政府的支持和当地政府的支付并交付使用的。儿童中心是早期基础阶段中的综合性服务中心，地方当局可以依据社区实际情况而定。 | 儿童中心规模大小，符合地方规定，符合地方规定工作，其规模大小依据社区实际情况而定。满足早期基础阶段以在早期基础阶段中关于师幼比以及每名儿童室内活动面积的最低规定。 | 《早期基础阶段法定框架》规定托育机构应设置足够的员工，以保证婴幼儿的视觉线和听觉范围之内。其中，针对2岁以下的婴幼儿的照顾服务必须满足以下条件：1. 师幼比应达到1:3。2. 至少有一位员工有相关的3级资格证书，并且有一定的工作经验。3. 至少有一半的员工有相关的2级证书。4. 至少有一半的员工接受过相关的特别是有关婴幼儿生理护理方面的培训。 | 儿童中心的场地设置要考虑婴幼儿的年龄特点以及活动开展的适宜性。托育场所的设置要符合婴幼儿的年龄特点，托育场所为婴幼儿提供适宜的场所，其中，室内空间，户外空间以及整体空间应适合小应适合 | 《早期基础框架》中规定2岁以上的人3.5平方米以上的人均场地；2~3岁的幼儿必须有2.5平方米以上的幼儿应有2.3米以上的人均场地。同时托育机构必须有合理的户外活动场地，若没有每天都有一定的户外活动（除非天气不允许）。 | 1. 如果该托育机构针对混龄的幼儿，那2岁以下的婴幼儿必须有儿童睡眠房、睡眠房，且也需要有专人定时观察。2. 必须保证托育场所地有足够干净的卫生间。3. 必须设有一个就餐区、购置婴幼儿食 | 1. 托育机构必须制定详尽的安全防护制度涵盖婴幼儿生活中的方方面面。如紧急疏散方案等，且此类方案符合地方儿童保护委员会的规定。2. 负责人必须参加有关儿童保护的培训课程，过后，负责对其人仍需对其所有工作人员进行有关 | 1. 必须保证托育场所（室内空间和户外空间）的设置符合婴幼儿年龄。2. 场地遵守有关的法律类法规，且此类需有一定配备的火警报警器、烟雾探测器、防火墙、灭火器和防护门等。 | 1. 为婴幼儿提供的食品必须是健康的、营养均衡的和新鲜的。2. 在婴幼儿入园前，工作人员必须事先了解婴幼儿的特殊饮食需求，如饮食营养好、健康需求、供应食物等。3. 供应食物的人员必须受过有关食物必须包括婴幼儿有关食物 | 1. 托育方必须备有急救箱，以备婴幼儿受伤时，做急救处理。且需要及时告知家长具体情况，做好救治并保存好事故和急救书面记录。处理的相关措施。2. 针对婴幼儿在托管期间发生的严重伤害、重大事故或死亡等重大事故，工作人员必须在14天之内交上交婴幼儿的具体情况记录。3. 对于患病应及时与婴幼儿托育方应及时沟通，采取相应的措施。4. 托育机构必须制定有关管理药品的方案条例，其中必须包括婴幼儿药品需求信息的系统。 |

续表

| 国家或地区 | 机构类型 | 基本规定 | | | 建筑设计 | | | 安全防护 | | 卫生保健 | |
|---|---|---|---|---|---|---|---|---|---|---|---|
| | | 举办资格 | 举办规模（机构规模、机构班级规模） | 人员配备（收托幼儿数与从业人员间的比例、从业人员资质要求） | 选址原则 | 场地要求（室内、户外） | 配备用房（活动用房、睡眠室、供餐用房等） | 安全制度（安全防护应急预案制度等） | 安全设施（消防设施、安保系统、材料/家具安全） | 饮食营养（安全、营养） | 卫生防病 |
| | | | | 针对2~3岁的幼儿的照护服务应满足以下条件：1. 师幼比应达到1:4。2. 至少有一位员工有完备的相关3岁证书。3. 至少有一半的员工有相关的2级证书。不同的机构对3岁及以上的幼儿的托管服务的条件会有不同的规定，一般来说要求1:8或1:13；要求有一个师幼比应达到的员工有2级证书；一半以上的员工有2级证书。 | 儿童的年龄特点以及儿童需要的活动需要。 | | 品卫生设备，保证经过合格的餐具都经过消毒。 | 培训，如紧急疏散的培训等。3. 在托管期间，如果发现儿童的安全或利益受到侵害，任何机构或个人都有义务向相关行政部门指控实施伤害的人。 | | 卫生的培训。4. 如发现有两名以上的婴幼儿食物中毒，必须在14天之内通知相关行政单位。 | 并定期更新。此外，需保证由受过专业培训的药品管理员来管理的药品。未经过专业管理人员的允许，工作人员不可给婴幼儿服用处方药。 |

续表

| 国家或地区 | 机构类型 | 基本规定 | | | 建筑设计 | | | 安全防护 | | 卫生保健 | |
|---|---|---|---|---|---|---|---|---|---|---|---|
| | | 举办资格 | 举办规模（机构规模，机构班级规模） | 人员配备（收托幼儿数与从业人员间的比例，从业人员资质要求） | 选址原则 | 场地要求（室内、户外） | 配备用房（活动用房、睡眠室、供餐用房等） | 安全制度（安全防护制度，应急预警制度等） | 安全设施（消防设施，安保系统，家具材料/家具安全） | 饮食营养（安全、营养） | 卫生防病 |
| 澳大利亚 | 民办公助 | 澳大利亚的社区托育中心由社区行政部门主管运营和相关费用主要由国家、地方政府补贴资助，符合申请的个人、团体、企业等都可以向所在地区或州责任部门申请，判定其申请是否适宜，对于不适宜的社区托育服务，经审查获过审查获 | 依据澳大利亚社区托育中心托育的招生人数、班级设置等相关安排，申请者在提供材料时自行申请，澳大利亚儿童的个人教育护理质量管理局在收到所在地区或州的相关申请后须实地考察评估后，判定其申请是否适宜，对于不适宜 | • 师幼比<br>0~24个月婴幼儿的师幼比为1:4；<br>25~36个月婴幼儿的师幼比为1:5；<br>36个月到学龄前的儿童班级师幼比为1:11。对于家庭教育服务，教育者不能同时照顾超过7名儿童，这些以下儿童中学龄前或不超过4名。<br>• 教师资格<br>全日托和家庭托育服务也要求是根据受照顾儿童的数量而定的，其中一半须必须拥有经相关文凭级别的早期教育与保育教师资格，有其他教育工作者 | 获认可的教育及护理服务提供者必须确保儿童在教育及护理服务处所占用的室内的空间：<br>1. 通风良好。<br>2. 有足够的自然光。<br>3. 有确保儿童安全和温度适宜的自然环境。获批准提供中心服务 | 1. 必须确保该机构服务为每名受教育及照顾的儿童提供最少3.25平方米的非占用室内空间。<br>在计算非占用室内面积时，以下领域将被排除：<br>(1)任何通道(包括走廊、门)。<br>(2)任何厕所及卫生设施。<br>(3)任何换尿布区。<br>(4)永久留作存放准备奶瓶作存储的地方。<br>(5)永久留作行政人员使用的空间和自然环境。用的房间，不适合儿童居住的其他空间。 | 获认可的教育及护理服务提供者必须确保：<br>1. 提供足够、适合年龄的洗衣物和年龄展和照顾的设施。供处教育服务和照顾的可的教育服务机构使用。<br>2. 厕所、洗涤和干燥设施都能获得的每一个儿童能够安全使用。<br>3. 执行行政事务处的行政办公室。 | | 1. 紧急和疏散程序必须列明以下两点：<br>(1)指示在紧急情况下必须做些什么。<br>(2)紧急和疏散楼层图。<br>2. 为制订紧急疏散程序及护理服务提供者必须进行风险评估，以识别与该服务有关的潜在紧急情况。 | 房屋、家具和设备要安全、干净、良好。所有设备及家具安全，清洁及安善维修。须供保任何户外空间有封闭的围栏。每一个儿童都能获得足够的家具、材料和适合该受教育和护理的适当设备。 | 确保保存一份药物记录，以及儿童的详细资料。须记录详情为：<br>1. 儿童的姓名。<br>2. 由家长或儿童登记记录授权同意签署给予药物的人士签署的授权书[包括自行给予药物的行为]。<br>3. 给予的药物名称。<br>4. 最后一次给药的时间和日期。<br>5. 下次应服药的时间和日期或情况。<br>6. 将给予的药物的剂量。<br>7. 给予药物的方式。<br>8. 如何给该儿童用药，给予药物的适当设备。 |

续表

| 国家或地区 | 机构类型 | 基本规定 | | | 建筑设计 | | | 安全防护 | | 饮食营养（安全、营养） | 卫生保健 |
| --- | --- | --- | --- | --- | --- | --- | --- | --- | --- | --- | --- |
| | | 举办资格 | 举办规模（机构规模、机构班级规模） | 人员配备（收托幼儿间的比例、从业人员资质要求） | 选址原则 | 场地要求（室内、户外） | 配备用房（活动用房、睡眠室、供餐用房等） | 安全制度（安全防护制度、应急预警制度等） | 安全设施（消防设施、安保系统、材料/家具安全） | | 卫生防病 |
| | | 得批准后，申请的一方能开办社区托育中心。 | 宜的申请，儿童和人的教育和护理质量管理局委派人员进行重新规划指导，申请人整改完成后须再次接受申请并通过评估，再次通过后，申请人方能招生。 | 必须拥有或正在积极努力获得认证的3级ECEC资格证书。获认可的教育及护理服务提供者或者提名的督导人员，不得任任何人负责日常工作，除非：1. 该人已年满18岁。2. 提供者（视情况而定）获得了批准。被提名的主管的最低要求是：该人士必须：1. 年满18岁。 | 务的机构，必须确保教育及护理服务处所提供的户外空间，能让儿童体验及探索自然的环境。以中心为本认可以所提供的户外空间包括的阴凉地方，以保护儿童免 | 厨房的面积应予以排除，除非厨房主要供儿童使用，作为本处提供的教育方案的一部分。2. 必须确保该教育及照顾服务机构为每名受教育及照顾的儿童，提供最少7平方米户外空间。在计算可占用的非户外空间面积时，不包括以下区域：(1)任何通道，但作为教育和护理计划的一部分使用的通道除外。(2)任何停车场。(3)任何储物棚或其他储物区。(4)其他不适合儿童居住的地方。 | 4. 与子女的父母协商的地方。5. 换尿布的设施。6. 储存空间。7. 午睡的空间。8. 厨房。 | | 3. 托育中心紧急撤离程序演练每3个月要做一次，并且要做好记录。4. 经批准的教育和保健服务的提供者必须提供一份紧急撤离平面图，并在每个出口的突出位置贴置逃生指令。 | | (1)用药方式。(2)给予药物的时间和日期。(3)给药人的姓名和签名。 |

续表

| 国家或地区 | 机构类型 | 基本规定 | | | 建筑设计 | | | 安全防护 | | 卫生保健 | |
|---|---|---|---|---|---|---|---|---|---|---|---|
| | | 举办资格 | 举办规模（机构规模、机构班级规模） | 人员配备（收托幼儿数与从业人员间的比例、从业人员资质要求） | 选址原则 | 场地要求（室内、户外） | 配备用房（活动用房、睡眠室、供餐用房等） | 安全制度（安全防护控制度、应急预警制度等） | 安全设施（消防设施、安保系统、材料/家具安全） | 饮食营养（安全、营养） | 卫生防病 |
| | | | | 2.充分了解如何向儿童提供教育和照顾。3.有能力有效地监督和管理教育和护理服务。本要求适用于任何参与司法管辖区的法律,符合《教育及护理服务法》。 | 受太阳紫外线的过度辐射。 | 3.室内空间面积的游廊不能算作户外空间面积。4.在计算面向学龄前以上儿童提供教育和照顾的服务的户外空间面积时,户外空间面积可以包括未受支配的室内空间面积。 | | | | | 卫生防病 |

# 附录 3　托幼一体式机构设置标准汇总表

| 国家或地区 | 机构类型 | 举办资格 | 人员配备（收托幼儿数与从业人员同的比例、从业人员资质要求） | 建筑设计 | | | 安全防护 | | 卫生保健 | |
|---|---|---|---|---|---|---|---|---|---|---|
| | | | | 选址原则 | 场地要求（室内、户外） | 配备用房（活动用房、睡眠室、供餐用房等） | 安全制度（安全防护制度、应急预警制度等） | 安全设施（消防设施、安保系统、材料/家具安全） | 饮食营养（安全、营养） | 卫生防病 |
| 英国 | 该标准适用于提供托育服务的机构，包括幼儿园、含托幼一体式的机构，但不局限于托幼一体式的幼儿园。 | 通过教育局注册并获得举办资格，并在注册后约30个月后接受教育局的监察，之后在固定周期内（约4年一个周期）接受质量监督和评估。 | • 2岁及以下<br>师幼比不得低于1：3；所有教师中至少需要一名具有CWDC 3级资格（等同于高中学历）并且具有丰富的与两岁以下婴幼儿相处经验的教师；至少一半教师需要接受育婴培训。<br>• 2岁<br>师幼比不得低于1：4；所有教师具有CWDC 3级资格（等同于高中学历）；至少一半教师 | | • 室内场地2岁及以下：3.5平方米/人。<br>2岁：2.5平方米/人。<br>3到5岁：2.3平方米/人。<br>• 户外场地必须为儿童提供户外游戏的条件，若设有专门的场地，也需确保儿童每天进行户外活动（除非受天气或其他因素影响）。 | • 必须设置专门为儿童备餐的区域，必须配备食品灭菌设备。<br>• 必须为2岁以下的孩子设置单独的婴儿室并经常检查睡觉的儿童，同时，必须确保婴儿房的孩子能够与年龄较大的孩子接触。<br>• 必须确保有足够数量的厕所和洗手池；应为成人提供单独的卫生间设施；必须为低龄儿童提供尿布更换和 | • 必须确保场所（包括建筑整体和户外空间）适合儿童的年龄及活动特点；必须遵守健康和安全法规（包括消防安全和卫生要求）。<br>• 在发生火灾或其他任何情况时，紧急情况必须采取合理措施确保儿童和工作人员的 | • 必须配备火灾探测和灭火设备（如火警报警器、烟雾探测器、防火毯和/或灭火器）；消防通道必须清晰可辨，防火门前不能有障碍物，可以从内部经松打开防火门。 | • 为儿童提供营养均衡的正餐、点心和饮品；在儿童入园之前，必须了解儿童的任何特殊饮食需求；必须随时提供干净的饮用水；必须登记照料者或提供者提供的关于儿童饮食需求的信息。<br>• 必须设置专门为儿童备餐的带有食品灭菌设备的区域；参与准备 | • 与家长探讨，共同关注生病、有传染性疾病的婴幼儿。<br>• 制订并实施药物管理的政策，包括儿童用药程序、必须获取儿童用药的系统；只有具有相关工作人员提供培训，医护工作者才能为儿童开处方药（仅在处方允许的情况下，才能给予儿童含有司匹林的药物）。 |

续表

| 国家或地区 | 机构类型 | 举办资格 | 人员配备（收托幼儿数与从业人员间的比例,从业人员资质要求） | 选址原则 | 建筑设计 | | 安全防护 | | 卫生保健 | |
|---|---|---|---|---|---|---|---|---|---|---|
| | | | | | 场地要求（室内、户外） | 配备用房（活动用房、睡眠室、供餐用房等） | 安全制度（安全防护制度、应急预警制度等） | 安全设施（消防设施、安保系统、材料/家具安全） | 饮食营养（安全、营养） | 卫生防病 |
| | | | 需要有 CWDC 2 级资格（等同于初中学历）。<br>• 3 岁及以上具有教师资格证、早期教育专业资格、早期教育教师资格证或其他适合的 CWDC 6 级资格的教师可以照料 13 名幼儿;不具有资质的教师可以照料 8 名幼儿。<br>• 每位幼儿都被指定由一位教师负责,确保个体需求能得到满足。 | | | 确保能够提供干净的床上用品、毛巾、备用衣物和其他必需品。<br>• 必须为满足园内工作人员与家长单独谈话的需求设置独立区域,并供置于儿童区域独立于工作人员区域的休息区域。 | 安全,并且按照相关的撤离程序撤离。<br>• 必须确保只将儿童交给其父母或其他在园所登记过的照料者;确保儿童不会在无人监督的情况下离开校园;采取一切合理措施防止未经允许的人员进入园内,并制订程序检查访客身份。 | | 和处理食物的所有工作人员必须接受食品卫生培训。<br>• 如有两名及以上儿童食物中毒,园方必须尽快或至少在 14 天内通知教育监管局,如此规定无合理理由,视为违法行为。 | • 只有在获得父母或其他许可的情况下,才能将药物给予儿童;必须在每次给儿童服药时进行书面记录。 |

| 国家或地区 | 机构类型 | 举办资格 | 人员配备（收托幼儿数与从业人员同的比例/从业人员资质要求） | 建筑设计 | | | 安全防护 | | 卫生保健 | |
|---|---|---|---|---|---|---|---|---|---|---|
| | | | | 选址原则 | 场地要求（室内、户外） | 配备用房（活动用房、睡眠室、供餐用房等） | 安全制度（安全防护制度、应急预警制度等） | 安全设施（消防设施、安保系统、材料/家具安全） | 饮食营养（安全、营养） | 卫生防病 |
| 加拿大（不列颠哥伦比亚省） | 面向 36 个月以下儿童的日托机构（托育时间不超过每天 13 小时。该类型虽不属于托幼一体式，但其标准适用于 0～3 岁儿童，有一定的参考价值）。 | | • 每 4 名及以下儿童需要配备 1 名专业婴幼儿照料者。<br>• 每 5～8 名儿童需要 1 名专业婴幼儿照料者和 1 名早期教育专业教师。<br>• 每 9～12 名儿童需要 1 名专业婴幼儿照料者、1 名早期教育专业教师和助理教师各 1 名，共 3 名教师。 | | • 室内场地要求为 3.7 平方米/人（不含走道、储物间和卫生间的面积）。 | • 睡眠室需配备至少 7.5 厘米厚的床垫，婴儿床高不足 90 厘米的婴儿或小床，以及方便换洗的床垫和床单。<br>• 每 12 名儿童需要配备一个卫生间，洗手池、尿布更换台及靠近的洗手池。<br>• 需配备专门放置脏衣服的收纳箱。 | | | | |

续表

| 国家或地区 | 机构类型 | 举办资格 | 人员配备（收托幼儿数与从业人员间的比例、从业人员资质要求） | 建筑设计 | | | 安全防护 | | 卫生保健 | |
| --- | --- | --- | --- | --- | --- | --- | --- | --- | --- | --- |
| | | | | 选址原则 | 场地要求（室内、户外） | 配备用房（活动用房、睡眠室（供餐用房等）） | 安全制度（安全防护制度、应急预警制度等） | 安全设施（消防设施、安保系统、材料/家具安全） | 饮食营养（安全、营养） | 卫生防病 |
| | 面向30个月至6岁儿童的日托机构（托育时间每天不超过13小时）。 | | • 每8名及以下儿童专需要1名早期教育专业教师。<br>• 每9~16名儿童需要1名早期教育教师和1名助理教师。<br>• 每17~25名儿童专需要1名早期教育专业教师和2名助理教师。 | | • 室内场地要求为3.7平方米/人（不含卫生走道、储物间的面积）。<br>• 户外场地要求为7平方米/人。 | • 睡眠室需配备至少7.5厘米厚的床垫，适合儿童的小床，以及方便换洗的床空和床罩。<br>• 每10名儿童需配备一个洗脸池和卫生间。<br>• 需配备专门放置脏衣服的收纳。 | | | | |
| | 面向30个月至6岁儿童的幼儿园（托育时间每天不超过4小时）。 | | • 每15名及以下儿童需要1名早期教育专业教师。<br>• 每16~20名儿童需要1名早期教育专业教师和1名助理教师。<br>• 参与园内家长教育培训的家长可以担任助理教师。 | | • 室内场地要求为4.2平方米/人（不含卫生走道、储物间的面积）。<br>• 户外场地要求7平方米/人。 | • 每8位儿童需配备一个洗脸池和卫生间。 | | | | |

| 国家或地区 | 机构类型 | 举办资格 | 人员配备（收托幼儿数与从业人员间的比例、从业人员资质要求） | 建筑设计 | | | 安全防护 | | 卫生保健 | |
|---|---|---|---|---|---|---|---|---|---|---|
| | | | | 选址原则 | 场地要求（室内、户外） | 配备用房（活动用房、睡眠室、供餐用房等） | 安全制度（安全防护制度、应急预警制度等） | 安全设施（消防设施、安全保卫系统、材料/家具安全） | 饮食营养（安全、营养） | 卫生防病 |
| 美国（全美幼教协会） | 该标准适用于提供托育服务的机构，包含托幼一体的幼儿园，但并不局限于托幼一体的幼儿园。 | | • 师幼比①<br>婴幼儿阶段（出生至15个月）：6名婴幼儿的师幼比为1：3；8名婴幼儿的师幼比为1：4。<br>学步儿阶段（12～28个月）：6名幼儿的师幼比为1：3；8～12名幼儿的师幼比为1：4。<br>学步儿阶段（12～36个月）：6名幼儿的师幼比为1：3；8名幼儿的师幼比为1：4；10名幼儿的师幼比为1：5；12名幼儿的师幼比为1：6。<br>• 师资要求<br>学历资格规定：行政 | | | | | | 1. 如果机构提供食物和点心（无论是机构自己购买的还是机构自制的），所有食品的准备、供给和储藏都必须遵循国家食品监管部门的规定标准。<br>2. 员工需保证儿童从家里带来的食品符合安全规定。<br>3. 各类过期食品、记录婴幼儿园安全食品全执行情况等，包括确保餐点食品 | • 保障儿童健康、控制传染病<br>1. 保存每名儿童当前的健康档案。<br>2. 机构签约聘请一位有执照的儿科医务人员，或经专门训练的机构健康咨询人员。早期儿童<br>3. 针对每个年龄组的儿童，附近至少有一名机构员工接受过紧急培训，包括急救技术，如果抢救幼儿室息 |

① 第一，对于3岁以下混合年龄班，教师与儿童的比例按最小年龄计算。第二，教师包括主班教师、助理教师和保育员，表内比例为最高比例。第三，12～38个月年龄班若人数超过10人，便需要增加一位教职员工。第四，如果班上有特殊儿童，则教师与儿童的比例需降低。

续表

| 国家或地区 | 机构类型 | 举办资格 | 人员配备（收托幼儿数与从业人员同的比例、从业人员资质要求） | 建筑设计 | | | 安全防护 | | 卫生保健 | |
|---|---|---|---|---|---|---|---|---|---|---|
| | | | | 选址原则 | 场地要求（室内、户外） | 配备用房（活动用房、睡眠室、供餐用房等） | 安全制度（安全防护制度、应急预警制度等） | 安全设施（消防设施、安保系统、材料/家具安全） | 饮食营养（安全、营养） | 卫生防病 |
| | | | 管理人员必须具有学士以上学位，并且完成大学行政管理9个以上学分，学习了幼教、小教、特教或幼儿童发展专业的课程；完成关于3岁以下儿童发展与学习的24个以上课程与学分，或者满足教育与经验水平要求；或有文件说明计划在5年之内达到上述要求。75%教师必须至少具有大专专科文凭或相当学历，或正攻读早期教育、儿童发展早期家庭教育研究、早期特殊教育专业大专以上学位（主修幼儿教育）大专以上学位；或具有非幼儿教育专业大专以上 | | | | | | 的安全性。4. 针对所有婴儿和有特殊饮食需要的婴幼儿，每天登记录每一名儿需用食品品的数量和类型，并向家庭提供这些信息。5. 针对有特殊健康、特殊营养需要或对食物过敏或有同样不同需求的儿童，制订个体儿童保育计划。6. 每天始终供清洁的饮用水（对仪儿童能喝奶的婴儿，不需提供）。 | 机构设有游泳池和浅水池，当个别儿童有特殊的健康状况时，至少有一名经综合性急救训练的员工全日在场。4. 在儿童患疾病时，应根据病情况的不同，采取额外照顾、隔离，备案等不同的应急措施。5. 向家长介绍传染病相关知识，及时获取传染病应对措施。6. 保证儿童进行充足的体育活动。 |

| 国家或地区 | 机构类型 | 举办资格 | 人员配备（收托幼儿数与从业人员间的比例，从业人员资质要求） | 建筑设计 | | | 安全防护 | | 卫生保健 | |
|---|---|---|---|---|---|---|---|---|---|---|
| | | | | 选址原则 | 场地要求（室内、户外） | 配备用房（活动用房、睡眠室、供餐用房等） | 安全制度（安全防护制度、应急预警制度等） | 安全设施（消防设施、安保系统、材料/家具安全） | 饮食营养（安全、营养） | 卫生防病 |
| | | | 学位和3年以上经验；或具有非幼儿教育专业大专以上学位和3年以上未认证机构的工作经验，以及至少经过了30小时的有关培训。如果教职员工不能达到标准，则需有详细说明机构的师资发展计划，及如何保证课程和学习以指导早期教育的经验。50%助理教师和保育员必须已经具大专学位，或在有关专业主修幼儿发展或修大专学位。如果教师员工不能达到 | | | | | | 7. 不得将温度高于100℃的液体或食物放在儿童附近。<br>8. 如果家庭合作，应与确保食物能满足个体婴幼儿的营养需求和适应发展阶段。<br>9. 母乳喂养需要符合流程。<br>10. 除母乳外，只喂给儿童奶粉食品，喂养过程需符合流程。<br>11. 不给6个月以下的婴儿提供固体食品和果汁（除非 | 7. 确保向儿童提供防冷、防热、防日晒、防虫咬等方面的保护。<br>8. 对不能使用厕所的婴幼儿，按规定程序更换尿布。<br>9. 机构员工和儿童在同一情况下均需按照规定洗手，如进餐前、接触宠物后等均需洗手。<br>10. 在集体玩水池游戏时采取预防措施，防止传染病传播。<br>11. 儿童服药采取安全措施。 |

续表

| 国家或地区 | 机构类型 | 举办资格 | 人员配备（收托幼儿数与从业人员间的比例、从业人员资质要求） | 建筑设计 | | | 安全防护 | | 卫生保健 | |
|---|---|---|---|---|---|---|---|---|---|---|
| | | | | 选址原则 | 场地要求（室内、户外） | 配备用房（活动用房、睡眠室、供餐用房等） | 安全制度（安全防护制度、应急预警制度等） | 安全设施（消防设施、安保系统、材料/家具安全） | 饮食营养（安全、营养） | 卫生防病 |
| | | | 标准，则需有详细文件说明计划，及如何保证师资发展计划，及以指导课程提供足以指导课程和学习的早期教育经验。 | | | | | | 得到儿童保健人员建议和家庭许可），避免加甜饮料，果汁（100%果汁）每天不能超过 4 盎司①。<br>12. 婴儿看起来饥饿时，随时喂食。喂奶时不使用任何其他的安慰方式。<br>13. 不向 12 个月以下的婴儿喂食牛乳。全脂牛乳只用于喂养 12～24 个月儿童。 | 12. 为减少"婴儿猝死症"，婴儿床褥需符合标准。睡姿采取仰面平卧，头部始终暴露在外。<br>13. 每次喂饭后，需用一次性软布或专用干净软布擦拭婴儿牙齿和牙眼。<br>14. 喂奶时成人需始终扶住奶瓶，抱住不会坐的婴儿。睡觉、爬、行走中的幼儿不可携带奶瓶。<br>15. 婴儿和学步儿不能接近装液体的大桶。 |

① 1 盎司≈28.3 克。

续表

| 国家或地区 | 机构类型 | 举办资格 | 人员配备（收托幼儿数与从业人员同的比例、从业人员资质要求） | 建筑设计 | | | 安全防护 | | 卫生保健 | |
|---|---|---|---|---|---|---|---|---|---|---|
| | | | | 选址原则 | 场地要求（室内、户外） | 配备用房（活动用房、睡眠室、供餐用房等） | 安全制度（安全防护制度、应急预警制度等） | 安全设施（消防设施、安保系统、材料/家具安全） | 饮食营养（安全、营养） | 卫生防病 |
| | | | | | | | | | 14. 不向 4 岁以下儿童提供整个或切成块的热狗、坚果、爆米花、生蔬豆、硬饼干、整勺花生酱、胡萝卜块和大块的肉；婴儿食物大于 0.63 厘米、学步儿食物不大于 1.27 厘米。根据每个儿童的咀嚼和吞咽能力而异。<br>15. 向家长提供菜单。 | · 保持儿童健康的环境<br>1. 制订日常清洁消毒时间表，保持环境通风透气，清洁卫生。<br>2. 采取多种消毒和预防措施，防止细菌传播。<br>3. 儿童玩具放进口中的玩具、或被身体分泌物污染过的玩具需清洗干净、消毒和吹干，才能让其他儿童使用。<br>4. 根据人员专业健康的建议。 |

续表

| 国家或地区 | 机构类型 | 举办资格 | 人员配备（收托幼儿数与从业人员间的比例，从业人员资质要求） | 建筑设计 | | | 安全防护 | | 卫生保健 | |
| --- | --- | --- | --- | --- | --- | --- | --- | --- | --- | --- |
| | | | | 选址原则 | 场地要求（室内、户外） | 配备用房（活动用房、睡眠室、供餐用房等） | 安全制度（安全防护制度、应急预警制度等） | 安全设施（消防设施、安保系统、材料/家具安全） | 饮食营养（安全、营养） | 卫生防病 |
| | | | | | | | | | 16. 按既定时间提供餐点，正餐和点心之间至少间隔 2 小时，但不超过 3 小时。 | 为有过敏的问题，或有其他特殊环境健康需求的儿童和员工创设环境。5. 宠物来访需要证明健康，宠物与婴幼儿互动要要教师指导，确保过敏婴幼儿不接触宠物，不允许爬行的婴室动物成为教室宠物。6. 成人在进入婴幼儿游戏区域前，需脱鞋或戴上干净鞋套，如果儿童和员工光脚进入该区域，脚必须看起来很干净。 |

续表

| 国家或地区 | 机构类型 | 举办资格 | 人员配备（收托幼儿数与从业人员同的比例、从业人员资质要求） | 选址原则 | 建筑设计 | | 安全防护 | | 卫生保健 | |
|---|---|---|---|---|---|---|---|---|---|---|
| | | | | | 场地要求（室内、户外） | 配备用房（活动用房、睡眠室、供餐用房等） | 安全制度（安全防护制度、应急预警制度等） | 安全设施（消防设施、安保系统/家具、材料/家具安全） | 饮食营养（安全、营养） | 卫生防病 |
| 丹麦 | 该标准适用于提供托育服务的机构，包含托幼一体式的幼儿园，但并不局限于托幼一体式的幼儿园。 | | • 师幼比：明确规定托幼机构（面向0～9/13岁幼儿）的师幼比为6：1。<br>• 师资要求 要求教师取得社会学3级专业学士学位/小学教育3级学士学位，至少要有在3级B类院校接受3.5年的经历；要求助理教师取得小学职业水平证书和教育学助理资格。 | | | | | | 要求提供餐饮设施。 | 要求提供医学协议。 |
| 挪威 | 该标准适用于提供托育服务的机构，包含托幼一体式的幼儿园，但并不局限于托幼一体式的幼儿园。 | 由市政府批准成立。 | • 公立及私家幼稚园的强制制幼稚园教师定额为每7至9名3岁以下儿童有1名教师。<br>• 教师最好具有幼儿园教师资格，但其他具有幼儿园教育学继续教育（30欧洲学分）的教育学资格也可以被接受。 | | • 3岁以下儿童的室内玩要要面积约为0.33平方米。<br>• 户外面积大约是室内面积的6倍，这一要求严格适用于游戏专用区域，不涉及停车位和通道，必须符合单独的要求。 | | | | | |

续表

| 国家或地区 | 机构类型 | 举办资格 | 人员配备（收托幼儿数与从业人员间的比例、从业人员资质要求） | 建筑设计 | | | 安全防护 | | 卫生保健 | |
|---|---|---|---|---|---|---|---|---|---|---|
| | | | | 选址原则 | 场地要求（室内、户外） | 配备用房（活动用房、睡眠室（供餐用房等）） | 安全制度（安全防护制度应急预警制度等） | 安全设施（消防设施、安保系统、材料/家具安全） | 饮食营养（安全、营养） | 卫生防病 |
| 芬兰 | 该标准适用于提供托育服务的机构，包含幼儿园、托幼一体式的幼儿园，但并不局限于托幼一体式的幼儿园。 | | • 日托中心的护理和教育工作人员包括幼儿园教师、特殊教育幼儿园教师、社会教育学士或社会科学硕士、实用护士、幼儿园实用护士、用护士和实习聘用的实习护士专门研究儿童和青少年的护理和教育。<br>• 3岁以下婴幼儿班的师幼比为1:4。 | | | | | | | |
| 爱尔兰 | 该标准适用于提供托育服务的机构，包含幼儿园、托幼一体式的幼儿园，但并不局限于托幼一体式的幼儿园。 | | • 计时制机构的师幼比<br>0~1岁:1:3<br>1~2.5岁:1:5<br>2.5~6岁:1:11<br>• 半日托/全日托机构的师幼比<br>0~1岁:1:3 | | • 室内场地要求<br>计时制机构的0~6岁婴幼儿的人均面积为1.82平方米，每个房间最多容纳22个孩子。<br>半日托/全日托机构的人均面积如下。 | 必须提供足够和合适的家具，适合游戏的材料和设备；确保儿童有足够和适当的设施在室内和户外休息与玩耍。 | | | • 确保食物营养丰富，并符合饮食和宗教要求。<br>• 由国家卫生署制定的《学前服务食物及营养指南》建议： | • 必须采取一切合理措施，保障儿童健康、安全和福利。<br>• 儿童保育机构必须制定针对不同方面的安全声明和规 |

续表

| 国家或地区 | 机构类型 | 举办资格 | 人员配备（收托幼儿数与从业人员间的比例，从业人员资质要求） | 建筑设计 | | | 安全防护 | | 卫生保健 | |
|---|---|---|---|---|---|---|---|---|---|---|
| | | | | 选址原则 | 场地要求（室内、户外） | 配备用房（活动用房、睡眠室、供餐用房等） | 安全制度（安全防护制度、应急预警制度等） | 安全设施（消防设施、安保系统、家具材料/家具安全） | 饮食营养（安全、营养） | 卫生防病 |
| | 的幼儿园。 | | 1~2.5岁：1：5<br>2~3岁：1：6<br>3~6岁：1：8 | | 0~1岁：3.5平方米<br>1~2岁：2.8平方米<br>2~3岁：2.35平方米<br>3~6岁：2.3平方米 | | | | 托育超过5小时的儿童应至少有两顿正餐和两顿正餐包含一顿热食；托育不超过5小时的儿童应至少有一份点心和两顿正餐，不一定要有热餐，但是至少有一顿正餐需要按照字塔中最主要的食物进行搭配；托育不超过3.5小时的儿童应至少有一份点心和一顿正餐。 | 定，包括管理、药物、卫生防病和安全睡眠。•任何工作人员都应确保对儿童不施加体罚，应该有书面的规定和程序来正确处理和管理孩子的不当行为。 |

续表

| 国家或地区 | 机构类型 | 举办资格 | 人员配备（收托幼儿数与从业人员数的比例，从业人员资质要求） | 建筑设计 | | | 安全防护 | | 卫生保健 | |
|---|---|---|---|---|---|---|---|---|---|---|
| | | | | 选址原则 | 场地要求（室内、户外） | 配备用房（活动用房，睡眠用房等，供餐用房等） | 安全制度（安全防护制度，应急预警制度等） | 安全设施（消防设施，安保系统，材料/家具安全） | 饮食营养（安全，营养） | 卫生防病 |
| 中国（香港） | 学前机构是指为出生至6岁儿童提供教育与照顾的机构，统称为幼儿中心和幼稚园。其中幼儿中心又分为日间育婴园（0～2岁）和日间幼儿园（2～6岁）。 | 完成注册申请。 | • 日间幼儿园：不论半日制或全日制，各级别均采用1:14的师幼比。<br>• 每所幼儿园至少有2/3的幼儿工作人员完成了有关训练。必须在新入职者必须完成有关训练。职前训练中，包括香港中学会考试具备合格的中学五科文凭；入职前具备合格幼稚园教师（幼儿中心主管均须完成幼儿教育证书课程的培训。）资格； | • 学前机构的地点应尽量远离闹市或繁忙的街道，以减少交通意外的危险及噪音的影响。<br>• 为方便儿童，学前机构的位置原则上应设在地下或毗邻平 | • 日间幼儿园：每名儿童至少有1.8平方米，不包括通道、储物室、厨房、办公室，洗手间，职员室等。<br>• 每名儿童至少有2.3平方米，包括通道、储物室、厨房、办公处、护理室、茶水间/厨房和洗手间、职员室。<br>• 为出生至6岁儿童提供服务的留宿中心，须符合每名儿童的最低人均楼面面积3.2平方米的规定，包括所有户内的活动场地面积3.7平方米，包括辅助设施。 | • 除了活动室之外，幼儿课室之外，中心应设有其他一般用途的房间，如中心主任室、教员室、办公处，护理室、储物室等。经营者可自行决定是否自设厨房，为儿童提供膳食（如有全日制课程，需设置厨房）。 | • 急救：每所中心最少有一名雇员持有有效的急救证书。<br>• 恶劣天气：八号风球、黑色暴雨警告悬挂时，暂停开放。<br>• 怀疑气体泄漏：关闭所有门窗，让气体消散；切勿使用明火或火柴；不要使用电话和切换任何开关；切勿打开 | • 防火措施：对全日制而言：需装设烟雾侦测系统，如果楼面面积超过230平方米，需装设消防系统。<br>• 消防安全：须遵守有关的消防规定；确保所有消防装置和设备能随时有效地操作，所有员工都要懂得简单的消防设备。须由一 | • 食物卫生：依据世界卫生组织订立的食物的准则选择、储存和烹调食物，以确保食物卫生。<br>• 食物准备及烹调须符合标准流程。<br>• 食物种类及分量：须依据儿童的不同年龄，使用不同的分量标准。 | • 必须进行儿童健康检查进行全面体格检查，密切留意儿童身心发展情况和行为表现，如发现疑似儿童遭受虐待，例如，身体不良、情绪不稳等异常须立即寻求协助。<br>• 婴幼儿每天抵达中心时需留宿儿童每天最少注册西医6个月检查健康一次。<br>• 健康记录学前机构须拥有 |

续表

| 国家或地区 | 机构类型 | 举办资格 | 人员配备（收托幼儿数与从业人员的比例、从业人员资质要求） | 建筑设计 | | | 安全防护 | | 卫生保健 | |
| --- | --- | --- | --- | --- | --- | --- | --- | --- | --- | --- |
| | | | | 选址原则 | 场地要求（室内、户外） | 配备用房（活动用房、睡眠室、供餐用房等） | 安全制度（安全防护制度、应急预警制度等） | 安全设施（消防设施、安保系统、材料/家具安全） | 饮食营养（安全、营养） | 卫生防病 |
| | | | | 合适的一楼。<br>• 学前机构不应设在工业楼宇的任何部分及位于货店、仓铺、剧院、百货公司或任何对儿童健康及安全造成危险或影响不良的行业 | | | 摸气体用具，以免不慎开启点火开关；即刻出外致电通知气体供应公司，并切记勿再度开启总开关；如在关闭总开关后，气体继续泄露或仍有强烈气味，应立即疏散全员工及儿童到安全地方，并致电及联络方及供应公气体有关公司；有关气 | 名注册防火商承办每隔12个月检查置及设火装置一次；灭火筒须放置在容易取用的地方，并确保其有效能；若安装有机械通风系统，须由注册专门承办商定期检查，每次检查日期不得超过12个月；中心主管必须确保全体教职员及儿童均 | | 儿童的健康记录，并在适当时候更新记录，包括体重、身高记录、病例、体格检查报告、防疫注射记录。<br>• 注意园舍卫生和个人卫生。 |

续表

| 国家或地区 | 机构类型 | 举办资格 | 人员配备（收托幼儿数与从业人员间的比例、从业人员资质要求） | 建筑设计 | | | 安全防护 | | 卫生保健 | |
|---|---|---|---|---|---|---|---|---|---|---|
| | | | | 选址原则 | 场地要求（室内、户外） | 配备用房（活动用房、睡眠室、供餐用房等） | 安全制度（安全防护制度、应急预警制度等） | 安全设施（消防设施、安保系统、材料/家具安全） | 饮食营养（安全、营养） | 卫生防病 |
| | | | | 或设施的楼宇之上。<br>• 学前机构不可设于非专为该用途而设计的地下层的楼宇以上层数。除非该楼宇已设有两条供学前机构使用者的专用的独立逃生通道。 | | | 体装置必须由气体供应公司检查，确保安全后才可再次使用。 | 要参与防火演习、演习至少每6个月进行一次。<br>• 气体安全：在任何情况下，不得使用所有燃气体料；所有气体工程，必须由注册气体工程承办商负责安装。<br>• 电器安全：必须聘用注册电业承办商或 | | |

续表

| 国家或地区 | 机构类型 | 举办资格 | 人员配备（收托幼儿数与从业人员间的比例，从业人员资质要求） | 建筑设计 | | | | 安全防护 | | | 卫生保健 | |
|---|---|---|---|---|---|---|---|---|---|---|---|---|
| | | | | 选址原则 | 场地要求（室内、户外） | 配备用房（活动用房、睡眠室、供餐用房等） | | 安全制度（安全防护制度、应急预警制度等） | 安全设施（消防设施、安保系统、材料/家具安全） | | 饮食营养（安全、营养） | 卫生防病 |
| | | | 如设置独立逃生通道，则必须按《学前机构（幼儿中心/幼稚园）安全规定的一般指引》第2段关于房屋位置的细则办理。 | | | | | 注册电业工程人员负责安装固定店里的装置或更改店里的电力工程，工程完成后，经检查合格后，幼儿园方可使用，并应最少受5年接受一次检查及检试，发安全证书；插座安装在距离地面1.5米或以上的高度；不宜采用落地风扇；电暖炉应稳固定在墙上，高度 | | | |

续表

| 国家或地区 | 机构类型 | 举办资格 | 人员配备（收托幼儿数与从业人员间的比例,从业人员资质要求） | 建筑设计 | | | 安全防护 | | 卫生保健 | |
|---|---|---|---|---|---|---|---|---|---|---|
| | | | | 选址原则 | 场地要求（室内,户外） | 配备用房（活动用房、睡眠室,供餐用房等） | 安全制度（安全防护制度,应急预警制度等） | 安全设施（消防设施,安保系统,材料/家具安全） | 饮食营养（安全,营养） | 卫生防病 |
| | | | | | | | | 以儿童不能触摸及为标准。·地面须经常保持清洁和干爽,铺盖地面的物料必须防滑和没有裂缝的;儿童活动范围内的石柱及墙壁的尖锐边角,均须被加上防护和软垫,以免对儿童构成危险。·家具:必须安设安全、清洁和卫生;确保所有家具和器材设有锐 | | |

续表

| 国家或地区 | 机构类型 | 举办资格 | 人员配备（收托幼儿数与从业人员间的比例、从业人员资质要求） | 建筑设计 | | | 安全防护 | | 卫生保健 | |
|---|---|---|---|---|---|---|---|---|---|---|
| | | | | 选址原则 | 场地要求（室内、户外） | 配备用房（活动用房、睡眠室、供餐用房等） | 安全制度（安全防护制度、应急预警制度等） | 安全设施（消防设施、安保系统、材料/家具安全） | 饮食营养（安全、营养） | 卫生防病 |
| | | | | | | | | 边、尖角或露出铁钉；婴床、衣物、玩具都需接受检查，确保安全；液热的饮料和食物、药物和利器须放置在儿童不可触及的地方；玩具及儿童用品、应特别注意产品安全性；小心开关窗户，禁止攀爬窗户；玩耍须由成人陪伴方可使用电梯；教导儿童养成使 | | |

续表

| 国家或地区 | 机构类型 | 举办资格 | 人员配备（收托幼儿数与从业人员同的比例,从业人员资质要求） | 建筑设计 | | | 安全防护 | | 卫生保健 | |
| --- | --- | --- | --- | --- | --- | --- | --- | --- | --- | --- |
| | | | | 选址原则 | 场地要求（室内,户外） | 配备用房（活动用房,睡眠室,供餐用房等） | 安全制度（安全防护制度,应急预警制度等） | 安全设施（消防设施,安保系统,材料/家具安全） | 饮食营养（安全,营养） | 卫生防病 |
| 中国（台湾） | 幼儿园（2~6岁） | | • 在2~3岁幼儿班级中,为8名以下幼儿配备教保服务人员一名;为9名以上幼儿配备教保服务人员两名。<br>• 公立学校附设幼儿园,还需增置幼儿服务人员一人。<br>• 资质要求:经专科以上学校幼儿教育、幼儿保育相关科系、所、学位学程及辅系的认定 | | • 扣除办公室、保健室、盥洗卫生设备等非儿童主要活动空间,室内楼地板面及户外活动面积合计应达60平方米以上。<br>• 室内楼地板面积,每人不得少于1.5平方米。<br>• 户外活动面积,每人不得少于2平方米。 | • 办公室、活动室、寝室、厨房、其他与服务相关的必要设备。<br>• 盥洗卫生设备:每收托10名儿童应设置水龙头一座,有同龄儿童设计目符合该年龄段儿童使用的马桶一套,未满10人者,以10人计。 | | 用楼梯时靠左,所有楼梯都应设有适合儿童高度、稳固扶手。<br>• 幼儿园接送幼儿应使用专用车辆、车辆质量及驾驶人员及随车人员均须符合规定。 | | • 建立幼儿健康管理制度。<br>• 应为处理幼儿紧急伤病,制定相应措施救助步骤。<br>• 办理幼儿园团体保险。 |

## 附录 4　居家式托育机构设置标准汇总表

| 国家或地区 | 机构类型 | 基本规定 | | | | 建筑设计 | | 安全防护 | | 卫生保健 | |
|---|---|---|---|---|---|---|---|---|---|---|---|
| | | 举办规模（机构规模，机构班级规模） | 举办资格 | 人员配备（收托幼儿数与从业人员间的比例、从业人员资质要求） | 选址原则 | 场地要求（室内、户外） | 配备用房（活动用房、睡眠室、供餐用房等） | 安全制度（安全防护制度、应急预警制度等） | 安全设施（消防设施、安保系统、材料家具安全） | 饮食营养（安全、营养） | 卫生防病 |
| 加拿大 | 家庭托育：看护人员在自己家庭中照看家人以外的婴幼儿。 | 以家庭作为托幼地点。根据家庭面积及看护人员的数量决定看护婴幼儿的数量。 | 1. 背景检查。（1）本人及家人的刑事纪录检查。（2）刑事纪录自我披露声明及披露资料书。（3）虐待儿童登记记录检查。（4）接受家庭服务中心的检查。（5）提交两份观察记录（由知道自己如何照顾婴幼 | 1. 师幼比。（1）一名看护人员照顾最多不超过7名婴幼儿（自己的婴幼儿也包括在内）。超过12个月以下儿童不得超过3名；3岁以下儿童不得超过1名。（2）招收幼儿最大年龄不超过12岁。2. 人员资质。（1）虽然不需要专门的教育学背景，但如果不是教育背景出身，需要接受20～60小时的安全培训、健康 | 安全、卫生、明亮的空间。 | 1. 室内。（1）家中有两个出口，能够从一层直接通到外面。（2）具有室内游戏区：角色区、精细运动区、创意和建构区、阅读区、艺术区、数学区、电脑、音乐、电脑区等。2. 户外。应具有大肌肉区、沙水区、科学区。 | 1. 睡眠室设施要求。（1）为身高不足90厘米的婴儿提供有围栏的床，床垫厚度至少有7.5厘米，有一个干净可洗的床垫套和干净的被子。2. 储物空间配置要求。（1）日常 | 受到省和地方政府的监管。1. 消防安全检查是由市消防部门进行的，他们必须确保消防安全符合《防火应急反应法》（The Fires Prevention and Emergency Response Act）的标准。2. 公共卫生检查员根据《公共卫生法》（The Public Health Act）和其他卫生与安全法规对家庭进行检查。 | 消防配备：一个灭火器、烟雾探测器，以及一个急救箱。所有危险物品必须上锁，儿童不可接近。物质配备使用无毒、安全的材料。 | 1. 根据加拿大卫生署印发的《加拿大食品指南》的营养要求提供食物。2. 菜单要求。（1）张贴位置，供家长及其他看护人查看。 | 1. 公共卫生检查员根据《公共卫生法》与其他卫生与安全法规对看护家庭进行检查。2. 公共卫生检查员还根据《省级儿童保健条例》执行具体的卫生检查。3. 当患有传染病或儿童看护者必须时，看护者必须咨询公共卫生人士，然后通知他们的托儿协调员和孩子的监护人查。 |

| 国家或地区 | 机构类型 | 基本规定 | | | 建筑设计 | | | 安全防护 | | 卫生保健 | |
| --- | --- | --- | --- | --- | --- | --- | --- | --- | --- | --- | --- |
| | | 举办资格 | 举办规模（机构规模、机构班级规模） | 人员配备（收托幼儿数同的比例、从业人员资质要求） | 选址原则 | 场地要求（室内、户外） | 配备用房（活动用房、睡眠室、供餐用房等） | 安全制度（安全防护制度等、应急预警制度等） | 安全设施（消防设施、安保系统、材料/家具安全） | 饮食营养（安全、营养） | 卫生防病 |
| | | 儿的人提供证明）。2.环境评估。（家里环境的安全性——家中有两个出口，能够从一层直接到外面）。3.看护人员评估。（1）健康评估，并进行登记。（2）是否接受过教育培训。 | | 教育培训、营养培训、儿童心理发展培训和教育课程培训：8小时的急救和心肺复苏术训练。（2）需要有育儿经验或家庭管理经验（例如、管理技能、有效的口头表达能力、沟通的能力、解决问题的能力等）和个人特质（例如、同情心、和理解力、尊重、灵活、职业道德等）。 | | 注：区域材料的配置要求根据年龄段来划分，分为12周～11个月，12～24个月，12岁前以下。 | 可使用的玩具的存放区。（2）目前未使用的玩具存放处。（3）放尿布和婴幼儿个人用品的架子。（4）存放其他闲置物品的架子。3.日常空间配置要求。（1）用餐区和小吃区。有适合所有婴幼儿身体发展水平 | | | 阅及存档一年。3.只提供安全可靠的食品（如三岁以下儿童不得进食含有花生制品的食物）。4.食品分量。《加拿大健康饮食指南》指出，学龄前儿童食物分量应该是成年人的三分之一 | 父母来裁决是否暂时关闭家庭托育机构。 |

续表

| 国家或地区 | 机构类型 | 基本规定 | | | 建筑设计 | | | 安全防护 | | 卫生保健 | |
|---|---|---|---|---|---|---|---|---|---|---|---|
| | | 举办资格 | 举办规模（机构规模,机构班级规模） | 人员配备（收托幼儿数与从业人员间的比例,从业人员资质要求） | 选址原则 | 场地要求（室内、户外） | 配备用房（活动用房,睡眠室,供餐用房等） | 安全制度（安全防护制度,应急预警制度等） | 安全设施（消防设施,安保系统,材料/家具安全） | 饮食营养（安全、营养） | 卫生防病 |
| | | | | | | | 的座位。（2）满足孩子个人需求的午睡空间。（3）婴幼儿单独的活动区。（4）接待儿童和家长的区域,包括可坐的地方,换鞋的地方,一个公告板,一个供每个孩子挂外套、储存个人物品的储藏区。 | | | 到一半;学龄儿童分的食物该是大量应拿饮食《加健康食南》品中推荐的一份的三倍左右。学龄儿童应为在课前准备好餐点。 | |

续表

| 国家或地区 | 机构类型 | 基本规定 | | | 建筑设计 | | | 安全防护 | | 卫生保健 | |
|---|---|---|---|---|---|---|---|---|---|---|---|
| | | 举办资格 | 举办规模（机构规模,机构班级规模） | 人员配备（收托幼儿数与从业人员间的比例、从业人员资质要求） | 选址原则 | 场地要求（室内、户外） | 配备用房（活动用房、睡眠室、供餐用房等） | 安全制度（安全防护制度、应急预警制度等） | 安全设施（消防设施、安保系统、材料/家具安全） | 饮食营养（安全、营养） | 卫生防病 |
| | | | | | | | 4.看护者的私人空间要求。（1）看护者和看护者自己的孩子/配偶偶远离婴幼儿护理的活动的区域。（2）为看护者和看护者的家庭提供一个设有看护玩具和设备的生活区。 | | | | |

续表

| 国家或地区 | 基本规定 | | | | | 建筑设计 | | 安全防护 | | 卫生保健 | |
|---|---|---|---|---|---|---|---|---|---|---|---|
| | 机构类型 | 举办资格 | 举办规模（机构规模、机构班级规模） | 人员配备（收托幼儿数与从业人员间的比例、从业者资质要求） | 选址原则 | 场地要求（室内、户外） | 配备用房（活动用房、睡眠室、供餐用房等） | 安全制度（安全防护制度、应急预警制度等） | 安全设施（消防设施、安保系统、材料/家具安全） | 饮食营养（安全、营养） | 卫生防病 |
| 澳大利亚 | 家庭托育人员在自己家庭中照看幼儿，包括全日制、半日制、临时看护、过夜看护、延长看护等。 | 1. 评估：教育发展署职员在看护人员正式注册之前，会到其家中进行房屋评估。<br>2. 资格证书。<br>（1）每个家护者至少获得教育和护理的三级资质证书。<br>（2）每个看护者及其需要有急救和心肺复苏证书。<br>3. 接受教育培训、接受过敏管理培训、应急管理培训。 | | 一名看护人员看护最多不超过7个孩子。看护人员不得超过4人（包括教育自己的孩子）。最大年龄不超过13岁。 | 安全，有家庭氛围。 | 1. 室内：在家庭托儿所接受教育和照顾的每个儿童所拥有的未占用室内空间，适合其年龄特点，适合婴幼儿提供充足的房间面积。3.25平方米的未占用室内空间。<br>2. 为婴幼儿提供洗手和擦手设施。<br>3. 厕所，洗手和擦手设施应方便婴幼儿使用。<br>4. 儿童使用的室内空间通风良好，有充足的自然光，并保持安全和健康的温度。 | 睡眠室：每个孩子都有一个干净、舒适和安全的地方睡觉。这个地方不能让其他家庭成员进入，也能用作房子其他区域的通道。 | 1. 立法。<br>《2011年教育及幼儿服务（注册及标准）条例》。<br>2. 相关政策。<br>《教护和护理机构的健康支持计划和管理程序》。<br>《教育和护理家庭指南》。<br>《家庭看护管理指南》。<br>3. 有明确应急情况的紧急预案。<br>3. 有明确应急情况变更计划及程序。 | 1. 环境安全。<br>（1）房屋和设备安全、清洁、维修良好。<br>（2）儿童可使用的任何户外空间都被高的栅栏或其他物品包围。<br>2. 物质材料安全。<br>（1）购买的家具必须保证安全。可参考《保护儿童安全：托儿所家具指南》。 | 1. 以《澳大利亚婴幼儿食谱指南》为依据。<br>（1）事先知道每个孩子对任何食物的情况，敏感或文化食物的喜好。<br>（2）他们应遵对宗教或文化食物的喜好。<br>（2）他们应遵循《澳大利亚健康饮食指南》提供食品供给。<br>（3）看护期间为婴幼儿树立健康饮食。 | 教育和儿童发展部针对家庭看护对婴幼儿健康护理提出了《健康支持指南》，针对以下情况，给出类别说明：<br>1. 居住在房屋内感到不适的幼儿。<br>2. 生病的幼儿。<br>3. 未接种疫苗的幼儿。<br>4. 卫生习惯。<br>5. 卫生清洁。<br>6. 尿布使用。<br>7. 幼儿保护。 |

续表

| 国家或地区 | 机构类型 | 基本规定 | | | 选址原则 | 建筑设计 | | 安全防护 | | 卫生保健 | |
|---|---|---|---|---|---|---|---|---|---|---|---|
| | | 举办资格 | 举办规模（机构规模、机构班级规模） | 人员配备（收托幼儿数与从业人员间的比例、从业人员资质要求） | 选址原则 | 场地要求（室内、户外） | 配备用房（活动用房、睡眠室、供餐用房等） | 安全制度（安全防护制度、应急预警制度等） | 安全设施（消防设施、安保系统、材料/家具安全） | 饮食营养（安全、营养） | 卫生防病 |
| | | 并接受过当前批准的呼吸急管理培训。4.登记注册。每一位家庭日间护理工作者,均需在家庭日间护理服务总办事处登记注册。(登记册上的任何信息,包括对该信息的更改,均应被提供给监管局。) | | | | 5.户外:每个在家庭托育和照顾的孩子至少有7平方米的户外活动空间。 | | | (2)床的安全:当每个孩子第一次在床上睡觉时,床单都是刚洗过的(至少每周洗一次,或按要求洗);床要适合每个孩子的年龄和大小。 | 习惯和行为榜样。(4)尊重家庭在母乳喂养或奶瓶喂养方面的意愿。(5)密切监督儿童,确保饮食安全和遵循安全的饮食卫生习惯。(6)针对有关的室息事件,已经制定了紧急程序。(7)食物制作人员持有健康证。 | |

续表

| 国家或地区 | 机构类型 | 基本规定 | | | | 建筑设计 | | 安全防护 | | 卫生保健 | |
|---|---|---|---|---|---|---|---|---|---|---|---|
| | | 举办资格 | 举办规模（机构规模，机构班级规模） | 人员配备（收托幼儿数与从业人员的比例，从业人员资质要求） | 选址原则 | 场地要求（室内、户外） | 配备用房（活动用房，睡眠室，供餐用房等） | 安全制度（安全防护制度，应急预警制度等） | 安全设施（消防设施，安保系统，材料/家具安全） | 饮食营养（安全、营养） | 卫生防病 |
| 中国（台湾） | 居家式托育看护（照顾人员在自己家庭中照看所收托的婴幼儿以外的婴幼儿）。 | 1. 年满20岁并取得保姆以下资格。（1）取得保育人员技术士证。（2）高级中等以上学校幼儿保育、家政、护理相关科系毕业。（3）受过托育专业人员专业训练并取得结业证书。2. 居家环境接受访视后符合收托要求。3. 加入地方社区保姆系统。4. 健康检查证明合格（无犯罪记录，精神、身心状态良好等）。 | 以家庭作为托育幼儿地点，根据家庭面积及看护人员的数量决定收托婴幼儿的数量。 | 1. 一名半日、日间、延长托育机构看护人员最多照顾4人，其中未满2岁婴幼儿最多2人。2. 一名全日或夜托育机构看护人员最多照顾2人。3. 一名看护人员，半日、日间、延长托育机构，可增收幼儿满2岁2人。4. 夜托2岁以上者，可增收半日、日间，延长托育幼儿最多1人。5. 2名以上托育人员，日间共同照顾至多4人，其中全日或夜托最多2人。 | 在卫生、安全等方面达标的看护人家中。 | 室内游戏空间；户外活动空间。 | 睡眠室：对婴幼儿睡眠床、寝具的安全、睡眠位置有要求。 | 1. 检查。（1）目测检查。（2）定期检查。（3）年度检查。2. 设立联络网：（1）存有附近医疗、警察单位，医院等相关单位的联系方式；（2）当联络不上婴幼儿的家庭第一紧急联系人时，需有第二紧急联络人的联系方式，以方便及时处理。 | 《家庭托育安全检核表》中对以下内容提出了安全设置规范要求的：门；阳台；地板；逃生出口；窗户；室内楼梯；家具设施；电器用品；电源插座；瓦斯、热水器；消防设施；物品收纳；紧急状况处理措施。 | 1. 婴幼儿食品备制要安全健康。2. 哺育及喂食所需物品、设施、设备要保证安全。例如：厨房、调奶台、喂食椅、餐具及哺育食品要安全卫生。 | 1. 收托的婴幼儿于托育时间内发生疾病、重病或意外事故时，托育人员应立即予以紧急救护，并处理或立即通知委托人指定的或紧急联系人。2. 收托的婴幼儿于托育时间内发生急病、重病或意外事故，有必要送医治疗时，安排至适当医疗机构，以就近原则，送往其他医疗的必要时应优先送往委托人指定的医院就医诊治。 |

续表

| 国家或地区 | 机构类型 | 基本规定 | | | 建筑设计 | | | 安全防护 | | 饮食营养（安全、营养） | 卫生保健 |
|---|---|---|---|---|---|---|---|---|---|---|---|
| | | 举办资格 | 举办规模（机构规模、机构班级规模） | 人员配备（收托幼儿数与从业人员间的比例、从业人员资质要求） | 选址原则 | 场地要求（室内、户外） | 配备用房（活动用房、睡眠室、供餐用房等） | 安全制度（安全防护制度、应急预警制度等） | 安全设施（消防设施、安保系统、材料/家具安全） | | 卫生防病 |
| | | 5. 共同居住成员名单审核。6. 完成托育人员核心训练课程。 | | 6. 儿童年龄为12岁以下。 | | | | | | | （委托人指定的医院，请参考健康状况表）。如委托人未指定或委托人拒收，无法处理时，把婴幼儿送往其他医院。 |
| 新西兰 | 家庭儿童保育（分为私人经营和社区经营） | 1. 需要早期教育儿童委员会批准。2. 要符合《教育法》和其他相关法律的要求。3. 环境达标。4. 人员资质达标。 | 以家庭网络覆盖区域来看，一个家庭网络可以对80个孩子进行照看。一些较大的网络覆盖超过25个家庭。 | ·看护比 1:4；最多不超过4个6岁以下婴幼儿（包括自己孩子在内）。·人员资格 1. 看护人必须年满20岁。2. 接受家庭网络培训、教育工作者为看护人员提供培训后，看护人员才具备家庭 | ·选址原则 在社区中，安全、卫生、干净、明亮的家庭环境或者其他环境。 | 室内：室内环境应包括基本的环境空间，具有学习空间资源和学习意义的环境。户外：安全的自然环境。 | 《1992年教育（家庭）护理令》规定了对睡眠室的要求。 | 1. 教育评估办公室对家庭看护质量进行监察。2. 《1992年教育（家庭）护理令》规定了对安全的要求。(1) 看护环境的安全；(2) 规定了室内和户外空间内和户外空间大小和空间 | 1. 《幼儿教育条例》规定了健康与安全的最低标准。2. 《1992年家庭教育护理令》对患儿衣服清洗要求、清洁要求、安全和卫生作出了要求。 | 1. 《幼儿教育条例》规定了健康与安全的最低标准。 | 1. 《1992年教育（家庭）护理令》规定了卫生要求。(1) 急救室和护理人员的急救培训规定。(2) 对患儿童如何避免隔离和如何避免儿童感染疾病问题作出了要求。 |

续表

| 国家或地区 | 机构类型 | 基本规定 | | | 建筑设计 | | | 安全防护 | | 卫生保健 | |
|---|---|---|---|---|---|---|---|---|---|---|---|
| | | 举办资格 | 举办规模（机构规模，机构班级规模） | 人员配备（收托幼儿数与从业人员间的比例，从业人员资质要求） | 选址原则 | 场地要求（室内，户外） | 配备用房（活动用房、睡眠室、供餐用房等） | 安全制度（安全防护制度、应急预警制度等） | 安全设施（消防设施、安保系统、材料/家具安全） | 饮食营养（安全、营养） | 卫生防病 |
| | | 5. 每个家庭都必须有自己的协调员。 | 一个家庭看护者最多照看 4 个 6 岁以下的儿童，不超过 2 个 2 岁以下的儿童，教育者在自己的家中工作，一次最多照看 4 个孩子。 | 看护资格 3. 具备看护管理执照（分等级）。 4. 背景检查。 注：家庭网络是指照管周边婴幼儿的看护人组织，这些看护人员由一个或多个协调员负责和监督。 | | | | 之间的通道的最低标准要求。 （2）制定受火灾、地震及电器配件所引致的危险的应急机制。 3. 每个家庭都配有协调员，负责所在区域的家庭网络的安全。 （1）网络协调员必须定期探访家庭看护人员、检查儿童的安全和发展情况，进行安全检查，观察护理员的实际情况，向看护人员提供意见和支持，并确保其符合所有法律规定。 | 对睡眠设施作出了明确规定。 | 2.《1992 年 教 育（家 庭）法 令（管理）》规定了食品和饮料安全。 | |

续表

| 国家或地区 | 机构类型 | 基本规定 | | | 建筑设计 | | | 安全防护 | | 卫生保健 | |
|---|---|---|---|---|---|---|---|---|---|---|---|
| | | 举办资格 | 举办规模（机构规模、机构班级规模） | 人员配备（收托幼儿数与从业人员间的比例、从业人员资质要求） | 选址原则 | 场地要求（室内、户外） | 配备用房（活动用房、睡眠室、供餐用房等） | 安全制度（安全防护制度、应急预警制度等） | 安全设施（消防设施、安保系统、材料/家具安全） | 饮食营养（安全、营养） | 卫生防病 |
| | | | | | | | | （2）在孩子们被网络照顾的时间里，协调员必须在职。在一个高质量的家庭网络中，他们必须能够在这些时间内立即对护理人员/教育工作者和家长做出反应；协调员也将随时为护理人员提供服务。（3）根据《2004年教育（幼儿服务）规例》，所有注册员必须为合有早期儿童教育教师的注册教师。注册教师需要持有教育文凭（幼儿教育）或是同等学力的教师。 | | | |

续表

| 国家或地区 | 机构类型 | 基本规定 | | | 建筑设计 | | | 安全防护 | | 卫生保健 | |
|---|---|---|---|---|---|---|---|---|---|---|---|
| | | 举办资格 | 举办规模（机构规模、机构班级规模） | 人员配备（收托幼儿数与从业人员间的比例、从业人员资质要求） | 选址原则 | 场地要求（室内、户外） | 配备用房（活动房、睡眠室、供餐用房等） | 安全制度（安全防护制度、应急预警制度等） | 安全设施（消防设施、安保系统、材料/家具安全） | 饮食营养（安全、营养） | 卫生防病 |
| 英国 | 家庭托育 | 1. 提供无犯罪记录证明。<br>2. 针对所照顾的婴幼儿年龄组的婴幼儿进行急救及看护人员的数量培训。<br>3. 婴幼儿看护——当地教育标准局完成注册，然后加入全国家庭式托育行业协会，成为会员。<br>4. 符合健康要求（是否在吃药、体能状况、听力状况等）。<br>（1）年满18岁且拥有高中以上文化程度。 | 以家庭作为托幼场地点，根据家庭面积及看护人员的数量决定看护的婴幼儿的数量。 | 12岁以下的儿童不得超过6名（包括自己的幼儿）。在这6个孩子中：学龄前幼儿不超过3人；12个月以下的儿童不得超过1人。 | 在卫生、安全等方面达标的看护人员家中。 | 1. 该处所结构稳固、安全可靠。<br>2. 该处所内的每名儿童有足够的空间。<br>3. 在考虑到学前儿童的需要后，从房屋入住到白天和晚上，房屋有适当的加热设施。 | 1. 活动空间。<br>（1）为学龄前儿童提供适当的和足够的空间。<br>（2）提供足够且适当的设施，供幼儿在室内及户外玩耍，并考虑服务的学前儿童。 | | 1. 所有发热表面均由固定护栏保护或经适当控制，以确保表面温度安全。<br>2. 为学龄前儿童提供的热水是恒温控制的，以确保安全的温度。<br>3. 保证花园或其他户外游乐区的围栏及门的安全，以防止儿童无人监管地进入通道或接近其他危险源。 | 1. 提供食物的看护需要向当地政府进行卫生登记、办理食物经营许可。<br>2. 应当提供为儿童适当营养和多样化的食物。<br>3. 提供合适的场所，方便食物的储存、准备、烹饪和供应；提供应 | 1. 该处所内提供合适的通风设施，应确保在建筑物内提供合适的卫生设施。<br>2. 应确保房舍提供适当和有效的排水和污水处理方法。<br>3. 应确保所有废物和其他垃圾都经过卫生处理，以免造成滋扰。<br>4. 定期消毒，保证卫生，防止细菌感染扩散。<br>5. 为婴幼儿提供干净的床上用品、毛巾和备用衣物。 |

续表

| 国家或地区 | 机构类型 | 基本规定 | | | 选址原则 | 建筑设计 | | 安全防护 | | 卫生保健 | |
|---|---|---|---|---|---|---|---|---|---|---|---|
| | | 举办资格 | 举办规模（机构规模，机构班级规模） | 人员配备（收托幼儿数与从业人员间的比例，从业人员资质要求） | | 场地要求（室内、户外） | 配备用房（活动用房、睡眠室、供餐用房等） | 安全制度（安全防护制度、应急预警制度等） | 安全设施（消防设施、安保系统、材料/家具安全） | 饮食营养（安全、营养） | 卫生防病 |
| | | （2）具有国家保育员委员会审查执业执照，或国家技能鉴定证书二级以上证书，或参与幼儿或参与婴暨教育协会提供的培训课程，取得了相关证照之一。 | | | | | 人们的年龄及他们在该处所内逗留的时间。2.存储空间。（1）为婴儿、手推式婴儿床、游戏及工作人员及个人备品提供足够及适当的储存空间。（2）提供一定存储空间，用于存储清 | | 并禁止学前儿童未经授权进入花园或外围游乐区。4.处所、固定装置定期维修，并保持清洁卫生，且免受侵扰。5.任何花园或外围游乐区内的池塘、坑及其他危险设施均设有隔离设施，以确保参加该项保育服务的学前儿童的安全。 | 足够及合适的的餐具、洗手、清洗及消毒设施。 | |

续表

| 国家或地区 | 机构类型 | 基本规定 | | | 建筑设计 | | | 安全防护 | | 卫生保健 | |
|---|---|---|---|---|---|---|---|---|---|---|---|
| | | 举办资格 | 举办规模（机构规模,机构班级规模） | 人员配备（收托幼儿数与从业人员间的比例,从业人员资质要求） | 选址原则 | 场地要求（室内、户外） | 配备用房（活动用房、睡眠室、供餐用房等） | 安全制度（安全防护制度、应急预警制度等） | 安全设施（消防设施、安保系统、材料/家具安全） | 饮食营养（安全、营养） | 卫生防病 |
| | | | | | | | 洁化学品和不安全、有毒、有危险或有害的物质或设备。 | | 6. 在住所内,不允许排放有害气体、烟雾等气体。（如禁止室内吸烟。）7. 家具安全。有足够的家具、游戏及工作设备和材料,而该家具、设备和材料是合适的、无毒的,并接受定期维修,保持清洁及卫生。 | | |

续表

| 国家或地区 | 机构类型 | 基本规定 | | | 建筑设计 | | | 安全防护 | | 卫生保健 | |
|---|---|---|---|---|---|---|---|---|---|---|---|
| | | 举办资格 | 举办规模（机构规模、机构班级规模） | 人员配备（收托幼儿数与从业人员间的比例、从业人员资质要求等） | 选址原则 | 场地要求（室内、户外） | 配备用房（活动用房、睡眠室、供餐用房等） | 安全制度（安全防护制度、应急预案警制度等） | 安全设施（消防设施、安保系统、材料/家具安全） | 饮食营养（安全、营养） | 卫生防病 |
| 日本 | 家庭托育（保育妈妈）机构类型：延长托育、假日托育、夜间托育、病后儿童托育、临时托育。 | 1. 最好拥有保育教师和护士资格证。2. 经过婴幼儿方面的相关培训。3. 通过保育项目考试（保育妈妈）成为家庭保育者；获得"家庭保姆"的批准；在家中或其他地方设有幼儿设施。 | ·职员数：家庭教师+家庭保育辅助者。 | ·师幼比 职员：0~2岁婴幼儿为3：1，若设置家庭保育辅助人员则5：2。·人员资质 1. 家庭教师：有保育项目资质，有保育经验，接受了关于家庭保育的专业培训，被市里认定的人。2. 家庭保育辅助者：参加完有关家庭保育的专门研修后，由市里承认，进行家庭保育业务的人。3. 针对3岁以下婴幼儿须对3岁以下儿童上儿童的实际年龄决定，没有年龄限制。(1) 根据该地区的实际情况，目标年龄由市政当局决定，没有年龄限制。 | ·位置有家庭氛围，在安全、卫生、采光等方面达到的看护标准的看护人员家中。 | ·室内 进行看护的房间面积应大于9.9平方米，安全和通风的条件良好。如果对超过3人的儿童保育，每名儿童将增加3.3平方米。·户外 住宅内有足够大的小的花园，附近有公园、空地，专有庙房屋等开放空间，要积极利用区域资源。有适合的商业场所，儿童游乐场所（包括公园附近的位置）。 | 睡眠房；活动用房；供餐用房；行政人员房间；有卫生设施、烹饪设施和厕所。 | 安全；具备保险；定期进行消防演习进行消散习。 | 1. 消防设施，安装火警报警器，制订疏散方案，及时预防演习等预防方案。及时对应反应，并针对安全措施方面提出改进建议。2. 材料/家具安全。(1) 对儿童保育设施进行家庭检查，并针对安全方面提出改进建议。(2) 为突发安全事件做好准备，如针对学前准备，如针对对 | 1. 遵守《托儿所指南》，根据婴幼儿的发育过程准备"育儿计划"以及日托内容。2. 对婴幼儿的托育，情况进行记录。3. 提供膳食应根据婴幼儿的情况，使他们们形成理想的饮食习惯，除摄入量外， | 1. 一般卫生：所有设施保持干净卫生。2. 急救：家庭保育者具有急救技能（被培训过）。3. 疾病和药物、事故和紧急情况；医生为儿童编健康检查，提供医疗服务，记录必要情况，并向家育的长提出建议，采取必要的程序。(1) 检测婴幼儿饮用水，保证婴幼儿使用的的设施、餐具等符合卫生标准。 |

续表

| 国家或地区 | 机构类型 | 基本规定 | | | 建筑设计 | | | 安全防护 | | 卫生保健 | |
| --- | --- | --- | --- | --- | --- | --- | --- | --- | --- | --- | --- |
| | | 举办资格 | 举办规模（机构规模，机构班级规模） | 人员配备（收托幼儿数与从业人员间的比例，从业人员资质要求） | 选址原则 | 场地要求（室内、户外） | 配备用房（活动用房、睡眠室、供餐用房等） | 安全制度（安全防护制度，应急预警制度等） | 安全设施（消防设施，安保系统，材料/家具安全） | 饮食营养（安全、营养） | 卫生防病 |
| | | | 家庭护理和两个或两个以上的个人提供托儿服务、照看服务,婴幼儿数量应为5人或以下。 | (2) 在养育3岁以上的儿童时,家庭护理人员必须接受有关3岁以上儿童的发育和养育内容的培训。4. 人员其他要求(1) 完成了市长、町长、村长进行的培训。(2) 身心健全。(3) 对婴幼儿有一定的热情和理解。(4) 可以专注于婴幼儿保育。(5) 没有虐待婴幼儿问题。(6) 有家庭保育项目所需的知识和技能。(7) 不要因为国籍、信仰、社会地位或儿童费、歧视婴幼儿。 | | | | | 灾害或可疑人员造成的损失、建立应急通信网络并确定日常生活中的疏散路线。 | 必须注意妥善处理食物过敏。4. 营养与健康(1) 食物中应含有足够的营养素成分。(2) 进食时,考虑到孩子身体的所需要的营养,关注营养的色、香、味。(3) 根据婴幼儿的状况,制定婴幼儿食物过敏应对机制。 | (2) 家庭日托中心发生的感染,如已被或未被传播,应采取必要措施。(3) 药品管理,明确家中被允许的备用药物。在婴幼儿健康状况方面,家庭保育人员总是谨慎的、必要时采取适当措施,维护婴幼儿健康。 |

续表

| 基本规定 | | | | | | 建筑设计 | | 安全防护 | | 卫生保健 | |
|---|---|---|---|---|---|---|---|---|---|---|---|
| 国家或地区 | 机构类型 | 举办资格 | 举办规模（机构规模,机构班级规模等） | 人员配备（收托幼儿数与从业人员间的比例、从业人员资质要求） | 选址原则 | 场地要求（室内、户外） | 配备用房（活动用房、睡眠室、供餐用房等） | 安全制度（安全防护制度、应急预案制度等） | 安全设施（消防设施、安保系统、材料/家具安全） | 饮食营养（安全、营养） | 卫生防病 |
| 美国（佛蒙特州） | 家庭托育看护 | 1. 看护人员需要获得当地政府颁布的看护许可证，包括以下几点。(1)看护比例及看护人员的数量要求达标。(2)家庭中可容纳的幼儿数量。(3)建筑物安全（例如，紧急出口、清洁及维修，以及潜在危险等方面）。(4)有免疫布种和其他阻止疾病传播的方法。(5)儿童营养、有在儿童看护项目工作的经验。 | 以家庭作为托幼地点，根据家庭面积及看护人员的数量决定容纳幼儿的数量。 | 根据家庭承受能力，为7岁以下儿童提供家庭式的一日看护，包括看护者10岁以下居住在家的幼儿。 | 在卫生、安全等方面达标的看护人员家中。 | ·户外 1. 有足够大的安全的户外游戏区域；幼儿有机会在户外场地上进行活动和大肌肉活动。2. 玩具设施：所有户外游乐设备坚固、安全、清洁。3. 安全距离：所有的玩具设施应距离地面 76 厘米高。·室内 ·确保室内有儿童可使用、充足的活动空间，至少每个儿童 3.25 平方米的安全使用面积。 | ·盥洗室 1. 应确保有一间盥洗室、配备一个功能能正常的厕所。2. 应保证洗浴功能正常的洗手池。3. 儿童卫生：儿童卫生间应备有厕纸，应随时提供，安置妥善，分配厕纸，每次如厕后都要冲洗。 | 社区护理许可证社区护理局对社区内所有注册的家庭看护机构进行视察。在检查过程中了解幼儿的健康、安全状况及家庭环境设置。 | ·物质环境安全 1. 建筑物和地面的一般安全。2. 有火灾安全。3. 灯光要求。4. 危险物品管理。5. 宠物管理。6. 枪支使用管理等。 | 1. 餐点制作应符合政策要求。(1)食品制备人员了解营养要求、卫生食品制备、储存和清洁要求，并遵守家庭护理有关食品安全和营养的政策。(2)应确保提前计划菜单并张贴，让家长清楚，应可见。 | |

续表

| 国家或地区 | 机构类型 | 基本规定 | | | 建筑设计 | | | 安全防护 | | 卫生保健 | |
|---|---|---|---|---|---|---|---|---|---|---|---|
| | | 举办资格 | 举办规模（机构规模,机构班级规模） | 人员配备（收托幼儿数与从业人员间的比例、从业人员资质要求） | 选址原则 | 场地要求（室内、户外） | 配备用房（活动用房、睡眠室、供餐用房等） | 安全制度（安全防护制度、应急预警制度等） | 安全设施（消防设施、安保系统、材料/家具安全） | 饮食营养（安全、营养） | 卫生防病 |
| | | （6）接受教育培训、健康和其他要求。托儿执照要求因州而异。2. 背景检查。所有住在家庭托育机构中的成年人、所有会接近幼儿的人员都要接受检查。（联邦法律实施州要求所有看护者的背景采集者纹，包括联邦和州调查必须包括对联邦数据库 | | | | 积是可用的。每个孩子应有足够的自由空间进行活动。卫生间、储藏室、走廊、炉房等儿童平时不睡觉、不玩耍的区域不计入使用面积。 | · 厨房配置要求1. 厨房许可。2. 厨房设备、食品清洗、食品操作台。3. 食品存储。4. 食品安全。(1) 食物应煮至适当的温度并上桌后马上准备。所有的食物都应再加热至少烹熟至165℃。热 | | | 注明后续的任何更改之处。前六周的餐点周的菜单应予存档。2. 膳食和零食的营养含量。(1) 看护1小时间以下：提供一份零食。看护时间4～6小时：提供一餐和一份小吃。看护时间6～11小 | |

| 国家或地区 | 机构类型 | 基本规定 | | | 建筑设计 | | | 安全防护 | | 卫生保健 | |
|---|---|---|---|---|---|---|---|---|---|---|---|
| | | 举办资格 | 举办规模（机构规模、机构班级规模） | 人员配备（收托幼儿数与从业人员间的比例、从业人员资质要求） | 选址原则 | 场地要求（室内、户外） | 配备用房（活动用房、睡眠室、供餐用房等） | 安全制度（安全防护制度、应急预警制度等） | 安全设施（消防设施、安保系统、材料/家具安全） | 饮食营养（安全、营养） | 卫生防病 |
| | 的指纹检查，以确保举办者没有可能危及儿童健康和安全的定罪史。此外，必须对查谱在的儿童护理提供者，以确保他们没有被列为性犯罪者，也没有被发现有忽视或虐待儿童的行为。<br>3. 急救培训。必须在3个领域接受至少16小时的培训：儿科心肺复苏术、儿科急救和疾病预防健康实践。 | | | | | | 的食物应保持温度不低于135℃，冷的食物应保持温度不超过41℃。<br>（2）所有易腐食品不得常温保存超过一小时。易腐食品应存放在冰箱有盖的浅层中。<br>（3）冷冻食品应在冰箱中冷藏解冻。 | | | 时：提供两餐一点心或一餐两点心。<br>看护时间11小时以上三餐、两份小吃。<br>（2）所有餐食符合零食和当前美国农业部儿童和成人护理膳食计划食模式要求，并根据每名儿童的年龄调整。 | |

续表

| 国家或地区 | 机构类型 | 基本规定 | | | 建筑设计 | | | 安全防护 | | 卫生保健 | |
|---|---|---|---|---|---|---|---|---|---|---|---|
| | | 举办资格 | 举办规模（机构规模,机构班级规模） | 人员配备（收托幼儿数与从业人员间的比例,从业人员资质要求） | 选址原则 | 场地要求（室内、户外） | 配备用房（活动用房、睡眠室、供餐用房等） | 安全制度（安全防护制度、应急预警制度等） | 安全设施（消防设施、安保系统、材料/家具安全） | 饮食营养（安全、营养） | 卫生防病 |
| | | | | | | | 或在微波炉中解冻。(4)所有不安全、受污染的食品应及时处理。 | | | (3)可提供100%的果汁。不得提供人工加糖饮料。(4)提供奶制品时，应满足以下条件：所有儿童应饮用巴氏液体灭菌牛奶、1%低脂或脱脂牛奶。3.制作食品应远离幼儿。所有热的食物和液 | |

续表

| 国家或地区 | 机构类型 | 基本规定 | | | 建筑设计 | | | 安全防护 | | 卫生保健 | |
|---|---|---|---|---|---|---|---|---|---|---|---|
| | | 举办资格 | 举办规模（机构规模,机构班级规模） | 人员配备（收托幼儿数与从业人员间的比例,从业人员资质要求） | 选址原则 | 场地要求（室内、户外） | 配备用房（活动用房、睡眠室、供餐用房等） | 安全制度（安全防护制度、应急预警制度等） | 安全设施（消防设施、安保系统、材料/家具安全） | 饮食营养（安全、营养） | 卫生防病 |
| | | | | | | | | | | 体应放在儿童拿不到的地方，成年人在烹调或饮用热饮时，应注意设有幼儿在场。4.饮用水提供，儿童可随时获得饮用水。5.配送食品。如果应商向家庭提供食品，则应商拥有来自佛蒙 | |

续表

| 国家或地区 | 机构类型 | 基本规定 | | | 建筑设计 | | | 安全防护 | | 卫生保健 | |
| --- | --- | --- | --- | --- | --- | --- | --- | --- | --- | --- | --- |
| | | 举办资格 | 举办规模（机构规模，机构班级规模） | 人员配备（收托幼儿数与从业人员间的比例，从业人员资质要求） | 选址原则 | 场地要求（室内、户外） | 配备用房（活动用房、睡眠室、供餐用房等） | 安全制度（安全防护制度、应急预警制度等） | 安全设施（消防设施、安保系统、材料/家具安全） | 饮食营养（安全、营养） | 卫生防病 |
| | | | | | | | | | | 特别的有效的食品机构服务许可证。<br>6. 婴儿营养。<br>每名登记婴儿的父母提供供书面喂养说明，说明儿童的主要营养来源（母乳、婴儿配方奶粉或两者）和喂养时间表。 | |

续表

| 国家或地区 | 机构类型 | 基本规定 | | | 建筑设计 | | | 安全防护 | | 卫生保健 | |
|---|---|---|---|---|---|---|---|---|---|---|---|
| | | 举办资格 | 举办规模（机构规模，机构班级规模） | 人员配备（收托幼儿数与从业人员间的比例，从业人员资质要求） | 选址原则 | 场地要求（室内、户外） | 配备用房（活动用房，睡眠室，供餐用房等） | 安全制度（安全防护制度，应急预警制度等） | 安全设施（消防设施，安保系统，材料/家具安全） | 饮食营养（安全、营养） | 卫生防病 |
| 美国（新墨西哥州） | 家庭托育：看护人员在自己已家庭中照看家人以外的幼儿。 | 1. 向儿童及青少年事务部提交注册申请。2. 接受联邦政府的背景检查（提交指纹）。（1）检查对象主要看护人员，其他看护人员，年龄超过18岁的家庭成员。（2）检查信息①个人基本信息（婚姻，年龄，社保号，家庭住址，是否结婚）。②从业历史。③教育历史。④无罪证明。 | 根据家庭可容纳幼儿的数量来定。 | 基本看护比是1:6，或者2位看护人员可照看7~12名幼儿，其中2岁以下儿童不超过2名（包括供养方6岁以下儿童），看护人员需每年接受12小时的保教培训。 | 安全、明亮的家庭中。 | 1. 室内。（1）环境：干净，明亮。（2）空间：有适合孩子玩耍和休息的地方（艺术区，建构区等）。（3）材料：有足够的适合儿童年龄的玩具和材料，这些材料存放符合幼儿身高需要，幼儿用手可触及。2. 户外。带围栏上面有各种安全、符合幼儿年龄的玩具设备。 | | 信息记录。每个幼儿都有自己的记录档案（全名；出生日期；过敏药物及食物；紧急联系人，儿童医生的姓名和电话号码；授权看护人在紧急情况下寻求专业医疗照顾的父母或幼儿免疫接种记录情况。需要接受儿童及青少年事务部（负责管理家庭托育情况）的一年一次托育许可。上门评估（包括5个指标）。 | 每日消毒：每天对玩具和设备进行清洁和检查，以防止幼儿受到伤害或菌传播。 | 1. 以《儿童和成人护理食品计划手册》为依据，提供健康食物，包括水果、蔬菜、豆类、肉类、奶类等食物。2. 用餐要求。（1）儿童不可使用一般成人的饮事用具。（2）护理人员随时提供幼儿可用的饮用水。 | |

续表

| 国家或地区 | 机构类型 | 基本规定 | | | 建筑设计 | | | 安全防护 | | 卫生保健 | |
|---|---|---|---|---|---|---|---|---|---|---|---|
| | | 举办资格 | 举办规模（机构规模，机构班级规模） | 人员配备（收托幼儿数量的比例，从业人员资质要求） | 选址原则 | 场地要求（室内、户外） | 配备用房（活动用房、睡眠室、供餐用房等） | 安全制度（安全防护制度、应急预警制度等） | 安全设施（消防设施、安保系统、材料/家具安全） | 饮食营养（安全、营养） | 卫生防病 |
| | | 2. 课程培训：参加心肺复苏术、急救与健康、安全教育、儿童成长与发展的课程培训。<br>3. 签署协议：与家长签署合同或协议，上面有看护人员制定的家庭看护详细的细节（包括护理理念、费用、接送时间、紧急联系人、要求等）。<br>4. 在开办3个月内，需要获得2颗星许可资格才可以继续开办下去。 | | | | | | | | （3）膳食必须符合美国农业部的年龄要求，包括食以下膳食成分：一份肉类或替代品；两份或两份水果和蔬菜；一份流动牛奶。护理人员必须提供全脂牛奶给一到两岁的儿童。护理人员必须保存每日菜单。<br>（4）照顾或者提供家庭式餐点。 | |

续表

| 国家或地区 | 机构类型 | 基本规定 | | | 建筑设计 | | | 安全防护 | | 卫生保健 | |
|---|---|---|---|---|---|---|---|---|---|---|---|
| | | 举办资格 | 举办规模（机构规模、机构班级规模） | 人员配备（收托幼儿数与从业人员间的比例、从业人员资质要求） | 选址原则 | 场地要求（室内、户外） | 配备用房（活动用房、睡眠室、供餐用房等） | 安全制度（安全防护制度、应急预警制度等） | 安全设施（消防设施、安保系统、材料/家具安全） | 饮食营养（安全、营养） | 卫生防病 |
| | | | | | | | | | | 让儿童协助准备食物及供应食物。（5）护理员每给三小时儿童一顿喂食或零食。饭食（6）护理员和儿童应定期洗手，并在每次用餐前洗手。（7）护理人员将冷藏的食物，包括配方奶，保持在41℃或以下。冰箱应有温度计。 | |

续表

| 国家或地区 | 机构类型 | 基本规定 | | | 建筑设计 | | | 安全防护 | | 卫生保健 | |
|---|---|---|---|---|---|---|---|---|---|---|---|
| | | 举办资格 | 举办规模(机构规模、机构班级规模) | 人员配备(收托幼儿数与从业人员间的比例、从业人员资质要求) | 选址原则 | 场地要求(室内、户外) | 配备用房(活动用房、睡眠室、供餐用房等) | 安全制度(安全防护制度、应急预警制度等) | 安全设施(消防设施、安保系统/家具、材料/家具安全) | 饮食营养(安全、营养) | 卫生防病 |
| 德国 | 家庭托管 | 有适宜的场地;每周能提供超过15小时的照管服务;能连续提供3个月以上的照管服务;合理的收费。 | 一般不超过5名幼儿;看护者保持稳定;个别州允许大一点的日间照管点的日间照管最多10名幼儿。 | ·师幼比:师幼比是1:5;如果看护者有教师资质,则师幼比可比照日托机构的要求。·资质要求:合理的可信的动机;有照管幼儿的经验;现出对接触幼儿的关爱、没有心理或身体的暴力倾向;适宜的个人素质(如抗压能力,诚信,责任心,组织能力,合作能力,适应能力等);专业素养(回答专业问题,接受专业培训,与其他专业人员合作的能力等); | 在看护人员家中或其他的场地;被看护人家中有多名幼儿或父母工作时间不允许的情况下,可以申请在被看护人家中。 | 安全、卫生、丰富的游戏和运动空间;安静的区域;舒适的游戏氛围;适宜的游戏材料;有户外的游戏场地,或附近有森林、公园等户外活动场地。 | 年龄小的幼儿需要有睡眠室。 | 注册的家庭看护点为看护人和幼儿提供意外险。政府为家庭托育意外险。 | 《家庭托育》对以下方面均有要求:厨房;卫生间;睡眠室;起居室;窗、楼梯、阳台、门;尖锐物体、植物;玩具、家养宠物;漏电保护装置、烟雾报警装置等;户外要求;外出要求; | | 1. 一般来讲,家庭托管机构不接收患有疾病的幼儿。如果疾病或过敏是慢性,家长应提前告知看护人、家长、看护人、医生三方共同决定是否接收。2. 看护人员需要在医生的指导下备一些急救药。3. 看护人员要与就近的日托机构人员一起接受急救培训。4. 托管合同中需明确规定下看护人员在哪些情况下需用药,可以用药。 |

续表

| 国家或地区 | 机构类型 | 基本规定 | | | 建筑设计 | | | 安全防护 | | 卫生保健 | |
|---|---|---|---|---|---|---|---|---|---|---|---|
| | | 举办资格 | 举办规模（机构规模,机构班级规模） | 人员配备（收托幼儿数与从业人员间的比例,从业人员资质要求） | 选址原则 | 场地要求（室内、户外） | 配备用房（活动房、睡眠室、供餐用房等） | 安全制度（安全防护制度、应急预警制度等） | 安全设施（消防设施、安保系统、材料家具安全） | 饮食营养（安全、营养） | 卫生防病 |
| | | | | 接受160小时或300小时的培训，资质有效期5年。 | | 去游乐场所的要求；意外急救要求等。 | | | 具有成套的监控系统。 | | |
| 丹麦 | 大部分由国家和政府管理和资助；其中有公共家庭日托机构（政府设立的社区集中点）和私人家庭日托机构（在具备资格之后由个人开设，同时受到政府的监督）。 | 大部分由国家和政府管理和资助；其中家庭日托资格将由公共家庭日托机构或由社区的社会服务机构在接受巡视员的基础上予以认可，需要巡视员对候选家庭审查材料进行实地考察之后评估。 | 儿童年龄只能在6个月~3岁。1.每个家庭日托机构最多接收5个儿童，如果均为学前儿童，只能接收4名儿童。2.如果超过在日托家顾者最多可以照顾10名儿童。 | 1.巡视员。由社区配备，至少有三年儿童护理职业培训论学习和相关实践训练练习的经验。巡视员负责每个日托机构的儿童不超过50人，巡视员每月至少看护每个儿童两次。除此之外，巡视员还需要每月至少走访每个看护家庭4点两次，以及举办一年两次的儿童发展中答疑。2.背景检查。在家庭日托的受托家庭中，所有家庭成员 | 经过巡视员考察合格的房子。 | 1.室内。既是儿童活动的基本游戏场所，可以是一间房子，也可以是一套儿童居住的公寓。2.户外。必须要有绿色的户外空间。 | 1.活动用房。（1）提供设施，且由丹麦政府提供，具有固定的儿童游戏场所；（2）必须具有足够的空间、小床、小椅子、玩具和其他设备。 | 1.信息记录。每日记录幼儿情况，并按日要按时上交记录表。防止外来人员对全托儿童的影响。2.督查。社区办公室有督查员、督查员指导、监控、协调整个系统的运行，能完全建立安全系统。 | | 1.按照政府标准配餐。饮食的菜单可以根据政府提供的标准表来制定，存在过敏或者有特殊疾病需特定饮食的儿童可以食用非政府方案的食物。2.保证食品安全。幼儿日托 | 1.当日托家庭有一个幼儿生病时，这个幼儿将不能在日托被接受日常照顾，在日常活动时更需要小心。2.日托场所禁烟。3.幼儿生病后，日托场所可以联系当地卫生服务部门，相关人员可以联系自己的全科医生。4.在托育场所前，相关人员应当询问幼儿是否接种过常见疫苗。 |

续表

| 国家或地区 | 机构类型 | 基本规定 | | 人员配备（收托幼儿数与从业人员间的比例、从业人员资质要求） | 建筑设计 | | | 安全防护 | | 卫生保健 | |
| | | 举办资格 | 举办规模（机构规模、机构班级规模） | | 选址原则 | 场地要求（室内、户外） | 配备用房（活动用房、睡眠室、供餐用房等） | 安全制度（安全防护制度、应急预警制度等） | 安全设施（消防设施、安保系统、材料/家具安全） | 饮食营养（安全、营养） | 卫生防病 |
| | | | | 必须接受身体检查。儿乎所有的家庭日托工作人员、培训都会参加培训,包括两天的基本理论课,一周以儿童生长发育和活动为主体的课程以及一日课程。<br>3. 加入社区网络小组。社区组建一个有力的家庭日托网格系统,社区内的每个小组,每周对托育成6~8人组成小组,每周对托育过程中出现的问题和经验进行交流,这是规定所要求的。<br>4. 加入游戏室小组。针对公共家庭日托,通过组织各种游戏活动,促进区域内幼儿及看护人员的交流。 | | | (3)如果存在泳池,护理这一项内容,需要家长和发起方协商。<br>2.厨房。为满足儿童的食物要求,家庭日托机构要具备厨房。 | | | 食品在法律上属于私人领域中的责任,原本无须遵循食品法中的规定,但是制作者必须确保食品的安全和卫生。<br>注:如果日托处提供膳食,堂类供务,厨房必须注册为食品公司,以确保食物无卫生问题。 | |

# 附录5 托儿所、幼儿园建筑设计规范

## JGJ 39—2016（2019 年版）

批准部门：中华人民共和国住房和城乡建设部

施行日期：2016 年 11 月 1 日

中华人民共和国住房和城乡建设部公告

2019 年第 237 号

住房和城乡建设部关于发布行业标准《托儿所、

幼儿园建筑设计规范》局部修订的公告

现批准《托儿所、幼儿园建筑设计规范》JGJ 39—2016 局部修订的条文，自 2019 年 10 月 1 日起实施。其中，第 3. 2. 8、4. 1. 3、4. 1. 9、4. 1. 12 条为强制性条文，必须严格执行。经此次修改的原条文同时废止。

局部修订条文及具体内容在住房和城乡建设部门户网站（www. mohurd. gov. en）公开，并将刊登在近期出版的《工程建设标准化》刊物上。

中华人民共和国住房和城乡建设部

2019 年 8 月 29 日

中华人民共和国住房和城乡建设部公告

第 1079 号

住房城乡建设部关于发布行业标准《托儿所、幼儿园建筑设计规范》的公告

现批准《托儿所、幼儿园建筑设计规范》为行业标准，编号为 JGJ 39—2016，自 2016 年 11 月 1 日起实施。其中，第 3. 2. 8、4. 1. 3、4. 1. 9、4. 1. 12、6. 3. 3 条为强制性条文，必须严格执行，原《托儿所、幼儿园建筑设计规范》JGJ 39—87 同时废止。

本规范由我部标准定额研究所组织中国建筑工业出版社出版发行。

中华人民共和国住房和城乡建设部

2016 年 4 月 20 日

前　言

根据住房和城乡建设部《关于印发〈2009 年工程建设标准规范制订、修订计划〉的通知》（建标〔2009〕88 号）的要求，规范编制组经广泛调查研究，认真总结实践经验，参考有关国际标准和国外先进标准，并在广泛征求意见的基础上，对《托儿所、幼儿园建筑设计规范》JGJ 39－87 进行了修订。

本规范的主要技术内容是：1．总则；2．术语；3．基地和总平面；4．建筑设计；5．室内环境；6．建筑设备。

本规范修订的主要技术内容是：1．增加了"术语"、"室内环境"的有关技术内容及规定；2．增加了"安全保障"、"环保"、"节能"方面的相关规定；3．取消了"防火与疏散"、"建筑构造"等章节，将其内容移至相关章节。

本规范中以黑体字标志的条文为强制性条文，必须严格执行。

本规范由住房和城乡建设部负责管理和对强制性条文的解释，由黑龙江省建筑设计研究院负责具体技术内容的解释。执行过程中如有意见和建议，请寄送黑龙江省建筑设计研究院（地址：哈尔滨市南岗区果戈里大街 1 号，邮政编码：150008）。

本规范主编单位：黑龙江省建筑设计研究院

本规范参编单位：哈尔滨工业大学

上海建筑设计研究院

中南建筑设计院股份有限公司

中国建筑西北设计研究院有限公司

重庆市设计院

广东省建筑设计研究院

本规范主要起草人员：徐勤　荆涛　蒋春辉　廉学军　陈永江　李桂文　吴健梅　沈克文　林莉　郑犁　陈飙　徐达明　王晓亮

本规范主要审查人员：顾均　王陕生　翁皓　张南宁　吴雪岭　王珏　陈向明　叶德强　郭晓岩

1　总则

1．0．1　为保证托儿所、幼儿园建筑设计质量，使建筑设计满足适用、安全、卫生、经济、美观等方面的基本要求，制定本规范。

1．0．2　本规范适用于新建、扩建、改建托儿所、幼儿园和相同功能的建筑设计。

1.0.3 托儿所、幼儿园的规模应符合表1.0.3-1的规定，托儿所、幼儿园的每班人数应符合表1.0.3-2的规定。

表1.0.3-1 托儿所、幼儿园的规模

| 规模 | 托儿所（班） | 幼儿园（班） |
|---|---|---|
| 小型 | 1～3 | 1～4 |
| 中型 | 4～7 | 5～9 |
| 大型 | 8～10 | 10～12 |

表1.0.3-2 托儿所、幼儿园的每班人数

| 名称 | 班别 | 人数（人） |
|---|---|---|
| 托儿所 | 乳儿班（6月～12月） | 10人以下 |
| | 托小班（12月～24月） | 15人以下 |
| | 托大班（24月～36月） | 20人以下 |
| 幼儿园 | 小班（3岁～4岁） | 20～25 |
| | 中班（4岁～5岁） | 26～30 |
| | 大班（5岁～6岁） | 31～35 |

1.0.4 托儿所、幼儿园的建筑设计应遵循下列原则：

1 满足使用功能要求，有益于婴幼儿健康成长；

2 保证婴幼儿、教师及工作人员的环境安全，并具备防灾能力；

3 符合节约土地、能源，环境保护的基本方针。

1.0.5 托儿所、幼儿园建筑设计除应符合本规范外，尚应符合国家现行有关标准的规定。

2 术语

2.0.1 托儿所 nursery

用于哺育和培育3周岁以下婴幼儿使用的场所。

2.0.2 幼儿园 kindergarten

对3周岁～6周岁的幼儿进行集中保育、教育的学前使用场所。

2.0.3 全日制幼儿园 full－time kindergarten

幼儿仅白天在园内生活的幼儿园。

2.0.4 寄宿制幼儿园 boarding kindergarten

幼儿昼夜均在园内生活的幼儿园。

2.0.5 生活用房 living room

供婴幼儿班级生活和多功能活动的空间。

2. 0. 6 生活单元 unit of living room

供婴幼儿班级独立生活的空间。

2. 0. 7 活动室 play chamber；activity room

幼儿生活单元中供幼儿进行各种室内日常活动的空间。

2. 0. 8 寝室 bedroom

幼儿生活单元中供幼儿睡眠的空间。

2. 0. 9 多功能活动室 multi－functional room

供全园婴幼儿共同进行文艺、体育、家长集会等多功能活动的空间。

2. 0. 10 此条删除。

2. 0. 11 喂奶室 nursing room

供母亲直接哺乳的空间。

2. 0. 12 此条删除。

2. 0. 13 晨检室(厅) morning inspection room

供婴幼儿入园时进行健康检查的空间。

2. 0. 14 保健观察室 health－care and observation room

供病儿进行临时隔离、观察、治疗的空间。

2. 0. 15 服务管理用房 service room

供对外联系，对内为婴幼儿保健和教育服务管理的空间。

2. 0. 16 供应用房 supply room

供托儿所、幼儿园人员饮食、饮水、洗衣等后勤服务使用的空间。

3 基地和总平面

3. 1 基地

3. 1. 1 托儿所、幼儿园建设基地的选择应符合当地总体规划和国家现行有关标准的要求。

3. 1. 2 托儿所、幼儿园的基地应符合下列规定：

1 应建设在日照充足、交通方便、场地平整、干燥、排水通畅、环境优美、基础设施完善的地段；

2 不应置于易发生自然地质灾害的地段；

3 与易发生危险的建筑物、仓库、储罐、可燃物品和材料堆场等之间的距离应符合国家现行有关标准的规定；

4 不应与大型公共娱乐场所、商场、批发市场等人流密集的场所相毗邻；

5 应远离各种污染源，并应符合国家现行有关卫生、防护标准的要求；

6 园内不应有高压输电线、燃气、输油管道主干道等穿过。

3.1.3 托儿所、幼儿园的服务半径宜为 300 m。

3.2 总平面

3.2.1 托儿所、幼儿园的总平面设计应包括总平面布置、竖向设计和管网综合等设计。总平面布置应包括建筑物、室外活动场地、绿化、道路布置等内容，设计应功能分区合理、方便管理、朝向适宜、日照充足，创造符合幼儿生理、心理特点的环境空间。

3.2.2 四个班及以上的托儿所、幼儿园建筑应独立设置。三个班及以下时，可与居住、养老、教育、办公建筑合建，但应符合下列规定：

1 此款删除；

1A 合建的既有建筑应经有关部门验收合格，符合抗震、防火等安全方面的规定，其基地应符合本规范第 3.1.2 条规定；

2 应设独立的疏散楼梯和安全出口；

3 出入口处应设置人员安全集散和车辆停靠的空间；

4 应设独立的室外活动场地，场地周围应采取隔离措施；

5 建筑出入口及室外活动场地范围内应采取防止物体坠落措施。

3.2.3 托儿所、幼儿园应设室外活动场地，并应符合下列规定：

1 幼儿园每班应设专用室外活动场地，人均面积不应小于 2 m²。各班活动场地之间宜采取分隔措施。

2 幼儿园应设全园共用活动场地，人均面积不应小于 2 m²。

2A 托儿所室外活动场地人均面积不应小于 3 m²。

2B 城市人口密集地区改、扩建的托儿所，设置室外活动场地确有困难时，室外活动场地人均面积不应小于 2 m²。

3 地面应平整、防滑、无障碍、无尖锐突出物，并宜采用软质地坪。

4 共用活动场地应设置游戏器具、沙坑、30 m 跑道等，宜设戏水池，储水深度不应超过 0.30 m。游戏器具下地面及周围应设软质铺装。宜设洗手池、洗脚池。

5 室外活动场地应有 1/2 以上的面积在标准建筑日照阴影线之外。

3.2.4 托儿所、幼儿园场地内绿地率不应小于 30%，宜设置集中绿化用地。绿地内不应种植有毒、带刺、有飞絮、病虫害多、有刺激性的植物。

3.2.5 托儿所、幼儿园在供应区内宜设杂物院，并应与其他部分相隔离。杂物院应有单独的对外出入口。

3.2.6　托儿所、幼儿园基地周围应设围护设施，围护设施应安全、美观，并应防止幼儿穿过和攀爬。在出入口处应设大门和警卫室，警卫室对外应有良好的视野。

3.2.7　托儿所、幼儿园出入口不应直接设置在城市干道一侧；其出入口应设置供车辆和人员停留的场地，且不应影响城市道路交通。

3.2.8　托儿所、幼儿园的活动室、寝室及具有相同功能的区域，应布置在当地最好朝向，冬至日底层满窗日照不应小于3 h。

3.2.8A　需要获得冬季日照的婴幼儿生活用房窗洞开口面积不应小于该房间面积的20%。

3.2.9　夏热冬冷、夏热冬暖地区的幼儿生活用房不宜朝西向；当不可避免时，应采取遮阳措施。

4　建筑设计

4.1　一般规定

4.1.1　托儿所、幼儿园建筑应由生活用房、服务管理用房和供应用房等部分组成。

4.1.2　托儿所、幼儿园建筑宜按生活单元组合方法进行设计，各班生活单元应保持使用的相对独立性。

4.1.3　托儿所、幼儿园中的生活用房不应设置在地下室或半地下室。

4.1.3A　幼儿园生活用房应布置在三层及以下。

4.1.3B　托儿所生活用房应布置在首层。当布置在首层确有困难时，可将托大班布置在二层，其人数不应超过60人，并应符合有关防火安全疏散的规定。

4.1.4　托儿所、幼儿园的建筑造型和室内设计应符合幼儿的心理和生理特点。

4.1.5　托儿所、幼儿园建筑窗的设计应符合下列规定：

1　活动室、多功能活动室的窗台面距地面高度不宜大于0.60 m；

2　当窗台面距楼地面高度低于0.90 m时，应采取防护措施，防护高度应从可踏部位顶面起算，不应低于0.90 m；

3　窗距离楼地面的高度小于或等于1.80 m的部分，不应设内悬窗和内平开窗扇；

4　外窗开启扇均应设纱窗。

4.1.6　活动室、寝室、多功能活动室等幼儿使用的房间应设双扇平开门，门净宽不应小于 1.20 m。

4.1.7 严寒地区托儿所、幼儿园建筑的外门应设门斗，寒冷地区宜设门斗。

4.1.8 幼儿出入的门应符合下列规定：

1 当使用玻璃材料时，应采用安全玻璃；

2 距离地面 0.60 m 处宜加设幼儿专用拉手；

3 门的双面均应平滑、无棱角；

4 门下不应设门槛；平开门距离楼地面 1.20 m 以下部分应设防止夹手设施；

5 不应设置旋转门、弹簧门、推拉门，不宜设金属门；

6 生活用房开向疏散走道的门均应向人员疏散方向开启，开启的门扇不应妨碍走道疏散通行；

7 门上应设观察窗，观察窗应安装安全玻璃。

4.1.9 托儿所、幼儿园的外廊、室内回廊、内天井、阳台、上人屋面、平台、看台及室外楼梯等临空处应设置防护栏杆，栏杆应以坚固、耐久的材料制作。防护栏杆的高度应从可踏部位顶面起算，且净高不应小于 1.30 m。防护栏杆必须采用防止幼儿攀登和穿过的构造，当采用垂直杆件做栏杆时，其杆件净距离不应大于 0.09 m。

4.1.10 距离地面高度 1.30 m 以下，婴幼儿经常接触的室内外墙面，宜采用光滑易清洁的材料；墙角、窗台、暖气罩、窗口竖边等阳角处应做成圆角。

4.1.11 楼梯、扶手和踏步等应符合下列规定：

1 楼梯间应有直接的天然采光和自然通风；

2 楼梯除设成人扶手外，应在梯段两侧设幼儿扶手，其高度宜为 0.60 m；

3 供幼儿使用的楼梯踏步高度宜为 0.13 m，宽度宜为 0.26 m；

4 严寒地区不应设置室外楼梯；

5 幼儿使用的楼梯不应采用扇形、螺旋形踏步；

6 楼梯踏步面应采用防滑材料，踏步踢面不应漏空，踏步面应做明显警示标识；

7 楼梯间在首层应直通室外。

4.1.12 幼儿使用的楼梯，当楼梯井净宽度大于 0.11 m 时，必须采取防止幼儿攀滑措施。楼梯栏杆应采取不易攀爬的构造，当采用垂直杆件做栏杆时，其杆件净距不应大于 0.09 m。

4.1.13　幼儿经常通行和安全疏散的走道不应设有台阶，当有高差时，应设置防滑坡道，其坡度不应大于 1∶12。疏散走道的墙面距地面 2 m 以下不应设有壁柱、管道、消火栓箱、灭火器、广告牌等突出物。

4.1.14　托儿所、幼儿园建筑走廊最小净宽不应小于表 4.1.14 的规定。

表 4.1.14　走廊最小净宽度(m)

| 房间名称 | 走廊布置 | |
|---|---|---|
| | 中间走廊 | 单面走廊或外廊 |
| 生活用房 | 2.4 | 1.8 |
| 服务、供应用房 | 1.5 | 1.3 |

4.1.15　建筑室外出入口应设雨篷，雨篷挑出长度宜超过首级踏步 0.50 m 以上。

4.1.16　出入口台阶高度超过 0.30 m，并侧面临空时，应设置防护设施，防护设施净高不应低于 1.05 m。

4.1.17　托儿所睡眠区、活动区，幼儿园活动室、寝室，多功能活动室的室内最小净高不应低于表 4.1.17 的规定。

表 4.1.17　室内最小净高(m)

| 房间名称 | 净高 |
|---|---|
| 托儿所睡眠区、活动区 | 2.8 |
| 幼儿园活动室、寝室 | 3.0 |
| 多功能活动室 | 3.9 |

注：改、扩建的托儿所睡眠区和活动区室内净高不应小于 2.6 m。

4.1.17A　厨房、卫生间、试验室、医务室等使用水的房间不应设置在婴幼儿生活用房的上方。

4.1.17B　城市居住区按规划要求应按需配套设置托儿所。当托儿所独立设置有困难时，可联合建设。

4.1.18　托儿所、幼儿园建筑防火设计应符合现行国家标准《建筑设计防火规范》GB 50016 的规定。

4.2　托儿所生活用房

4.2.1　托儿所生活用房应由乳儿班、托小班、托大班组成，各班应为独立使用的生活单元。宜设公共活动空间。

4.2.2 托大班生活用房的使用面积及要求宜与幼儿园生活用房相同。

4.2.3 乳儿班应包括睡眠区、活动区、配餐区、清洁区、储藏区等，各区最小使用面积应符合表4.2.3的规定。

表4.2.3 乳儿班各区最小使用面积（m²）

| 各区名称 | 最小使用面积 |
| --- | --- |
| 睡眠区 | 30 |
| 活动区 | 15 |
| 配餐区 | 6 |
| 清洁区 | 6 |
| 储藏区 | 4 |

4.2.3A 托小班应包括睡眠区、活动区、配餐区、清洁区、卫生间、储藏区等，各区最小使用面积应符合表4.2.3A的规定。

表4.2.3A 托小班各区最小使用面积（m²）

| 各区名称 | 最小使用面积 |
| --- | --- |
| 睡眠区 | 35 |
| 活动区 | 35 |
| 配餐区 | 6 |
| 清洁区 | 6 |
| 卫生间 | 8 |
| 储藏区 | 4 |

注：睡眠区与活动区合用时，其使用面积不应小于50 m²。

4.2.3B 乳儿班和托小班宜设喂奶室，使用面积不宜小于10 m²，并应符合下列规定：

1 应临近婴幼儿生活空间；

2 应设置开向疏散走道的门；

3 应设尿布台、洗手池，宜设成人厕所。

4.2.3C 乳儿班和托小班生活单元各功能分区之间宜采取分隔措施，并应互相通视。

4.2.3D 乳儿班和托小班活动区地面应做暖性、软质面层；距地1.20 m的墙面应做软质面层。

4.2.4 托儿所和幼儿园合建时，托儿所应单独分区，并应设独立安全出入口，室外活动场地宜分开。

4．2．5　此条删除。

4．2．5A　乳儿班和托小班生活单元各功能分区应符合下列规定：

1　睡眠区应布置供每个婴幼儿使用的床位，不应布置双层床，床位四周不宜贴靠外墙；

2　配餐区应临近对外出入口，并设有调理台、洗涤池、洗手池、储藏柜等，应设加热设施，宜设通风或排烟设施；

3　清洁区应设淋浴、尿布台、洗涤池、洗手池、污水池、成人厕位等设施；

4　成人厕位应与幼儿卫生间隔离。

4．2．5B　托小班卫生间内应设适合幼儿使用的卫生器具，坐便器高度宜为 0.25 m 以下。每班至少设 2 个大便器、2 个小便器，便器之间应设隔断；每班至少设 3 个适合幼儿使用的洗手池，高度宜为 0.40 m～0.45 m，宽度宜为 0.35 m～0.40 m。

4．2．6　此条删除。

4．2．6A　托儿所生活用房除应符合以上条款外，尚应符合本规范第 4．3．4 条、第 4．3．6 条、第 4．3．7 条、第 4．3．8 条、第 4．3．14 条、第 4．3．15 条、第 4．3．16 条的规定。

4．3　幼儿园生活用房

4．3．1　幼儿园的生活用房应由幼儿生活单元、公共活动空间和多功能活动室组成。公共活动空间可根据需要设置。

4．3．2　幼儿生活单元应设置活动室、寝室、卫生间、衣帽储藏间等基本空间。

4．3．3　幼儿园生活单元房间的最小使用面积不应小于表 4．3．3 的规定，当活动室与寝室合用时，其房间最小使用面积不应小于 105 m²。

表 4．3．3　幼儿生活单元房间的最小使用面积(m²)

| 房间名称 | | 房间最小使用面积 |
|---|---|---|
| 活动室 | | 70 |
| 寝室 | | 60 |
| 卫生间 | 厕所 | 12 |
| | 盥洗室 | 8 |
| 衣帽储藏间 | | 9 |

4．3．4　单侧采光的活动室进深不宜大于 6.60 m。

4．3．5　设置的阳台或室外活动平台不应影响生活用房的日照。

4．3．6　同一个班的活动室与寝室应设置在同一楼层内。

4．3．7　活动室、寝室、多功能活动室等幼儿使用的房间应做暖性、有弹性的地面，儿童使用的通道地面应采用防滑材料。

4．3．8　活动室、多功能活动室等室内墙面应具有展示教材、作品和空间布置的条件。

4．3．9　寝室应保证每一幼儿设置一张床铺的空间，不应布置双层床。床位侧面或端部距外墙距离不应小于 0.60 m。

4．3．10　卫生间应由厕所、盥洗室组成，并宜分间或分隔设置。无外窗的卫生间，应设置防止回流的机械通风设施。

4．3．11　每班卫生间的卫生设备数量不应少于表 4．3．11 的规定，且女厕大便器不应少于 4 个，男厕大便器不应少于 2 个。

表 4．3．11　每班卫生间卫生设备的最少数量

| 污水池（个） | 大便器（个） | 小便器（个或位） | 盥洗台（水龙头，个） |
| --- | --- | --- | --- |
| 1 | 6 | 4 | 6 |

4．3．12　卫生间应临近活动室或寝室，且开门不宜直对寝室或活动室。盥洗室与厕所之间应有良好的视线贯通。

4．3．13　卫生间所有设施的配置、形式、尺寸均应符合幼儿人体尺度和卫生防疫的要求。卫生洁具布置应符合下列规定：

1 盥洗池距地面的高度宜为 0.50 m～0.55 m，宽度宜为 0.40 m～0.45 m，水龙头的间距宜为 0.55 m～0.60 m；

2 大便器宜采用蹲式便器，大便器或小便器之间均应设隔板，隔板处应加设幼儿扶手。厕位的平面尺寸不应小于 0.70 m×0.80 m（宽×深），坐式便器的高度宜为 0.25 m～0.30 m。

4．3．14　厕所、盥洗室、淋浴室地面不应设台阶，地面应防滑和易于清洗。

4．3．15　夏热冬冷和夏热冬暖地区，托儿所、幼儿园建筑的幼儿生活单元内宜设淋浴室；寄宿制幼儿生活单元内应设置淋浴室，并应独立设置。

4．3．16　封闭的衣帽储藏室宜设通风设施。

4．3．17　应设多功能活动室，位置宜临近生活单元，其使用面积宜

每人 0.65 m²，且不应小于 90 m²。单独设置时宜与主体建筑用连廊连通，连廊应做雨篷，严寒和寒冷地区应做封闭连廊。

4．4　服务管理用房

4．4．1　服务管理用房宜包括晨检室(厅)、保健观察室、教师值班室、警卫室、储藏室、园长室、所长室、财务室、教师办公室、会议室、教具制作室等房间。各房间的最小使用面积宜符合表 4．4．1 的规定。

表 4．4．1　服务管理用房各房间的最小使用面积(m²)

| 房间名称 | 规模 | | |
|---|---|---|---|
| | 小型 | 中型 | 大型 |
| 晨检室(厅) | 10 | 10 | 15 |
| 保健观察室 | 12 | 12 | 15 |
| 教师值班室 | 10 | 10 | 10 |
| 警卫室 | 10 | 10 | 10 |
| 储藏室 | 15 | 18 | 24 |
| 园长室、所长室 | 15 | 15 | 18 |
| 财务室 | 15 | 15 | 18 |
| 教师办公室 | 18 | 18 | 24 |
| 会议室 | 24 | 24 | 30 |
| 教具制作室 | 18 | 18 | 24 |

注：1 晨检室(厅)可设置在门厅内；
　　2 寄宿制幼儿园应设置教师值班室；
　　3 房间可以合用，合用的房间面积可适当减少。

4．4．2　托儿所、幼儿园建筑应设门厅，门厅内应设置晨检室和收发室，宜设置展示区、婴幼儿和成年人使用的洗手池、婴幼儿车存储等空间，宜设卫生间。

4．4．3　晨检室(厅)应设在建筑物的主入口处，并应靠近保健观察室。

4．4．4　保健观察室设置应符合下列规定：

1 应设有一张幼儿床的空间；

2 应与幼儿生活用房有适当的距离，并应与幼儿活动路线分开；

3 宜设单独出入口；

4 应设给水、排水设施；

5 应设独立的厕所，厕所内应设幼儿专用蹲位和洗手盆。

4．4．5　教职工的卫生间、淋浴室应单独设置，不应与幼儿合用。

4．5　供应用房

4．5.1　供应用房宜包括厨房、消毒室、洗衣间、开水间、车库等房间，厨房应自成一区，并与婴幼儿生活用房应有一定距离。

4. 5. 2 厨房应按工艺流程合理布局，并应符合国家现行有关卫生标准和现行行业标准《饮食建筑设计标准》JGJ 64 的规定。

4. 5. 2A 厨房使用面积宜每人 0.40 $m^2$，且不应小于 12 $m^2$。

4. 5. 3 厨房加工间室内净高不应低于 3.00 m。

4. 5. 4 厨房室内墙面、隔断及各种工作台、水池等设施的表面应采用无毒、无污染、光滑和易清洁的材料；墙面阴角宜做弧形；地面应防滑，并应设排水设施。

4. 5. 5 当托儿所、幼儿园建筑为二层及以上时，应设提升食梯。食梯呼叫按钮距地面高度应大于 1.70 m。

4. 5. 6 寄宿制托儿所、幼儿园建筑应设置集中洗衣房。

4. 5. 7 托儿所、幼儿园建筑应设玩具、图书、衣被等物品专用消毒间。

4. 5. 8 当托儿所、幼儿园场地内设汽车库时，汽车库应与儿童活动区域分开，应设置单独的车道和出入口，并应符合现行行业标准《车库建筑设计规范》JGJ 100 和现行国家标准《汽车库、修车库、停车场设计防火规范》GB 50067 的规定。

5 室内环境

5. 1 采光

5. 1. 1 托儿所、幼儿园的生活用房、服务管理用房和供应用房中的厨房等均应有直接天然采光，其采光系数标准值和窗地面积比应符合表 5. 1. 1 的规定。

表 5. 1. 1 采光系数标准值和窗地面积比

| 房间名称 | 场所名称 | 采光系数标准值（%） | 窗地面积比 |
| --- | --- | --- | --- |
| Ⅲ | 活动室、寝室 | 3.0 | 1/5 |
| | 多功能活动室 | 3.0 | 1/5 |
| | 办公室、保健观察室 | 3.0 | 1/5 |
| | 睡眠区、活动区 | 3.0 | 1/5 |
| Ⅴ | 卫生间 | 1.0 | 1/10 |
| | 楼梯间、走廊 | 1.0 | 1/10 |

5. 1. 2 托儿所、幼儿园建筑采光应符合现行国家标准《建筑采光设计标准》GB 50033 的有关规定。

5．2　隔声、噪声控制

5．2．1　托儿所、幼儿园建筑室内允许噪声级应符合表5．2．1的规定。

表5.2.1　室内允许噪声级

| 房间名称 | 允许噪声级（A声级，dB） |
| --- | --- |
| 生活单元、保健观察室 | ≤45 |
| 多功能活动室、办公室 | ≤50 |

5．2．2　托儿所、幼儿园建筑主要房间的空气声隔声标准应符合表5．2．2的规定。

表5.2.2　空气声隔声标准

| 房间名称 | 空气声隔声标准（计权隔声量）(dB) | 楼板撞击声隔声单值评价量(dB) |
| --- | --- | --- |
| 生活单元、办公室、保健观察室与相邻房间之间 | ≥50 | ≤65 |
| 多功能活动室与相邻房间之间 | ≥45 | ≤75 |

5．2．3　托儿所、幼儿园建筑的环境噪声应符合现行国家标准《民用建筑隔声设计规范》GB 50118的有关规定。

5．3　空气质量

5．3．1　托儿所、幼儿园的室内空气质量应符合现行国家标准《室内空气质量标准》GB/T 18883的有关规定。

5．3．2　托儿所、幼儿园的幼儿用房应有良好的自然通风，其通风口面积不应小于房间地板面积的1/20。夏热冬冷、严寒和寒冷地区的幼儿用房应采取有效的通风设施。

5．3．3　托儿所、幼儿园建筑使用的建筑材料、装修材料和室内设施应符合现行国家标准《民用建筑工程室内环境污染控制规范》GB 50325的有关规定。

6　建筑设备

6．1　给水排水

6．1．1　托儿所、幼儿园建筑应设置给水排水系统，且设备选型和系统配置应适合幼儿需要。用水量标准、系统选择和水质应符合国家现行标准《建筑给水排水设计规范》GB 50015、《生活饮用水卫生标准》GB 5749、《饮用净水水质标准》CJ 94和《建筑给水排水及采暖工程施工质量验收规范》GB 50242的规定。

6．1．2　托儿所、幼儿园建筑给水系统的引入管上应设置水表。水表宜设置在室内便于抄表位置；在夏热冬冷地区及严寒地区，当水表设置于室外时，应采取可靠的防冻胀破坏措施。供水总进口管道上可设置紫外线消毒设备。

6．1．3　托儿所、幼儿园建筑给水系统的压力应满足给水用水点配水器具的最低工作压力要求。当压力不能满足要求时，应设置系统增压给水设备，并应符合下列规定：

1　当设有二次供水设施时，供水设施不应对水质产生污染；

2　当设置水箱时，应设置消毒设备，并宜采用紫外线消毒方式；

3　加压水泵应选用低噪声节能型产品，加压泵组及泵房应采取减振防噪措施。

3A　消防水池、各种供水机房、各种换热机房及变配电房间等不得与婴幼儿生活单元贴邻设置。

6．1．4　托儿所、幼儿园建筑给水系统入户管的给水压力不应大于0.35 MPa；当水压大于0.35 MPa时，应设置减压设施。

6．1．5　托儿所、幼儿园建筑宜设置集中热水供应系统，也可采用分散制备热水或预留安装热水供应设施的条件。当设置集中热水供应系统时，应采用混合水箱单管供应定温热水系统。当采用太阳能、空气源热泵等制备热水时，热水温度低于60℃的系统应设置辅助加热设施。

6．1．6　盥洗室、淋浴室、厕所、公共洗衣房应设置地漏，其水封深度不得小于50 mm，洗衣机排水应设置专用地漏或洗衣机排水存水弯。

6．1．7　便池宜设置感应冲洗装置。

6．1．8　托儿所、幼儿园建筑内单独设置的清扫间、消毒间应配备给水和排水设施。

6．1．9　托儿所、幼儿园建筑厨房的含油污水，应经除油装置处理后再排入户外污水管道。

6．1．10　消火栓系统、自动喷水灭火系统及气体系统灭火设计等，应符合国家现行有关防火标准的规定。当设置消火栓灭火设施时，消防立管阀门布置应避免幼儿碰撞，并应将消火栓箱暗装设置。单独配置的灭火器箱应设置在不妨碍通行处。

6．1．11　托儿所、幼儿园建筑应设置饮用水开水炉，宜采用电开水炉。开水炉应设置在专用房间内，并应设置防止幼儿接触的保护措施。

6．1．12　绿地可设置洒水栓，运动场地应设置排水设施。

6.1.12A　托儿所、幼儿园不应设置中水系统。

6.1.12B　托儿所、幼儿园不应设置管道直饮水系统。

6.2　供暖通风和空气调节

6.2.1　具备条件的托儿所、幼儿园建筑的供暖系统宜纳入区域集中供热管网，具备利用可再生能源条件且经技术经济合理时，应优先利用可再生能源为供暖热源。当符合现行国家标准《民用建筑供暖通风与空气调节设计规范》GB 50736 的规定时，可采用电供暖方式。

6.2.2　采用低温地面辐射供暖方式时，地面表面温度不应超过28℃。热水地面辐射供暖系统供水温度宜采用 35℃～45℃，不应大于60℃；供回水温差不宜大于 10℃，且不宜小于 5℃。

6.2.3　严寒与寒冷地区应设置集中供暖设施，并宜采用热水集中供暖系统；夏热冬冷地区宜设置集中供暖设施；对于其他区域，冬季有较高室温要求的房间宜设置单元式供暖装置。

6.2.4　用于供暖系统总体调节和检修的设施，应设置于幼儿活动室和寝室之外。

6.2.5　当采用散热器供暖时，散热器应暗装。

6.2.6　当采用电采暖时，应有可靠的安全防护措施。

6.2.7　供暖系统应设置热计量装置，并应在末端供暖设施设置恒温控制阀进行室温调控。

6.2.8　乡村托儿所、幼儿园建筑宜就地取材，采用可靠的能源形式供暖，并应保障环境安全。

6.2.9　托儿所、幼儿园房间的供暖设计温度宜符合表 6.2.9 的规定。

表 6.2.9　托儿所、幼儿园房间的供暖设计温度

| 房间名称 | 室内设计温度（℃） |
|---|---|
| 活动室、寝室、保健观察室、晨检室（厅）、办公室 | 20 |
| 睡眠区、活动区、喂奶室 | 24 |
| 盟洗室、厕所 | 22 |
| 门厅、走廊、楼梯间、厨房 | 16 |
| 洗衣房 | 18 |
| 淋浴室、更衣室 | 25 |

6.2.10　托儿所、幼儿园建筑与其他建筑共用集中供暖热源时，宜设置过渡季供暖设施。

6.2.11 托儿所、幼儿园建筑通风设计应符合表6.2.11-1、表6.2.11-2规定。

表6.2.11-1 房间的换气次数

| 房间名称 | 换气次数（次/h） |
|---|---|
| 活动室、寝室、睡眠区、活动区、喂奶室 | 3～5 |
| 卫生间 | 10 |
| 多功能活动室 | 3～5 |

表6.2.11-2 人员所需最小新风量

| 房间名称 | 新风量[m³/(h·人)] |
|---|---|
| 活动室、寝室、活动区、睡眠区 | 30 |
| 保健观察室 | 38 |
| 多功能活动室 | 30 |

6.2.12 公共淋浴室、无外窗卫生间等，应设置带防止回流措施的机械排风装置。

6.2.13 对于夏热冬暖地区、夏热冬冷地区的托儿所、幼儿园建筑，当夏季依靠开窗不能实现基本热舒适要求，且幼儿活动室、寝室等房间不设置空调设施时，每间幼儿活动室、寝室等房间宜安装具有防护网且可变风向的吸顶式电风扇。

6.2.14 最热月平均室外气温大于和等于25℃地区的托儿所、幼儿园建筑，宜设置空调设备或预留安装空调设备的条件，并应符合下列规定：

1 空调房间室内设计参数应符合表6.2.14的规定。

表6.2.14 空调房间室内设计参数

| 参数 | | 冬季 | 夏季 |
|---|---|---|---|
| 温度（℃） | 活动室、寝室、保健观察室、晨检室（厅）、办公室 | 20 | 25 |
| | 睡眠区、活动区、喂奶室 | 24 | 25 |
| 风速（$v$）（m/s） | | $0.10 \leqslant v \leqslant 0.20$ | $0.15 \leqslant v \leqslant 0.30$ |
| 相对湿度（%） | | 30～60 | 40～60 |

2 当采用集中空调系统或集中新风系统时，应设置空气净化消毒装置和供风管系统清洗、消毒用的可开闭窗口。

3 当采用分散空调方式时，应设置保证室内新风量满足国家现行卫生标准的装置。

6.2.15　设置非集中空调设备的托儿所、幼儿园建筑，应对空调室外机的位置统一设计。空调设备的冷凝水应有组织排放。空调室外机应安装在室外地面或通道地面2.00m以上，且幼儿无法接触的位置。

6.2.16　此条删除。

6.3　建筑电气

6.3.1　托儿所、幼儿园的婴幼儿用房宜采用细管径直管形三基色荧光灯，配用电子镇流器，也可采用防频闪性能好的其他节能光源，不宜采用裸管荧光灯灯具；保健观察室、办公室等可采用细管径直管形三基色荧光灯，配用电子镇流器或节能型电感镇流器，或采用LED等其他节能光源。睡眠区、活动区、喂奶室应采用漫光型灯具，光源应采用防频闪性能好的节能光源。寄宿制幼儿园的寝室宜设置夜间巡视照明设施。

6.3.2　托儿所、幼儿园的婴幼儿用房宜设置紫外线杀菌灯，也可采用安全型移动式紫外线杀菌消毒设备。

6.3.3　托儿所、幼儿园的紫外线杀菌灯的控制装置应单独设置，并应采取防误开措施。

6.3.4　托儿所、幼儿园的房间照明标准值应符合表6.3.4的规定。

表6.3.4　房间照明标准值

| 房间或场所 | 参考平面及其高度 | 照度标准值(lx) | UGR | $R_a$ |
|---|---|---|---|---|
| 活动室 | 地面 | 300 | 19 | |
| 多功能活动室 | 地面 | 300 | 19 | |
| 寝室、睡眠区、活动区 | 0.5 m水平面 | 100 | 19 | |
| 办公室、会议室 | 0.75 m水平面 | 300 | 19 | 9D |
| 厨房 | 台面 | 200 | — | |
| 门厅、走道 | 地面 | 150 | | |
| 喂奶室 | 0.5 m水平面 | 150 | 19 | |

6.3.5　托儿所、幼儿园的房间内应设置插座，且位置和数量根据需要确定。活动室插座不应少于四组，寝室插座不应少于两组。插座应采用安全型，安装高度不应低于1.80 m。插座回路与照明回路应分开设置，插座回路应设置剩余电流动作保护，其额定动作电流不应大于30 mA。

6.3.6　幼儿活动场所不宜安装配电箱、控制箱等电气装置；当不能避免时，应采取安全措施，装置底部距地面高度不得低于1.80 m。

6.3.7 托儿所、幼儿园安全技术防范系统的设置应符合下列规定：

1 园区大门、建筑物出入口、楼梯间、走廊、厨房等应设置视频安防监控系统；

2 周界宜设置入侵报警系统、电子巡查系统；

3 财务室应设置入侵报警系统；建筑物出入口、楼梯间、厨房、配电间等处宜设置入侵报警系统；

3A 园区大门、厨房宜设置出入口控制系统。

6.3.8 大、中型托儿所、幼儿园建筑应设置电话系统、计算机网络系统、广播系统，并宜设置有线电视系统、教学多媒体设施。小型托儿所、幼儿园建筑应设置电话系统、计算机网络系统，宜设置广播系统、有线电视系统。

6.3.9 托儿所、幼儿园建筑的应急照明设计、火灾自动报警系统设计、防雷与接地设计、供配电系统设计、安防设计等，应符合国家现行有关标准的规定。

本规范用词说明

1 为便于在执行本规范条文时，对要求严格程度不同的用词说明如下：

1)表示很严格，非这样做不可的：

正面词采用"必须"，反面词采用"严禁"；

2)表示严格，在正常情况下均应这样做的：

正面词采用"应"，反面词采用"不应"或"不得"；

3)表示允许稍有选择，在条件许可时首先应这样做的：

正面词采用"宜"，反面词采用"不宜"；

4)表示有选择，在一定条件下可以这样做的，采用"可"。

2 条文中指明应按其他有关标准执行的写法为："应符合……的规定"或"应按……执行"。

引用标准名录

1《建筑给水排水设计规范》GB 50015

2《建筑设计防火规范》GB 50016

3《建筑采光设计标准》GB 50033

4《汽车库、修车库、停车场设计防火规范》GB 50067

5《民用建筑隔声设计规范》GB 50118

6《建筑给水排水及采暖工程施工质量验收规范》GB 50242

7《民用建筑工程室内环境污染控制规范》GB 50325

8《民用建筑供暖通风与空气调节设计规范》GB 50736

9《生活饮用水卫生标准》GB 5749

10《室内空气质量标准》GB/T 18883

11《饮食建筑设计标准》JGJ 64

12《车库建筑设计规范》JGJ 100

13《饮用净水水质标准》CJ 94

# 附录6 南京市0—3岁婴幼儿保育机构设置管理暂行办法

**第一条** 为加强我市0—3岁婴幼儿保育机构的管理，促进0—3岁婴幼儿保育机构的健康发展，根据《中华人民共和国公司法》、《民办非企业单位登记管理暂行条例》、《市政府办公厅关于推进0—3岁婴幼儿早期发展工作的意见》等规定，结合本市实际，制定本办法。

**第二条** 本办法所称0—3岁婴幼儿保育机构是指对0—3岁婴幼儿进行保育、看护的各类机构。0—3岁婴幼儿保育机构分为育儿园、亲子园和看护点三种类型。

育儿园是指为0—3岁婴幼儿提供全日/半日制保育服务的机构；亲子园是指为0—3岁婴幼儿提供计时制保育服务的机构；看护点是指为0—3岁婴幼儿提供看护服务的机构。

**第三条** 本市行政区域内0—3岁婴幼儿保育机构适用本办法。

**第四条** 人口计生部门是0—3岁婴幼儿保育机构的业务主管单位。各区人口计生部门负责本辖区内0—3岁婴幼儿保育机构的日常管理。

民政部门是0—3岁婴幼儿保育机构民办非企业单位的登记管理机关；工商部门是经营性0—3岁婴幼儿保育机构的登记管理机关。

民政、工商、公安(消防)、卫生、食药监、物价、住建等行政管理部门按照各自职责，加强对0—3岁婴幼儿保育机构的监督和管理。

**第五条** 鼓励机关、企事业单位、社会组织、民办非企业、公民个人等以多种形式举办0—3岁婴幼儿保育机构。

**第六条** 举办者申请设立0—3岁婴幼儿保育机构，应当具备下列条件：

(一)选址在安全、无污染、相对独立的区域内，楼层在3层以下(不得设置在地下建筑内)。

(二)室内活动面积原则上不低于$3\,m^2/人$(看护点不低于$1\,m^2/人$)，地面经过软化处理，无尖锐突出物，墙面有安全防护。

(三)工作人员应身体健康、具有相应资质。工作人员与婴幼儿人数之比为：0—6个月1：2；7—12个月1：3；13—18个月1：5；19—24个月1：6；25—36个月1：7。

(四)有一定数量的玩具、图书及活动游戏设施，必备的卫生消毒设备、安全防护设备等。

（五）法律法规规定的其他条件。

第七条　申请设立民办非企业单位0—3岁婴幼儿保育机构的，按照《民办非企业单位登记管理暂行条例》，经人口计生部门审查同意后，到同级民政部门办理法人登记。

人口计生部门同意后，应向同级公安（消防）、住建、物价、卫生、食药监等部门通报。

第八条　经营性0—3岁婴幼儿保育机构应当在取得工商营业执照后的三十日内，向人口计生部门办理备案。

人口计生部门收到备案材料后，应向同级公安（消防）、住建、物价、卫生、食药监等部门通报。

第九条　提供餐饮的0—3岁婴幼儿保育机构应取得《餐饮服务许可证》，涉及其他许可审批事项的，由负责许可审批的行政管理部门按职责分工依法审批监管。

第十条　推进登记主体并联审批，按照"一门受理、抄告相关、同步审批、限时办结"的要求，组织协调相关行政审批单位共同审批办理事项。

第十一条　0—3岁婴幼儿保育机构登记事项需要变更、终止的，根据其不同性质依据《中华人民共和国公司法》、《民办非企业单位登记管理暂行条例》办理变更、注销手续。

第十二条　0—3岁婴幼儿保育机构应严格执行收费管理政策，对依法实行政府定价或政府指导价的服务项目，报当地物价部门核准后执行；实行市场调节价的服务项目，由0—3岁婴幼儿保育机构自行制定，实行明码标价，自觉规范收费行为，并使用规范票据。

第十三条　0—3岁婴幼儿保育机构应当执行有关婴幼儿保育的管理规定，按照核准的业务范围，建立健全卫生保健、安全管理等各项规章制度和应急预案，明确工作规范、服务标准，并向社会公开。

第十四条　0—3岁婴幼儿保育机构应当根据《南京市0—3岁婴幼儿早期教养指南》开展活动。根据不同年龄段婴幼儿的身心发育特点，提供安全、适宜的环境，关注个体差异，促进每个婴幼儿健康发展。

第十五条　0—3岁婴幼儿保育机构开展服务时应与婴幼儿监护人签订《服务协议》，明确双方权利、义务、收费项目、金额、退费办法以及纠纷处理方式等相关内容。

第十六条　0—3岁婴幼儿保育机构应当按照《劳动法》的规定用工，保障员工合法权益，并定期对员工进行职业道德教育和业务培训，提高员工职业素质和业务技能。

第十七条　0—3 岁婴幼儿保育机构可按相关规定成立行业协会，制定行业管理标准，加强行业自律，促进行业的健康发展。

第十八条　人口计生、民政、工商、公安(消防)、住建、卫生、食药监、物价等相关职能部门，应当建立 0—3 岁婴幼儿保育机构的联合监管机制和机构信息公开、共享制度，按照"谁审批，谁监管"、"谁主管，谁负责"的原则，加强事中事后的监管，共同做好 0—3 岁婴幼儿保育机构的管理工作。

第十九条　由人口计生部门牵头，民政、工商、公安(消防)、住建、卫生、食药监、物价等部门定期组织联合执法。各相关单位职责为：

(一)人口计生部门负责对 0—3 岁婴幼儿保育机构的日常管理、专项检查和质量评估；对 0—3 岁婴幼儿保育机构从业人员开展在职培训；牵头相关部门联合查处无证 0—3 岁婴幼儿保育机构。

(二)民政部门负责对民办非企业单位 0—3 岁婴幼儿保育机构的监督管理工作，对违反《民办非企业单位登记管理暂行条例》的行为给予行政处罚。

(三)工商行政管理部门负责对经营性 0—3 岁婴幼儿保育机构法人登记和监督管理工作；对工商企业登记事项进行监管；对招生广告宣传依法进行监管；对未经登记，擅自从事经营性婴幼儿保育服务活动的行为协助进行检查和处罚。

(四)消防部门负责对 0—3 岁婴幼儿保育机构消防审核验收(备案)，加强消防安全检查、指导开展防火工作。

(五)卫生部门负责对 0—3 岁婴幼儿保育机构卫生保健工作的监督指导。

(六)食品药品监督管理部门负责对 0—3 岁婴幼儿保育机构食品安全管理。

住建、物价、公安等部门按照各自职责依法负责对 0—3 岁婴幼儿保育机构的监督和管理。

第二十条　鼓励社会和个人向市人口计生委及有关职能部门投诉举报 0—3 岁婴幼儿保育机构的违法违规行为。相关职能部门按照职责分工，及时调查核实投诉举报的问题，并向投诉举报人反馈调查处理情况。

第二十一条　人口计生部门及其他有关职能部门工作人员滥用职权、徇私舞弊、玩忽职守构成犯罪的，依法追究刑事责任。尚未构成犯罪的，由其所在单位或上级主管部门依法给予行政处分。

第二十二条　本办法自 2014 年 8 月 15 日起施行。

# 附录7　南京市育儿园设置基本标准（试行）

育儿园是指为0—3岁婴幼儿提供全日/半日制保育服务的机构，符合条件的可开展计时制婴幼儿保育服务。

一、基本设施

1. 机构应设置在安全、无污染、相对独立的区域内，楼层在3层以下（不得设置在地下建筑内）。

2. 机构所在建筑须达到国家有关建设标准，室内装修应符合国家有关规定的要求。

3. 有婴幼儿活动室、午睡室、盥洗室、多功能室以及卫生保健室，提供餐饮的需有符合要求的厨房。

4. 婴幼儿活动室应采光良好，空气流通，地面应经过软化处理，平整、防滑、无尖锐突出物，墙面要有安全防护，人均室内活动面积原则上不低于3 m²/人。

5. 婴幼儿盥洗室应设有流水洗手设备、蹲式水冲式婴幼儿厕所（蹲坑要有安全扶手）和防滑设备。

6. 有适宜的户外活动场地和游戏场地，有适合0—3岁婴幼儿活动的中小型户外玩具。

7. 有与0—3岁婴幼儿身心发展特点相适应的桌、椅、小床、活动的毛巾架、茶杯箱等，敞开式玩具柜，数量充足、种类多样的玩具和图书，有必要的教具和教学设备。

8. 有防暑保暖设备、卫生消毒设备、必要的安全防护设施设备、符合规范的报警监控设备等。

二、人员配备

9. 工作人员应当具有完全民事行为能力，身体健康，热爱婴幼儿，有良好的职业道德，能够胜任本职工作。

10. 配备专职园长，园长应具有幼儿教育专业（包括教育管理专业）大专以上学历或中级以上技术职称，取得《教师资格证》和《育婴师证》，有一定的组织管理能力和协调能力。

11. 指导人员应具有教育学专业大专及以上学历，取得《教师资格证》或《育婴师证》，保育员应经过保育职业培训。

12. 配备符合要求的专（兼）职卫生保健人员、保安人员，提供餐饮的需有符合要求的炊事人员。

13. 保育人员与婴幼儿人数之比为：

0—6个月　1：2　7—12个月　1：4

13—18个月　1：5　19—24个月　1：6

25—36个月　1：7

三、机构管理

14. 举办者应遵守国家《劳动法》，保证工作人员的工资福利待遇。

15. 开展服务时应与婴幼儿监护人签订《服务协议》，明确双方权利、义务、收费项目、金额、退费办法以及纠纷处理方式等相关内容。

16. 严格执行国家规定的各项安全、卫生、保健管理制度，并根据机构特点建立健全各项规章制度。建立突发事件的应急预案及相应的风险防范机制。

# 附录8　南京市亲子园设置基本标准(试行)

亲子园是指为0—3岁婴幼儿提供计时制保育服务的机构。

一、基本设施

1. 机构应设置在安全、无污染、相对独立的区域内,楼层在3层以下(不得设置在地下建筑内)。

2. 机构所在建筑须达到国家有关建设标准,室内装修应符合国家有关规定的要求。

3. 功能划分合理,有亲子活动室(区)、游戏区、阅读区等。

4. 亲子活动室(区)应采光良好,空气流通,地面应经过软化处理,平整、防滑、无尖锐突出物,墙面要有安全防护,人均活动面积原则上不低于3 m²/人。

5. 有与0—3岁婴幼儿身心发展特点相适应的设备设施,有数量充足、种类多样的玩具和图书,必要的教具和教学设备。

6. 有防暑保暖设备、卫生消毒设备、安全防护设备以及符合规范的报警监控设备。

二、人员配备

7. 工作人员应身体健康,具有完全民事行为能力和良好的职业道德。

8. 园长应具有幼儿教育专业(包括教育管理专业)大专以上学历或中级以上技术职称,取得《教师资格证》和《育婴师证》,有一定的组织管理能力和协调能力。

9. 指导人员应具有大专及以上学历,取得《教师资格证》或《育婴师证》。

10. 配备符合要求的专(兼)职卫生保健人员。

11. 保育人员与婴幼儿人数之比为:

0—6个月　1∶2　7—12个月　1∶4

13—18个月　1∶5　19—24个月　1∶6

25—36个月　1∶7

三、机构管理

12. 举办者应遵守国家《劳动法》,保证工作人员的工资福利待遇。

13. 开展服务时应与婴幼儿监护人签订《服务协议》,明确双方权利、义务、收费项目、金额、退费办法以及纠纷处理方式等相关内容。

14. 严格执行国家规定的各项安全、卫生、保健管理制度，并根据机构特点建立健全各项规章制度。建立突发事件的应急预案及相应的风险防范机制。

# 附录9　南京市0—3岁婴幼儿看护点设置基本标准（试行）

看护点是指为20名以内的0—3岁婴幼儿提供看护服务的机构。

1. 选址安全。机构应设置在安全、无污染、相对独立的区域内，楼层在3层以下（不得设置在地下建筑内）。

2. 有满足需要的房舍。婴幼儿人均室内活动面积不低于$1 m^2/$人。有蹲式水冲式婴幼儿厕所，具备洗手、通风、照明条件。提供餐饮的，需有符合要求的厨房。

3. 有必要的婴幼儿生活设施及玩具。配备适合婴幼儿年龄特点和安全要求的桌、椅、小床等。有适宜的桌面玩具、图书和户外玩具。

4. 有防暑保暖设备、卫生消毒设备、安全防护设备以及符合规范的报警监控设备。

5. 有满足需要的看护人员。工作人员应身体健康，具有完全民事行为能力和良好的职业道德。须配备专职负责人1名，具有相应的知识和能力。配备符合要求的专兼职卫生保健人员、保安人员。提供餐饮的，需配备符合要求的炊事人员。

6. 保育人员与婴幼儿人数之比为：

0—6个月　1∶2　　7—12个月　　1∶4

13—18个月　1∶5　　19—24个月　　1∶6

25—36个月　1∶7

7. 有安全、卫生、保健管理制度。建立突发事件的应急预案及相应的风险防范机制。遵守国家《劳动法》，保证工作人员的工资福利待遇。

8. 开展服务时应与婴幼儿监护人签订《服务协议》，明确双方权利、义务、收费项目、金额、退费办法以及纠纷处理方式等相关内容。

# 附录 10　上海市 3 岁以下幼儿托育机构管理暂行办法

第一章　总则

第一条（目的依据）

为规范和加强本市托育机构（包括具有法人资格的托育机构和企事业单位、园区、商务楼宇举办的面向单位职工适龄幼儿的免费福利性托育点，以下统称"托育机构"）管理，促进 3 岁以下幼儿托育服务事业健康有序发展，根据有关法律法规和相关政策要求，制定本暂行办法。

第二条（适用范围）

本市行政区域内 3 岁以下托育机构的设立、运营、管理、监督等，适用本暂行办法。

本暂行办法所指的托育机构，是指在本市行政区域内，由社会组织、企业、事业单位或个人举办，面向 3 岁以下尤其是 2—3 岁幼儿实施保育为主、教养融合的幼儿照护的全日制、半日制、计时制机构。幼儿园托班和托儿所不适用本暂行办法。

第三条（服务宗旨）

托育机构应当坚持托育服务的公益性，坚持"以幼儿发展为本"的原则，遵守法律法规，遵循幼儿的生理和心理发展规律与特点，促进幼儿健康成长。

第四条（管理分工）

市政府制定托育服务规划，组织协调各职能部门制定相关标准、管理办法等，共同推进托育服务工作。建立市托幼工作联席会议，定期商议解决本市托育服务管理工作中的重大问题。市托幼工作联席会议下设办公室，设在市教委。

区政府是落实托育服务工作的责任主体，负责制定区域内托育服务工作规划，加强管理队伍建设和用地保障，指导街镇将公益性托育服务纳入社区公共服务体系建设，引导托育机构合理布局和规范发展。建立区托幼工作联席会议，定期商议解决本区托育服务管理工作中的重大问题。区托幼工作联席会议下设办公室，设在区教育局。

街道办事处、乡镇政府负责具体组织实施托育服务工作的综合监管。街镇协调区域内社区卫生服务中心、派出所、育儿服务指导站、市场监管所等部门及时掌握区域内托育服务的发展情况，包括托育机构数量、服务质量、定价收费以及服务人群等。

教育部门牵头管理本市托育服务工作，牵头研制托育机构设置标准和管理办法等，制定托育服务发展规划和工作实施计划，会同各相关职能部门执行托幼工作联席会议的相关决策，对托育机构进行监督管理和业务指导。

民政部门负责本市行政区域内民办非营利性托育机构（不含托育点）的登记管理工作，对低保低收入困难家庭中的幼儿及时提供社会救助。

工商（市场监督管理）部门负责本市行政区域内营利性托育机构（不含托育点）的登记管理工作，依法查处违反相关法律法规的行为。

卫生计生部门负责对本市行政区域内托育机构卫生保健、疾病防控等工作进行技术指导与支持，依法对托育机构的饮用水卫生、传染病防控等进行监督检查。

食品药品监管部门负责对托育机构的食品安全提出要求，指导区市场监督管理部门开展食品安全监管。

公安部门参与托育机构的安全管理标准制定，负责对本市行政区域内托育机构的安全管理工作进行监管。

消防部门参与托育机构的消防安全标准制定，负责对本市行政区域内托育机构中的消防安全工作依法进行监督检查。

人力资源社会保障部门负责确立托育服务从业人员职业发展和类型，指导各区开展职业技能培训等。

住房城乡建设管理部门负责托育机构工程技术标准的立项、编号、备案、批准发布工作。

房管部门负责指导各区依规划要求提供托育服务的配套房屋设施。

规划国土资源部门负责指导各区开展托育机构规划和土地管理相关工作。

财政部门负责对本市相关行政部门开展托育管理等工作提供经费保障。

物价部门负责规范托育服务收费行为，促进与幼儿园收费政策衔接，加强对托育机构定价指导和收费行为的监督管理。

地税部门负责托育服务相关税政业务和征收管理工作，支持托育机构享受国家相关税收优惠政策。

工会负责调查研究职工托育需求，对企事业单位内举办的托育点进行监督和指导，推动托育服务从业人员职业道德建设。

妇联协同推进社区托育机构的设点布局，参与为家庭提供科学育儿指导服务，加强对女性从业人员的职业道德宣传和维权服务。

市托育服务管理机构负责指导和管理各区托育服务管理机构开展托育服务工作，调查研究托育工作情况，定期报送本市托育机构发展情况。多途径整合专业资源，组织并指导各区开展面向 3 岁以下婴幼儿家庭科学育儿指导的公益性活动。开展本市托育服务管理人员、业务骨干（含外籍从业人员）等队伍的培训和国际合作交流。组建专业巡查队伍，保障本市托育服务工作质量。

区托育服务管理机构作为公益性事业单位，在区教育局的领导下，负责区域内托育机构预约登记、申办咨询、备案等工作，组织协调对区域内托育机构的事中事后监管和对区域内婴幼儿家庭科学育儿指导工作，负责区域内托育机构从业人员培训工作。组建专业巡查队伍，对区域内托育机构开展定期与不定期的评估检查。

第二章　机构设立

第五条（机构类型）

托育机构（不含托育点）分为营利性和非营利性两类。营利性托育机构（不含托育点）利用非国家财政性经费和非捐助资产设立，在工商（市场监督管理）部门办理公司制法人登记；非营利性托育机构（不含托育点）不以营利为目的，利用非国家财政性经费捐助申请设立，经业务主管单位同意后，在民政部门依法办理民办非企业单位法人登记。

第六条（举办资格）

申请举办托育机构的社会组织、企业、事业单位应当具有独立法人资格。事业单位出资举办的，应当经其上级主管单位批准同意；国有及国有控股企业投资举办的，应当向对其国有资产负有监管职责的机构履行备案手续。

申请举办托育机构的个人应当具有中华人民共和国国籍，并具有政治权利和完全民事行为能力。

第七条（选址要求）

托育机构功能布局、建筑设计、设施设备等应当以保障安全为先，符合下列要求：

（一）地质条件较好、环境适宜、空气流通、日照保障、交通方便、场地平整干燥、排水通畅、基础设施完善、周边环境适宜、邻近绿化带、符合卫生和环保要求的宜建地带。

（二）避开可能发生地质灾害和洪水灾害等不安全地带，避开加油站、输油输气管道和高压供电走廊等。

（三）不与公共娱乐场所、集市、批发市场等人流密集、环境喧闹、杂乱或不利于幼儿身心健康成长的建筑物及场所毗邻，远离医院、垃圾及污水处理站等危及幼儿安全的各种存在污染源的场所，远离城市交通主干道或高速公路等，符合国家现行有关卫生、防护标准的要求。

（四）3 个班及以上的全日制、半日制托育机构以及企事业单位、园区或商务楼宇开办的托育机构，宜独立设置。在居住、就业集中区域，如符合消防安全、卫生防疫、环保等专业管理部门的相关要求，且房屋产权清晰，房屋性质不变更的，举办者可试点结合住宅配套设施、商务办公、教育、科研、文化等建筑综合设置幼儿托育设施，但须符合下列规定：

1. 新建、改建、扩建托育机构（点）应当符合《托儿所、幼儿园建筑设计规范》（JGJ 39）和国家相关抗震、消防标准的规定。利用房龄 20 年以上的既有建筑提供托育服务的，须通过房屋结构安全检测。

2. 幼儿生活用房不设置在地下或半地下，当设置在建筑的首层确有困难时，可设置在地上二、三层，除应当符合《建筑设计防火规范》要求外，还应当满足以下条件：

（1）设置在一、二级耐火等级的建筑内。

（2）场所下方对应区域也为托育机构用房。

（3）设置独立的安全出口和疏散楼梯。

（4）场所采用耐火极限不低于 2.00 h 的防火隔墙和 1.00 h 的楼板与其他场所或部位分隔，墙上必须设置的门、窗应采用乙级防火门、窗。

（5）场所设置自动喷水灭火系统和火灾自动报警设施。

（6）场所顶棚的内装修材料为 A 级，墙面、地面、隔断、装饰织物和其他装饰材料不低于 B1 级。

3. 托育机构出入口处设置人员安全集散和车辆停靠的空间，且不影响城市道路交通。

4. 宜设独立的户外活动场地，场地周围采取安全隔离措施，防止走失、失足、物体坠落等风险。

第八条（举办场所）

举办者应当提供能满足使用功能要求、与举办项目和举办规模相适应的场所，提供区级及以上卫生计生部门指定的医疗卫生机构出具的符合《托儿所幼儿园卫生保健工作规范》的卫生评价报告，以及消防等相关职能部门出具的用房安全合格或许可证明。举办者租用场地的，租赁期限自申请开办托育机构之日起不得少于 3 年。

第九条（建筑设计）

托育机构的建筑布局、结构、防火、各室及区域的设计、层高、走廊、楼地面、内外墙、门窗等，均应当符合《托儿所、幼儿园建筑设计规范》（JGJ 39）中的相关规定。托育机构的消防设计应当符合《建筑设计防火规范》（GB 50016）等国家标准。技防、物防建设应当符合国家和市公安部门有关校园安全的规定。

第十条（建筑面积）

托育机构建筑面积不低于 360 m²（只招收本单位、本社区适龄幼儿且人数不超过 25 人的，建筑面积不低于 200 m²），且幼儿人均建筑面积不低于 8 m²；户外场地符合《托儿所、幼儿园建筑设计规范》（JGJ 39）的，幼儿人均建筑面积不低于 6 m²。

第十一条（功能要求）

（一）幼儿游戏活动室（区）

应当配备适宜幼儿的桌椅和玩具柜。幼儿桌椅表面及幼儿手指可触及的隐蔽处，均不得有锐利的棱角、毛刺及小五金部件的锐利尖端。

应当配备数量充足、种类多样的玩具和图书，以及可供幼儿摆弄和操作的各种材料。提供给幼儿的玩具应当符合 GB 6675"《玩具安全》系列国家标准"。

（二）幼儿就寝室（区）

不得设双（多）层床，床位侧面不得紧靠外墙布置。班级活动单元内不得搭建阁楼或夹层作寝室。

（三）厨房

厨房平面布置应当符合食品安全规定，满足使用功能要求。厨房不得设在幼儿活动用房的下部。

自行加工膳食的全日制托育机构应当设置不低于 30 m² 的厨房，其中加工场所（包括初加工、切配、烹饪等）和备餐间分别不低于 23 m² 和 7 m²。不自行加工但提供膳食的全日制托育机构，需向有提供中小学餐饮服务资质的企业购买供餐服务，并设不低于 8 m² 的配餐间。用餐人数超过 50 人的，执行本市食品经营许可中有关托幼机构食堂要求。半日制和计时制托育机构提供点心的，企事业单位、园区或商务楼宇自办托育点且其用餐由本单位、园区或商务楼宇食堂提供的，应当设不低于 8 m² 的配餐间。

在保证食品安全的前提下，经食品药品监管部门认定，托育机构可采取多种形式的供餐服务，包括自有食堂、合法餐饮企业承包的食堂、所属单位内部食堂、周边具有供应能力和资质的食堂等。其中，单位内部食堂和周边食堂至托育机构的送餐时间应当控制在15分钟以内。

（四）建筑设备

按照信息化管理要求，敷设网络、通信、有线电视、安保监控等线路，预留接口。办公室内应当设有监控视频观察区，对托育机构内所有场所（成人洗手间及更衣间除外）进行无死角监控。

（五）附属设施

主出入口、幼儿生活及活动区域等应当安装视频安防监控系统，确保监控全覆盖，录像资料保存30日以上，且出入口设置微卡口，符合"智慧公安"相关要求。

设置安全、通透的实体周界，实施全封闭管理，周界宜设置入侵报警系统。根据实际场地，设置电子巡查系统，巡查点布控合理，安装须牢固隐蔽。

托育机构门卫室、安防控制中心、负责人办公室应当安装紧急报警装置，且与区域报警中心联网。

根据消防要求，在托育机构区域内和建筑内，配置相应的消防设备。

第十二条（名称规范）

申请设立非营利性托育机构（不含托育点）的，其名称应当符合《民办非企业单位登记管理暂行条例》《民办非企业单位名称管理暂行规定》等法规规章的规定。非营利性托育机构（不含托育点）的名称，依次由市区行政区划名称、字号（两个以上的汉字组成）、托育、组织形式四部分组成。

申请设立营利性托育机构（不含托育点）的，其名称应当符合《公司登记管理条例》《企业名称登记管理规定》《上海市企业名称登记管理规定》等法规规章的规定。营利性托育机构（不含托育点）的名称，依次由市区行政区划、字号（两个以上的汉字组成）、托育、组织形式四部分组成。

托育机构（不含托育点）只能使用一个名称，其外文名称应当与中文名称语义一致。名称应当符合中国国情，不得冠以"中国""全国""中华""世界""国际""全球"等字样。

第十三条（设立申请）

申请设立3岁以下托育机构的，应当符合《上海市3岁以下幼儿托育机构设置标准（试行）》（简称《设置标准》）的要求，取得下列材料并通过检查：

（一）由区级及以上卫生计生部门指定的医疗卫生机构出具的《托育机构卫生评价报告》。

（二）由区公安消防部门出具的消防安全合格证明文件。

（三）由区市场监督管理局出具的《食品经营许可证》。

（四）举办者资格证明。举办者为社会组织、企事业单位的，应当提供法人资格证明材料；举办者为个人的，应当提供身份证明、户籍证明等。

（五）场地证明。自有场所的，应当提供房屋产权证明；租赁场所的，应当提供出租方的房屋产权证明以及具有法律效力的租赁协议。

（六）从业人员资格证明。包括身份证明、学历证明、健康证明、从业资格证明等。

申请人应当如实提供有关材料情况，并对所提交材料的真实性负责。

第十四条（受理与登记）

举办非营利性托育机构（不含托育点）的，举办者需向所在区业务主管单位递交《托育机构备案信息表》《托育机构卫生评价报告》、消防安全合格证明文件、举办者资格证明、场地证明、从业人员资格证明以及其他相关材料。经区业务主管单位审查同意后，举办者应当向区民政部门提交相关文件，申请办理民办非企业单位法人登记，并按照实际条件和服务方式，申请登记为全日制、半日制或计时制托育机构。民政部门完成法人登记后，应当及时将信息反馈区业务主管单位。非营利性托育机构（不含托育点）完成法人登记后，应当及时办理《食品经营许可证》。对符合运营要求的，由区托育服务管理机构向举办者发放《依法开展托育服务告知书》。

企事业单位、园区和商务楼宇开办面向单位职工适龄幼儿的免费福利性托育点的，举办者情况、卫生评价情况、消防安全情况、场所情况等需在所在区托育服务管理机构备案，并在区相关职能部门指导下，由所在区托育服务管理机构牵头组织相关职能部门进行核查，达到《设置标准》及本办法要求的，方可正式运营。托育点的活动和管理，由企事业单位、园区和商务楼宇管委会实施并承担主体责任。两家以上单位联合举办面向单位职工适龄幼儿托育点的，应当成立管理委员会，负责托育点的活动和管理，并由联合举办单位承担相应责任。

举办营利性托育机构（不含托育点）的，举办者应当向工商（市场监督管理）部门办理公司制法人登记，经营范围内注明全日制、半日制或计时制，专营托育服务。提交《托育服务告知承诺书》，承诺拟设托育机构符合《设置标准》和本暂行办法要求，在取得《托育机构卫生评价报告》《食品经营许可证》、消防安全合格证明文件、举办者资格证明、场所证明以及从业人员资格证明等材料之前，不得擅自从事经营活动。

工商（市场监督管理）部门完成公司制法人登记后，应当通过信息化手段将信息及时推送至教育部门。区托育服务管理机构获得信息后，应当在20个工作日内，组织协调相关职能部门开展并完成检查。对符合要求的，由区托育服务管理机构向举办者发放《依法开展托育服务告知书》。对不符合要求的，各相关职能部门应当依法告知，责令限期整改；整改不达标仍从事经营活动的，由相关职能部门依法查处，符合法律、行政法规规定吊销营业执照情形的，提请工商（市场监督管理）部门吊销营业执照。

第十五条（信息公示）

各区托育服务管理机构应当及时将区域内登记备案的托育机构信息在其官方网站公开，便于社会查询、监督。

第三章　机构管理

第十六条（组织机构）

托育机构应当坚持和加强党的领导，做到党的建设同步谋划、党的组织同步设置、党的工作同步开展。

托育机构应当按照相关法律法规规定，建立决策机构和执行机构。

托育机构应当按照《设置标准》中有关任职条件，聘任托育机构负责人，由其依法独立负责托育机构的照护服务和行政管理工作。

托育机构依法通过职工大会等形式，保障从业人员参与民主管理和监督。托育机构的从业人员有权依照工会法，建立工会组织，维护其合法权益。

第十七条（证件管理）

托育机构（不含托育点）应当在公开场所的显著位置，公示法人登记证明以及依法开展经营的证明文件。托育点应当在公开场所的显著位置公示依法开展托育服务的证明文件。证明文件遗失的，应当立即公告，并及时向颁发机关申请补办。

托育机构不得以任何名义出租、出借、转让上述证明文件。

托育机构（不含托育点）的《民办非企业单位（法人）登记证》或《营业执照》期满需要延续的，应当在有效期满30日前，向登记管理机关提出延续申请，并提交相应证明材料。登记管理机关应当作出是否同意的决定。同意延续的，应当收回原件后换发登记证或营业执照；不同意延续的，应当书面说明理由。

第十八条（保育管理）

（一）基本要求

托育机构应当贯彻以保育为主、教养融合的原则，遵循幼儿生长发育和心理发展规律，创设适宜的养育环境，关爱幼儿，以幼儿发展为本，把幼儿的安全、健康和照护工作放在首位，注重幼儿发展的整体性，促进幼儿身心健康发展。

（二）主要内容

1. 创设清洁卫生、安全温馨、便于活动的生活环境，提供数量充足的、安全的、能满足多种感知需要的玩具材料。

2. 设置的活动应当以照护为主，应当有利于幼儿身心健康发展。

3. 保育人员应当熟知幼儿的发展特点，能观察了解幼儿的需要和情绪变化，给予关爱。保育人员应当多与幼儿进行面对面、一对一的个别交流，有针对性地开展照护工作。

4. 尊重、顺应幼儿生理节律，加强生活护理，培养幼儿的自理能力。

5. 以游戏为主要的活动形式，鼓励幼儿操作、摆弄、探索和交往，丰富幼儿的直接经验。

6. 将保护幼儿生命安全放在首位，及时处理幼儿的常见事故，危险情况优先救护幼儿。

（三）日常组织

托育机构应当合理安排幼儿生活，做好幼儿生活安排，悉心照料幼儿入托、喂奶、饮水、进餐、换尿布、如厕、盥洗、穿脱衣服、睡眠、室内游戏和户外活动等每一个环节，各环节时间安排要相对固定，活动方式要灵活多样，以个别、小组活动形式为主，集中统一活动时间不宜过长。

托育机构不得开展违背幼儿养育基本要求、有损幼儿身心健康的活动。

严禁虐待、歧视、体罚或变相体罚等损害幼儿身心健康的行为。

（四）沟通合作

托育机构应当主动与幼儿家庭沟通合作，建立托育机构与幼儿父母联系的制度，指导幼儿父母正确了解托育机构养育的内容方法，了解幼儿家庭在养育幼儿过程中遇到的问题和困难，指导帮助幼儿父母提高科学育儿能力。

鼓励托育机构开展幼儿与家长的亲子互动活动。

（五）组织管理

托育机构应当搞好养育的组织与管理，制定养育方案，创设安全、卫生、温馨的环境，开展养育活动评价，建立业务档案、信息管理等制度。

第十九条（人员管理）

（一）人员配置

托育机构负责人应当具有政治权利和完全民事行为能力，品行良好，身心健康，富有爱心，热爱保育工作。托育机构应当按照《设置标准》配备育婴员、保健员、保育员、营养员、财会人员、保安员等从业人员。

托育机构收托幼儿数应当与从业人员之间保持合理比例，每班应当配育婴员和保育员，且育婴员不得少于1名。

2—3岁幼儿与保育人员（育婴员和保育员）的比例不得高于7∶1，18—24个月幼儿与保育人员（育婴员和保育员）的比例不得高于5∶1，18个月以下幼儿与保育人员（育婴员和保育员）比例不得高于3∶1。

收托50人以下的托育机构（点），应当至少配备1名兼职卫生保健人员；收托50—100人的，应当至少配备1名专职卫生保健人员；收托101—140人的，应当至少配备1名专职和1名兼职卫生保健人员。

每个托育机构应当至少有1名保安员在岗，该保安员应由获得公安机关颁发的《保安服务许可证》的保安公司派驻。

有下列情况的人员，不得在托育机构工作：

1. 有刑事犯罪记录的。

2. 有吸毒记录和精神病史的。

3. 未取得健康证明的。

4. 其他不适宜从事托育服务的。

托育机构从业人员患传染病期间，暂停其在托育机构的工作。

（二）人员资质

托育机构专职负责人应当具有大专及以上学历，同时具有教师资格证和育婴员四级及以上国家职业资格证书，有从事学前教育管理工作6年及以上的经历，能胜任机构管理工作。

育婴员应当具有大专及以上学历，并取得育婴员四级及以上国家职业资格证书。

保健员应当具有中等卫生学校、幼师或高中以上文化程度，经过本市妇幼保健机构组织的卫生保健专业知识培训并考核合格。

保育员应当取得保育员四级及以上国家职业资格证书。

保健员、营养员等托育机构食品安全管理人员、关键环节操作人员应当取得食品安全知识培训考核合格证书。

保安员须由获得公安机关颁发的《保安服务许可证》的保安公司派驻，并均应当经公安机关培训取得《保安员证》。

（三）人员管理

托育机构应当遵照《中华人民共和国劳动合同法》与被聘用的从业人员签订聘任合同或劳动合同，依法保障在职人员的合法权益。

托育机构应当建立人员培训、职级评定等制度，建立负责人和育婴员继续教育制度，并按规定组织和支持从业人员参加继续教育进修活动，不断提高托育服务队伍的素质。

第二十条（安全管理）

（一）责任主体

托育机构（不含托育点）法定代表人和托育点举办者，是机构安全和卫生保健工作的第一责任人。

（二）安全制度

托育机构实施全封闭管理，报警系统确保 24 小时设防。安防监控系统录像资料应当保存 30 日以上。托育机构应当建立健全（门卫、房屋、设备、消防、交通、食品、药物、幼儿接送交接、活动组织和幼儿就寝值守等）安全防护制度。

托育机构应当建立安全责任制，加强对举办场所、活动场地和设施设备的安全检查，落实各项安全防范措施，执行日巡查制度，做好安全巡查记录，及时消除安全隐患。

（三）突发事件应对

托育机构应当建立重大自然灾害、食物中毒、踩踏、火灾、暴力等突发事件的应急预案，规定突发事件发生时优先保护幼儿的相应措施。

托育机构内应当配备接受过急救培训并持有有效急救证书的保育人员，全体从业人员应当掌握基本急救常识和防范、避险、逃生、自救的基本方法，并定期进行事故预防演练。

（四）日常安全

托育机构从业人员应当具有安全意识和责任感，掌握预防幼儿伤害的相关知识和急救技能，以预防为主，全面关注幼儿的生活和活动安全。

托育机构应当消除各类安全隐患，预防幼儿跌落、摔伤、碰伤、烫伤、烧伤、窒息、中毒、气管异物、异物入体、同伴咬伤、动物致伤、触电、溺水、交通事故等伤害的发生，防止幼儿走失和被拐骗。

严禁在托育机构内，设置威胁幼儿安全的危险建筑物和设施。

严禁使用有毒、有害物质制作的教具、玩具。

入托幼儿应当由幼儿监护人或者其委托的成年人接送。

托育机构一旦发现幼儿遭受或者疑似遭受家庭暴力的，应当依法及时向公安机关报案。

（五）信息及隐私保护

托育机构及其从业人员对幼儿的个人信息以及隐私，应当予以保护。

第二十一条（卫生保健管理）

托育机构应当严格执行国家有关食品药品安全的法律法规，保障饮食饮水卫生安全，并依据《托儿所幼儿园卫生保健管理办法》及其他有关卫生保健的法规、规章和制度，切实做好幼儿生理和心理卫生保健工作。

（一）健康检查

3 岁以下幼儿在入托前，应当经区级及以上卫生计生行政部门指定的医疗卫生机构进行健康检查，凭健康检查合格证明方可入托。

托育机构应当根据幼儿的个体发展情况，经征询儿保医生的建议并与家长共同协商，选择采取最有利于幼儿健康成长的托育方式。

（二）疾控预防

加强托育机构的卫生保健工作。认真贯彻预防为主、教养融合的工作方针，为幼儿创造良好的生活环境，预防控制传染病，降低常见病的发病率，保障幼儿的身心健康。各级妇幼保健机构、疾病预防控制机构和社区卫生服务机构等要依职责加强对托育机构卫生保健工作的业务指导和咨询服务。卫生计生监督执法机构依法对饮用水卫生、传染病预防和控制等工作进行监督检查。

（三）制度建设

1. 建立健全卫生保健制度。为幼儿创造良好的生活环境，预防控制传染病，降低常见病的发病率，逐步培养幼儿良好的生活与卫生习惯，保障幼儿的身心健康。根据幼儿不同月龄段的生理和心理发展特点、幼儿的个体差异和需要，制订合理的幼儿生活制度，科学安排幼儿作息时间和进餐、睡眠、大小便、盥洗、游戏、活动等各个环节的时间、顺序和次数，注意动静结合、室内活动与户外活动结合。

2. 建立健全各项食品安全管理制度。依据相关规定，提供餐食服务。

为幼儿提供的食品和饮用水应当符合国家有关卫生标准和规范的要求，加强饮食卫生管理，食品应当留样 48 小时，确保食品安全。

根据幼儿的生理需求，为 2—3 岁幼儿制订膳食计划，编制营养合理、平衡的食谱，提供安全卫生、易于消化吸收、清淡可口、健康的膳食。此外，应当做好食物过敏幼儿的登记工作，提供餐点时应当避免幼儿食物过敏。饮用水和各类食物每日参考摄入量应当符合国家有关卫生保健标准和规范。

提供全日制托育服务的托育机构应当每周向家长公示幼儿食谱，定期计算和分析幼儿的进食量和营养素摄取量，保证幼儿合理膳食，促进幼儿生长发育。

3. 建立幼儿健康检查制度。托育机构应当为幼儿建立健康检查制度，建立健康档案，开展幼儿定期健康检查工作；做好每日入托时的晨检或午检以及全日健康观察，发现幼儿身体、精神状况、行为等异常的，应当及时处理并通知监护人。

4. 建立卫生与消毒制度。做好环境卫生、个人卫生和预防性消毒工作。

5. 建立传染病防控与管理、常见病预防与管理等制度。做好幼儿传染病的预防与控制以及幼儿常见病的防治等工作，加强健康教育宣传，配合做好预防接种工作。

第二十二条（收费管理）

托育机构（不含托育点）的托育服务收费实行市场调节价管理，由托育机构（不含托育点）根据服务成本、社会承受能力等因素合理制定。托育机构（不含托育点）应当按月收取托育服务费。托育机构（不含托育点）应当向社会公示收费项目和标准以及退费办法等。

全日制托育机构幼儿伙食费使用情况、半日制和计时制托育机构幼儿点心费使用情况应当按月公示，做到专款专用。托育机构从业人员的餐费应当与幼儿的伙食费严格分清。

对中途退出托育机构的幼儿，应当提供代办费使用明细账目。

托育机构的收费项目、标准及退费办法等，应当接受所在区市场监督管理部门和业务主管部门的监督检查。

第二十三条（财务管理）

托育机构应当依法建立财务、会计和资产管理制度，建立健全财务内部控制制度。同时，要加强财务和资产管理，所有资产由法人依法管理和使用，任何组织和个人不得截留、挤占、挪用。托育机构资产使用和财务管理，应当接受财政、审计、行业主管部门以及社会各方面的监督检查。

第二十四条（纠纷处理）

托育机构应当与家长或幼儿监护人签订《家长告知书》，明确双方权利、义务、收费项目、金额、退费办法以及纠纷处理方式等相关内容。托育机构不得擅自暂停或者终止服务。

托育机构与幼儿家长发生争议的，可自行协商解决，可申请人民调解组织或者其他有关组织进行调解，也可依法通过仲裁、诉讼等途径解决。

第四章　监督与管理

第二十五条（综合监管）

建立市、区、街镇三级联动的综合监管机制，畅通投诉举报渠道，加大对托育服务市场违法违规行为的查处力度。在区政府相关职能部门和街镇的统一组织下，形成日常检查发现、归口受理和分派、违法查处等各环节分工牵头负责、共同履职的机制。

建立日常检查机制。建立举办者自查、区托育服务管理机构网上巡查、区相关职能部门抽查和街镇牵头联合检查相结合的综合监管体系，开展托育服务市场违法违规行为的日常检查发现工作。

建立归口受理和分派机制。建立由区托育服务管理机构牵头的归口受理机制，对巡查发现或投诉举报的线索进行初步核实，并分派到街镇或者相关职能部门处理。

建立违法查处机制。托育机构涉及违反多个法律法规规定的，由各街镇牵头，整合区域内执法力量，会同区市场监督管理、消防、公安、卫生计生、教育、人力资源社会保障、民政等职能部门依据法定职责联合执法。涉嫌犯罪的，移交司法部门处理。

建立诚信评价机制。建立托育机构诚信档案，形成违法失信惩戒制度。将托育机构的违法信息纳入本市公共信用信息服务平台。建立托育机构从业人员的黑名单制度。对托育机构是否符合规定的情况予以信息公告。依法公开托育机构备案登记等基本信息、监督检查结果和行政处罚信息等。加强事中事后监管，提高监测预警能力。

建立行业自律机制。拓展相关社会团体功能，发挥社会组织业内自律、协调、规范等作用。组织全市托育机构从业人员学习政策法规，增强从业人员依法从业意识，促进行业自律和自觉。

建立托育服务信息管理平台。充分利用互联网、大数据和智能终端设备，对托育机构的申办过程、综合监管、信息公开、诚信记录、人员信息以及业务数据等进行信息化管理。

第二十六条（日常检查）

各区托育服务管理机构应当定期组织对托育机构的人员配备、设施设备条件、管理水平、服务质量等开展检查，并将检查结果向社会公布。

第五章 变更与终止

第二十七条（变更流程）

非营利性托育机构（不含托育点）的登记事项需要变更的，应当自所在区业务主管单位审查同意之日起 30 日内，向所在区登记管理机关申请变更登记；不同意变更的，应当书面说明理由。

营利性托育机构（不含托育点）举办者、名称、地址以及其他重大事项变更的，应当在 30 日内根据有关法律法规规定，向工商（市场监督管理）部门申请变更；不同意变更的，应当书面说明理由。工商（市场监督管理）部门作出变更登记决定后应当及时将信息推送至所在区托育服务管理机构。区托育服务管理机构获得信息后，协调组织相关职能部门及时开展检查。

托育点发生地址等重大事项变更的，应当在 30 日内向所在区托育服务管理机构备案。

第二十八条（终止运营）

托育机构（不含托育点）终止服务的，应当按照国家有关规定，办理注销等手续，并做好妥善安置工作。

非营利性托育机构（不含托育点）终止运营的，应当报所在区业务主管单位审查同意后，依法向所在区民政部门申请注销登记。

营利性托育机构（不含托育点）终止经营的，应当依法向工商（市场监督管理）部门申请注销登记。

托育点终止运营的，应当向所在区托育服务管理机构申请注销备案。

第六章 附则

第二十九条（施行日期）

本办法自 2018 年 6 月 1 日起正式施行，有效期至 2020 年 5 月 31 日。

# 附录11　上海市3岁以下幼儿托育机构设置标准(试行)

第一章　总则

第一条（目的依据）

为规范本市3岁以下幼儿托育机构（包括具有法人资格的托育机构和企事业单位、园区、商务楼宇举办的面向单位职工适龄幼儿的免费福利性托育点，以下统称"托育机构"）的设立和管理，促进托育机构健康发展，根据国家有关法律法规和相关政策要求，制定《上海市3岁以下幼儿托育机构设置标准（试行）》（以下简称《设置标准》）。

第二条（适用范围）

本《设置标准》中的托育机构，是指在本市行政区域内，由社会组织、企业、事业单位或个人举办，面向3岁以下尤其是2—3岁幼儿实施保育为主、教养融合的幼儿照护全日制、半日制、计时制机构。

幼儿园托班和托儿所不适用本标准。

第三条（举办原则）

坚持以幼儿发展为本、支持性而非替代性的原则，根据3岁以下尤其是2—3岁幼儿家庭实际需求，提供全日制、半日制、计时制等规范化、多层次、多样化、可选择的托育服务。

第四条（机构类型）

托育机构（不含托育点）分为营利性和非营利性两类。营利性托育机构（不含托育点）利用非国家财政性经费和非捐助资产设立，在工商（市场监督管理）部门办理公司制法人登记；非营利性托育机构（不含托育点）不以营利为目的，利用非国家财政性经费捐助设立，经业务主管单位审查同意后，在民政部门申请民办非企业单位法人登记。

第二章　基本规定

第五条（举办资格）

申请举办托育机构的社会组织、企业、事业单位，应当具有独立法人资格。事业单位出资举办的，应当经其上级主管单位批准同意；国有及国有控股企业投资举办的，应当向对其国有资产负有监管职责的机构履行备案手续。

申请举办托育机构的个人应当具有中华人民共和国国籍并具有政治权利和完全民事行为能力。

第六条（举办规模）

单个托育机构的规模不宜过大，应当有利于 3 岁以下尤其是 2—3 岁幼儿身心健康，便于进行照护和日常管理。

（一）托育机构建设规模宜符合表 1 要求。

表 1　托育机构的规模

| 分类 | 班级数 | 人数 | 服务居住人口（人） |
|---|---|---|---|
| 全日制/半日制托育机构 | 5—7 | （81—140 以内） | 3001—6000 |
|  | 3—4 | （41—80 人以内） |  |
| 计时制托育机构 | 3—4 | （41—80 人以内） | 小于 3000 |
|  | 1—2 | （20—40 人以内） |  |

（二）托育机构的单班规模应符合表 2 规定要求。

表 2　托育机构的每班人数

| 机构类型 | 幼儿年龄 | 人数（人） |
|---|---|---|
| 全日制/半日制托育机构 | 18—24 个月 | 10—15 |
|  | 24—36 个月 | 15—20 |
| 计时制托育机构 | 18—24 个月 | 5—10 |
|  | 24—36 个月 | 11—20 |

注：招收 24 个月以下幼儿的班级不应超出 15 人，招收 2—3 岁幼儿的班级不应超出 20 人。

第七条（举办经费）

托育机构（不含托育点）举办者应当根据所在区登记管理机关的相关要求或按照承诺，及时足额履行举办出（捐）资义务。

第八条（举办场所）

举办者应当提供能满足使用功能要求，与举办项目和举办规模相适应的场所，提供区级及以上卫生计生部门指定的医疗卫生机构出具的符合《托儿所幼儿园卫生保健工作规范》的卫生评价报告，以及消防、公安、食药监等相关政府职能部门出具的用房安全合格或许可证明。举办者租用场地的，租赁期限自申请开办托育机构之日起不得少于 3 年。

第九条（人员配置）

托育机构收托幼儿数应与从业人员之间保持合理比例，每班应配备育婴员和保育员（以下简称"保育人员"），且育婴员不得少于 1 名。2—3 岁幼儿与保育人员的比例应不高于 7∶1，18—24 个月幼儿与保育人员的比例应不高于 5∶1，18 个月以下幼儿与保育人员的比例应不高于 3∶1。

收托 50 人以下的托育机构，应至少配备 1 名兼职卫生保健人员；收托 50—100 人的，应至少配备 1 名专职卫生保健人员；收托 101—140 人的，应至少配备 1 名专职和 1 名兼职卫生保健人员。

托育机构应至少有 1 名保安员在岗，保安员应由获得公安机关颁发的《保安服务许可证》的保安公司派驻。

第十条（入托条件）

全日制、半日制托育机构一般每年秋季登记接收，平时若有缺额可随时登记接收，计时制托育机构可随时登记接收。

（一）托育机构的 3 岁以下幼儿在入托前，应当经区级及以上卫生计生行政部门指定的医疗卫生机构进行健康检查，凭健康检查合格证明入托。

（二）托育机构应根据幼儿的个体发展情况征询儿保医生的建议，与家长共同协商，选择采取最有利于幼儿健康成长的托育方式。

第三章　建筑设计

第十一条（建设原则）

托育机构的建设必须在坚持依法依规的前提下，符合幼儿生理和心理成长规律，确保安全卫生第一，做到功能完善、配置合理、绿色环保。

第十二条（规划布点）

应根据当地街道、乡镇的发展规划和实际需求，结合社区人口发展趋势、城市交通、环境等因素综合考虑，合理布点及规划托育机构的规模。托育机构（不含托育点）服务半径宜为 300—500 m。

第十三条（选址原则）

托育机构功能布局、建筑设计、设施设备等应当以保障安全为先，且符合下列要求：

（一）选择地质条件较好、空气流通、日照保障、交通方便、排水通畅、场地平整干燥、基础设施完善、周边环境适宜、邻近绿化带、符合卫生和环保要求的宜建地带。

（二）应避开可能发生地质灾害和洪水灾害的区域等不安全地带，避开加油站、输油输气管道和高压供电走廊等。

（三）不得与公共娱乐场所、集市、批发市场等人流密集、环境喧闹、杂乱或不利于幼儿身心健康成长的建筑物及场所毗邻。应远离医院、垃圾及污水处理站等危及幼儿安全的各种污染源，远离城市交通主干道或高速公路等，符合国家现行有关卫生、防护标准的要求。

（四）3 个班级及以上的全日制、半日制托育机构以及企事业单位、园区或商务楼宇开办的托育机构宜独立设置。在居住、就业集中建成区域，如符合消防安全、卫生防疫、环保等专业管理部门的相关要求，且房屋产权清晰、房屋性质不变更的，举办者可以试点结合住宅配套服务设施、商务办公、教育、科研、文化等建筑，综合设置幼儿托育设施，但须符合下列规定：

1. 新建、改建、扩建托育机构应符合《托儿所、幼儿园建筑设计规范》(JGJ 39)和国家相关抗震、消防标准的规定。利用房龄 20 年以上的既有建筑提供托育服务的，须通过房屋结构安全检测。

2. 幼儿生活用房不应设置在地下或半地下，当设置在建筑的首层确有困难时，可设置在地上二、三层，除应当符合《建筑设计防火规范》要求外，还应满足以下条件：

(1)应设置在一、二级耐火等级的建筑内。

(2)场所下方对应区域也应为托育机构用房。

(3)应设置独立的安全出口和疏散楼梯。

(4)场所应采用耐火极限不低于 2.00 h 的防火隔墙和 1.00 h 的楼板与其他场所或部位分隔，墙上必须设置的门、窗应采用乙级防火门、窗。

(5)场所应设置自动喷水灭火系统和火灾自动报警设施。

(6)场所顶棚的内装修材料应为 A 级，墙面、地面、隔断、装饰织物和其他装饰材料不应低于 B1 级。

3. 托育机构出入口处应当设置人员安全集散和车辆停靠的空间，且不应影响城市道路交通。

4. 宜设独立的户外活动场地，场地周围应当采取安全隔离措施，防止走失、失足、物体坠落等风险。

第十四条(建设项目)

托育机构的建设项目由房屋建筑和建筑设备等构成。

(一)房屋建筑

房屋建筑由幼儿活动用房、服务用房、附属用房三部分组成。

1. 全日制、半日制托育机构的幼儿活动用房包括班级活动单元(含生活区与游戏活动区)、综合活动室等。计时制托育机构的幼儿活动用房包括生活区与游戏活动区。

2. 托育机构的服务用房包括保健观察室、晨检处、幼儿盥洗室(含淋浴功能)、洗涤消毒用房等。

3. 自行加工膳食的全日制托育机构的附属用房包括厨房、储藏室、教职工卫生间等；非自行加工膳食的全日制、半日制、计时制托育机构的附属用房包括配餐间、储藏室、教职工卫生间等，不提供点心的计时制托育机构可无配餐间。

(二)建筑设备

主要包括建筑给排水系统、建筑电气系统、供暖通风和空气调节系统及弱电系统等。

第十五条(设计规划)

托育机构的建筑规划面积、建筑设计、功能要求、管线部署、房屋朝向、日照保障、机构内道路、装修材料以及提供的设施设备等，应符合《托儿所、幼儿园建筑设计规范》(JGJ 39)的有关标准要求。环境、空气和物体表面等经检测应符合《托幼机构环境、空气、物体表面卫生要求及检测方法》(DB 31/8)的有关标准要求。

第十六条(主出入口)

托育机构主出入口不应直接设在城市主干道或过境公路干道一侧，门外应设置人流缓冲区和安全警示标志。托育机构周边应设围墙或围护设施，围护设施应安全、美观，并能防止幼儿穿过和攀爬。全日制托育机构出入口应设大门和门卫室，对外应有良好的视野，机动车与供应区出入口宜合并、并独立设置。

第十七条(场地要求)

托育机构宜设专用户外活动场地，面积不宜低于 60 m²，各班活动场地之间宜采取分隔措施。户外公共游戏场地人均面积不宜低于 2 m²。计时制托育机构每班户外专用活动场地不宜低于 40 m²。托育机构的户外场地及设施设备需符合《托儿所、幼儿园建筑设计规范》(JGJ 39)的有关标准。

全日制、半日制托育机构严禁种植有毒、带刺、有飞絮、病虫害多、有刺激性的植物。

第十八条(建筑面积)

托育机构建筑面积不低于 360 m²(只招收本单位、本社区适龄幼儿且人数不超过 25 人的，建筑面积不低于 200 m²)，且幼儿人均建筑面积不低于 8 m²。户外场地符合《托儿所、幼儿园建筑设计规范》(JGJ 39)的机构，幼儿人均建筑面积不低于 6 m²。

第十九条(活动用房)

幼儿生活、活动用房应符合下列规定：

(一)严禁设在地下或半地下。

（二）宜按幼儿生活单元组合方法进行设计，各班幼儿生活单元应保持使用的相对独立性。班级活动单元应满足幼儿活动生活等功能需求。

1. 幼儿游戏活动室（区）

（1）分为大动作活动区和综合活动区。大动作活动区主要满足大运动活动、地面构建活动、玩音乐活动等。综合活动区主要满足精细操作活动、桌面构建活动、创意表现游戏活动、阅读游戏活动等。

（2）游戏活动区地面宜铺设木地板或柔软、有弹性的材料。

（3）应为幼儿配备适宜的桌椅和玩具柜。幼儿桌椅表面及幼儿手指可触及的隐蔽处，均不得有锐利的棱角（建议用圆角）、毛刺及小五金部件的锐利尖端。

（4）应配备数量充足、种类多样的玩具和图书，以及可供幼儿摆弄和操作的各种材料。提供给幼儿的玩具应符合 GB 6675"《玩具安全》系列国家标准"。

2. 幼儿就寝室（区）

（1）宜分班使用。

（2）应安装窗帘和隔帘。隔帘厚度和颜色不得影响随班保育人员观察幼儿活动情况。

（3）应配备调节温度的设备。

（4）应保证幼儿午睡区及寝具的安全、卫生。

（5）应保证每个幼儿有一张床位。不得设双层（多层）床，床位侧面不应紧靠外墙布置。

（6）区域内宜设置收纳空间或配备收纳盒，保证每个幼儿有衣物存放处。

（7）班级活动单元内不得搭建阁楼或夹层作寝室。

第二十条（供餐用房）

厨房平面布置应符合食品安全规定，满足使用功能要求。厨房不得设在幼儿活动用房的下部。房屋为多层时宜设置提升食梯。

（一）厨房（配餐间）距离污水池、暴露垃圾场（站、房）等污染源 25 m 以上，并设置在粉尘、有害气体、放射性物质和其他扩散性污染源的影响范围之外。

（二）自行加工膳食的全日制托育机构应设不低于 30 m² 的厨房，其中加工场所（包括初加工、切配、烹饪等）和备餐间分别不小于 23 m² 和 7 m²。不自行加工膳食但提供午餐的全日制托育机构，需向有提供中小学餐饮服务资质的企业购买供餐服务，并设不低于 8 m² 的配餐间。用餐人数超过 50 人的，执行本市食品经营许可中关于幼托机构食堂的要求。半日制、计时制托育机构提供点心的，企事业单位、园区或商务楼宇自办托育点且其用餐由本单位、园区或商务楼宇食堂提供的，应设不低于 8 m² 的配餐间。

（三）厨房(配餐间)应配备足够容量的冰箱、消毒柜，自行加工膳食的还应配备膳食烹饪设施。

（四）厨房、配餐间应分设以下清洗水池：

1. 至少 1 个餐具专用清洗水池。

2. 至少 1 个水果专用清洗水池和 1 个水果专用消毒水池(水果消毒采用专用容器的可以只设清洗水池)。

3. 专用洗手水池及手部消毒、干手设施。

4. 自行加工膳食的，至少设 1 个食品粗加工专用水池。水池应有足够容量，以不锈钢等易清洁材质制作(洗手水池可以为陶瓷材质)，内部角落部位应避免有尖角。各类水池应以明显标识标明用途。

5. 备餐间应为专用操作间，按要求设空调设施、温度计、专用冷藏设施、空气消毒设施、洗手水池、工具清洗消毒水池等设施。

6. 配餐间内应设标识明显的水果加工专用操作区域。

7. 厨房、配餐间各加工操作场所和设备设施布局合理。

8. 配餐间、备餐间内不应设明沟，地漏应带水封。

9. 用于原料、半成品、成品的容器和使用的工具、用具，应当有明显的区分标记，存放区域分开设置。

10. 厨房、配餐间地面、排水设施、墙壁、门窗、天花板、食品贮存场所、清洁工具存放场所、废弃物暂存设施、通风排烟设施等应当符合《餐饮服务食品安全操作规范》要求。

第二十一条(服务用房)

托育机构其他服务用房、附属用房均需符合《托儿所、幼儿园建筑设计规范》(JGJ 39)中的相关规定。

第二十二条(建筑设计)

托育机构的建筑布局、结构、防火、各室及区域的设计、层高、走廊、楼地面、内外墙、门窗等均应符合《托儿所、幼儿园建筑设计规范》(JGJ 39)中的相关规定。托育机构的消防设计应符合《建筑设计防火规范》(GB 50016)等国家标准。技防、物防建设应符合公安部、上海市公安局校园安全管理相关规定。

第二十三条（建筑设备）

主要建筑设备应符合下列规定：

（一）幼儿活动用房宜设置集中采暖系统，散热器应暗装。采用电采暖必须有可靠的安全防护措施。幼儿生活区宜设置热水地面辐射采暖系统等设备。禁止采用无烟道火炉采暖。室内空气质量新风量应符合现行国家标准。

（二）室内照明值应符合《托儿所、幼儿园建筑设计规范》（JGJ 39）表6.3.4所列要求。室内照明应采用带保护罩的节能灯具，不得采用裸灯。根据需要配置电源插座。幼儿活动用房应采用安全型插座，插座要科学合理地分布在多面墙面上，并为幼儿展示作品留出空间。距楼地面高度不应低于1.80 m。照明开关距楼地面高度不应低于1.40 m。动力电源与照明电源应分开敷设和控制，不得混用。

（三）幼儿活动用房、卫生保健用房（包括晨检处、保健观察室、消毒操作间等）、备餐间宜安装紫外线杀菌灯，灯具距楼地面高度宜为2.50 m。紫外线杀菌灯开关应单独设置，距楼地面高度不应低于1.80 m，并应设置警示标识，采取防止误开误关措施。托育机构内应安装应急照明灯。

（四）配电箱下口距楼地面高度不应低于1.80 m。

（五）应按信息化管理的需要敷设网络、通信、有线电视、安保监控等线路，预留接口。

（六）办公室内应设有监控视频观察区，对托育机构内所有场所（成人洗手间及更衣间除外）进行无死角监控。

第二十四条（设施设备）

托育机构应当根据用房的功能配备相应的基本设施设备、幼儿养护设施设备及玩教具，确保机构的照护工作和幼儿游戏生活活动安全、有序开展。

第二十五条（附属设施）

托育机构附属设施应符合下列规定：

（一）托育机构安全技术防范系统设计、检验、验收、维护应符合有关标准及智能安防系统要求。

（二）主出入口、幼儿生活及活动区域等应安装视频安防监控系统，确保监控全覆盖，录像资料保存30日以上，且出入口设置微卡口，符合"智慧公安"相关要求。

（三）设置安全、通透的实体周界，实施全封闭管理，周界宜设置入侵报警系统。根据实际场地，设置电子巡查系统，巡查点布点合理，安装牢固隐蔽。

（四）托育机构门卫室、安防控制中心、负责人办公室应安装紧急报警装置，且与区域报警中心联网。

（五）根据消防要求，在托育机构区域内和建筑内配置相应的消防设备。

（六）机构区域内严禁设置带有尖状突出物的围栏。

第四章　安全防护

第二十六条（安全责任）

托育机构应建立安全责任制度，包括：

（一）责任主体制度。托育机构法定代表人和托育点举办者，是机构安全和卫生保健工作的第一责任人。

（二）安全问责制度。托育机构第一责任人对于本机构内由于故意或者过失，对幼儿的人身安全造成不良影响和后果的行为，应进行内部监督和责任追究。

（三）首问责任制度。第一位接到家长来访、来电或来信对托育机构提出异议的工作人员即为首问直接责任人，应做好事件的全程跟进。

（四）行为规范制度。严禁从业人员虐待、歧视、体罚或变相体罚等损害幼儿身心健康行为。

第二十七条（防范预警）

托育机构应建立防范预警制度，包括：

（一）安全防护制度。托育机构应实施全封闭管理，报警系统确保24小时设防。建立健全门卫、房屋、设备、消防、交通、食品、药物、幼儿接送交接、活动组织和幼儿就寝值守等安全防护制度。

（二）应急预警制度。制定重大自然灾害、食物中毒、传染病疫情、饮用水污染、踩踏、火灾、暴力等突发事件的应急预案和管理制度，规定突发事件发生时优先保护幼儿的相应措施。全体托育从业人员应当掌握基本急救常识和防范、避险、逃生、自救的基本方法，并定期进行事故预防演练。其中，至少有一名保育人员接受过急救培训并持有有效急救证书。

第二十八条（巡查上报）

托育机构应建立巡查上报制度，包括：

（一）安全巡查制度。加强对园舍、活动场地和设施设备的安全检查，落实各项安全防范措施，执行每日巡查制度，做好安全巡查记录，及时消除安全隐患。

（二）安全上报制度。发现安全问题，应按要求及时准确上报有关信息。托育机构一旦发现幼儿遭受或疑似遭受从业人员或家庭暴力的，应当依法及时向公安机关报案。

第五章　卫生保健

第二十九条（保健管理）

托育机构应建立健全保健管理制度，确保做好幼儿生理和心理卫生保健工作，遵守行业操作规范，保健资料齐全，定期开展检查与指导，并对从业人员进行健康与安全教育。

第三十条（健康检查）

托育机构应建立健康检查制度，包括：

（一）幼儿入托健康检查、定期健康检查、晨检或午检以及全日健康观察制度及幼儿健康档案管理制度。

（二）发现幼儿身体、精神状况、行为等异常时，及时处理并通知其监护人的流程规范。

（三）从业人员上岗体检、在岗定期体检和健康档案管理制度，以及对患有可能影响幼儿身体健康疾病的从业人员及时调离工作岗位的规范条例。

第三十一条（卫生防病）

托育机构应建立卫生与消毒、传染病防控与管理、饮用水卫生、常见病预防与管理、健康教育宣传等相关制度，落实各相关工作措施与要求。

第三十二条（营养工作）

托育机构应严格执行国家和本市有关食品安全的法律法规，建立健全各项食品安全管理制度和营养食谱，包括：

（一）托育机构提供的餐饮、点心服务，必须符合托育机构提供餐点的卫生要求与操作流程，应有食品经营许可证。

（二）建立为全日制幼儿提供安全、卫生、健康膳食的管理制度，确保每周向家长公示幼儿食谱，定期进行营养摄入量分析。

（三）建立食品留样制度。

第三十三条（防暑降温）

托育机构应建立极端天气防护制度，确保夏季防暑降温和冬季防寒保暖工作，防止幼儿中暑或冻伤。

第六章 托育服务

第三十四条(内容设置)

托育机构应有明确的活动设置与内容安排计划,并须符合以下要求:

(一)符合3岁以下幼儿的身心特点和发展规律,有利于幼儿身心健康和谐发展,不得开展违背幼儿养育基本要求、有损身心健康的活动。加强生活护理,并帮助幼儿养成良好的生活习惯。

(二)合理安排幼儿在机构内的生活,各环节时间安排要相对固定。

(三)活动以游戏为主,支持幼儿通过操作、摆弄、探索、交往,获得丰富的直接经验。活动组织方式灵活多样,以个别、小组为主,集中统一活动时间不宜过长,便于育婴员、保育员多与幼儿进行面对面、一对一地个别交流,体现情感关怀。

第三十五条(合作共育)

托育机构应建立指导服务制度,包括:

(一)让家长了解机构内对幼儿的照护情况的家庭联系制度,包括主动与幼儿家庭沟通制、为家长服务项目的公示制等。

(二)通过亲子活动、入户指导等多种形式,向家长提供正确的生活照护、生理和心理保健、早发现早干预等方面指导的全面指导制度。

第七章 从业人员

第三十六条(人员设置)

托育机构人员设置应符合以下要求:

(一)应配备具有完全民事行为能力,品行良好,身心健康,热爱儿童,热爱保育工作的机构负责人、育婴员、保健员、保育员、财会人员、营养员、保安员等从业人员,负责人应具有政治权利。

(二)按照托育机构的人员配备和任职条件要求,从业人员应提供相应的资格证明材料,包括身份证明、学历证明、健康证明、从业资格证书等。鼓励托育机构对从业人员进行入职前心理健康测试,以及进行职后心理健康测试。

(三)专职负责人应具有大专及以上学历,同时具有教师资格证和育婴员四级及以上证书,有从事学前教育管理工作6年及以上的经历,能胜任机构管理。

(四)育婴员应具有大专及以上学历,并取得育婴员四级及以上证书。

(五)保健员应具有中等卫生学校、幼师或高中以上文化程度,经过本市妇幼保健机构组织的卫生保健专业知识培训并考核合格。

（六）保育员应具有四级及以上保育员资格。

（七）保健员、营养员等托育机构食品安全管理人员、关键环节操作人员应取得食品安全知识培训考核合格证书。

（八）财务管理人员应具有财会人员资质。

（九）保安员须由获得公安机关颁发的《保安服务许可证》的保安公司派驻，并均应经公安机关培训取得《保安员证》。

第三十七条（人员管理）

托育机构应建立从业人员管理制度，包括：

（一）聘任合同制，依法保障在职人员的合法权益。

（二）培训进修制，应参考公办托幼机构建立人员培训、职级评定等制度，建立保育人员继续教育制度。

第八章　管理监督

第三十八条（决策机构）

托育机构应依法设立决策机构。该决策机构由举办者（或其代表人）、托育机构负责人、教职工代表等人员组成，成员应不少于5人，其中1/3以上的人员应当具有3年以上保教经验，设负责人1人。托育机构（不含托育点）的法定代表人，应根据有关法律法规规定，由该托育机构决策机构负责人或托育机构负责人担任。国家机关从业人员不得担任托育机构的决策机构成员。

第三十九条（监督机构）

托育机构（不含托育点），应当依法设立监督机构。

第四十条（基层党建）

托育机构应根据工作需要和党员人数，经上级党组织批准，分别设立党的基层委员会。机构内有正式党员3人以上的应成立党支部委员会，正式党员不足3人，没有条件单独成立党支部的单位，可与邻近单位的党员组成联合党支部。

第四十一条（工会组织）

托育机构应依照工会法，成立工会组织，维护职工合法权益。

第四十二条（财务管理）

托育机构应建立收、退费管理办法与财务管理制度，包括：

（一）托育机构应当按月收取托育费，向社会公示收费项目和标准及退费办法等。

（二）托育机构幼儿伙食和点心费应按月公示，专款专用。

（三）对中途退出托育机构的幼儿，应当提供代办费使用明细账目，多退少补。

（四）建立财务会计和资产管理制度，建立健全财务内部控制制度。同时，要加强财务和资产管理，所有资产由法人依法管理和使用，任何组织和个人不得截留、挤占、挪用。托育机构资产使用和财务管理，应当接受审批机关和其他有关部门监督。

第四十三条（业务管理）

托育机构应建立业务管理制度，包括发展规划与计划管理制度、定期检查和总结制度、与所在街道托育机构监管队伍的主动联系制度、幼儿个人信息以及隐私的保密管理制度等。

第九章　附则

第四十四条　本标准供各区严格参照执行。

# 附录12　国务院办公厅关于促进3岁以下婴幼儿照护服务发展的指导意见

**国办发〔2019〕15号**

各省、自治区、直辖市人民政府，国务院各部委、各直属机构：

3岁以下婴幼儿（以下简称婴幼儿）照护服务是生命全周期服务管理的重要内容，事关婴幼儿健康成长，事关千家万户。为促进婴幼儿照护服务发展，经国务院同意，现提出如下意见。

一、总体要求

（一）指导思想。以习近平新时代中国特色社会主义思想为指导，全面贯彻党的十九大和十九届二中、三中全会精神，按照统筹推进"五位一体"总体布局和协调推进"四个全面"战略布局要求，坚持以人民为中心的发展思想，以需求和问题为导向，推进供给侧结构性改革，建立完善促进婴幼儿照护服务发展的政策法规体系、标准规范体系和服务供给体系，充分调动社会力量的积极性，多种形式开展婴幼儿照护服务，逐步满足人民群众对婴幼儿照护服务的需求，促进婴幼儿健康成长、广大家庭和谐幸福、经济社会持续发展。

（二）基本原则。

家庭为主，托育补充。人的社会化进程始于家庭，儿童监护抚养是父母的法定责任和义务，家庭对婴幼儿照护负主体责任。发展婴幼儿照护服务的重点是为家庭提供科学养育指导，并对确有照护困难的家庭或婴幼儿提供必要的服务。

政策引导，普惠优先。将婴幼儿照护服务纳入经济社会发展规划，加快完善相关政策，强化政策引导和统筹引领，充分调动社会力量积极性，大力推动婴幼儿照护服务发展，优先支持普惠性婴幼儿照护服务机构。

安全健康，科学规范。按照儿童优先的原则，最大限度地保护婴幼儿，确保婴幼儿的安全和健康。遵循婴幼儿成长特点和规律，促进婴幼儿在身体发育、动作、语言、认知、情感与社会性等方面的全面发展。

属地管理，分类指导。在地方政府领导下，从实际出发，综合考虑城乡、区域发展特点，根据经济社会发展水平、工作基础和群众需求，有针对性地开展婴幼儿照护服务。

（三）发展目标。到 2020 年，婴幼儿照护服务的政策法规体系和标准规范体系初步建立，建成一批具有示范效应的婴幼儿照护服务机构，婴幼儿照护服务水平有所提升，人民群众的婴幼儿照护服务需求得到初步满足。

到 2025 年，婴幼儿照护服务的政策法规体系和标准规范体系基本健全，多元化、多样化、覆盖城乡的婴幼儿照护服务体系基本形成，婴幼儿照护服务水平明显提升，人民群众的婴幼儿照护服务需求得到进一步满足。

二、主要任务

（一）加强对家庭婴幼儿照护的支持和指导。

全面落实产假政策，鼓励用人单位采取灵活安排工作时间等积极措施，为婴幼儿照护创造便利条件。

支持脱产照护婴幼儿的父母重返工作岗位，并为其提供信息服务、就业指导和职业技能培训。

加强对家庭的婴幼儿早期发展指导，通过入户指导、亲子活动、家长课堂等方式，利用互联网等信息化手段，为家长及婴幼儿照护者提供婴幼儿早期发展指导服务，增强家庭的科学育儿能力。

切实做好基本公共卫生服务、妇幼保健服务工作，为婴幼儿家庭开展新生儿访视、膳食营养、生长发育、预防接种、安全防护、疾病防控等服务。

（二）加大对社区婴幼儿照护服务的支持力度。

地方各级政府要按照标准和规范在新建居住区规划、建设与常住人口规模相适应的婴幼儿照护服务设施及配套安全设施，并与住宅同步验收、同步交付使用；老城区和已建成居住区无婴幼儿照护服务设施的，要限期通过购置、置换、租赁等方式建设。有关标准和规范由住房城乡建设部于 2019 年 8 月底前制定。鼓励通过市场化方式，采取公办民营、民办公助等多种方式，在就业人群密集的产业聚集区域和用人单位完善婴幼儿照护服务设施。

鼓励地方各级政府采取政府补贴、行业引导和动员社会力量参与等方式，在加快推进老旧居住小区设施改造过程中，通过做好公共活动区域的设施和部位改造，为婴幼儿照护创造安全、适宜的环境和条件。

各地要根据实际，在农村社区综合服务设施建设中，统筹考虑婴幼儿照护服务设施建设。

发挥城乡社区公共服务设施的婴幼儿照护服务功能,加强社区婴幼儿照护服务设施与社区服务中心(站)及社区卫生、文化、体育等设施的功能衔接,发挥综合效益。支持和引导社会力量依托社区提供婴幼儿照护服务。发挥网格化服务管理作用,大力推动资源、服务、管理下沉到社区,使基层各类机构、组织在服务保障婴幼儿照护等群众需求上有更大作为。

加大对农村和贫困地区婴幼儿照护服务的支持,推广婴幼儿早期发展项目。

(三)规范发展多种形式的婴幼儿照护服务机构。

举办非营利性婴幼儿照护服务机构的,在婴幼儿照护服务机构所在地的县级以上机构编制部门或民政部门注册登记;举办营利性婴幼儿照护服务机构的,在婴幼儿照护服务机构所在地的县级以上市场监管部门注册登记。婴幼儿照护服务机构经核准登记后,应当及时向当地卫生健康部门备案。登记机关应当及时将有关机构登记信息推送至卫生健康部门。

地方各级政府要将需要独立占地的婴幼儿照护服务设施和场地建设布局纳入相关规划,新建、扩建、改建一批婴幼儿照护服务机构和设施。城镇婴幼儿照护服务机构建设要充分考虑进城务工人员随迁婴幼儿的照护服务需求。

支持用人单位以单独或联合相关单位共同举办的方式,在工作场所为职工提供福利性婴幼儿照护服务,有条件的可向附近居民开放。鼓励支持有条件的幼儿园开设托班,招收 2 至 3 岁的幼儿。

各类婴幼儿照护服务机构可根据家庭的实际需求,提供全日托、半日托、计时托、临时托等多样化的婴幼儿照护服务;随着经济社会发展和人民消费水平提升,提供多层次的婴幼儿照护服务。

落实各类婴幼儿照护服务机构的安全管理主体责任,建立健全各类婴幼儿照护服务机构安全管理制度,配备相应的安全设施、器材及安保人员。依法加强安全监管,督促各类婴幼儿照护服务机构落实安全责任,严防安全事故发生。

加强婴幼儿照护服务机构的卫生保健工作。认真贯彻保育为主、保教结合的工作方针,为婴幼儿创造良好的生活环境,预防控制传染病,降低常见病的发病率,保障婴幼儿的身心健康。各级妇幼保健机构、疾病预防控制机构、卫生监督机构要按照职责加强对婴幼儿照护服务机构卫生保健工作的业务指导、咨询服务和监督检查。

加强婴幼儿照护服务专业化、规范化建设,遵循婴幼儿发展规律,建立健全婴幼儿照护服务的标准规范体系。各类婴幼儿照护服务机构开展婴幼儿照护服务必须符合国家和地方相关标准和规范，并对婴幼儿的安全和健康负主体责任。运用互联网等信息化手段对婴幼儿照护服务机构的服务过程加强监管，让广大家长放心。建立健全婴幼儿照护服务机构备案登记制度、信息公示制度和质量评估制度，对婴幼儿照护服务机构实施动态管理。依法逐步实行工作人员职业资格准入制度，对虐童等行为零容忍，对相关个人和直接管理人员实行终身禁入。婴幼儿照护服务机构设置标准和管理规范由国家卫生健康委制定，各地据此做好婴幼儿照护服务机构核准登记工作。

三、保障措施

（一）加强政策支持。充分发挥市场在资源配置中的决定性作用，梳理社会力量进入的堵点和难点，采取多种方式鼓励和支持社会力量举办婴幼儿照护服务机构。鼓励地方政府通过采取提供场地、减免租金等政策措施，加大对社会力量开展婴幼儿照护服务、用人单位内设婴幼儿照护服务机构的支持力度。鼓励地方政府探索试行与婴幼儿照护服务配套衔接的育儿假、产休假。创新服务管理方式，提升服务效能水平，为开展婴幼儿照护服务创造有利条件、提供便捷服务。

（二）加强用地保障。将婴幼儿照护服务机构和设施建设用地纳入土地利用总体规划、城乡规划和年度用地计划并优先予以保障，农用地转用指标、新增用地指标分配要适当向婴幼儿照护服务机构和设施建设用地倾斜。鼓励利用低效土地或闲置土地建设婴幼儿照护服务机构和设施。对婴幼儿照护服务设施和非营利性婴幼儿照护服务机构建设用地，符合《划拨用地目录》的，可采取划拨方式予以保障。

（三）加强队伍建设。高等院校和职业院校（含技工院校）要根据需求开设婴幼儿照护相关专业，合理确定招生规模、课程设置和教学内容，将安全照护等知识和能力纳入教学内容，加快培养婴幼儿照护相关专业人才。将婴幼儿照护服务人员作为急需紧缺人员纳入培训规划，切实加强婴幼儿照护服务相关法律法规培训，增强从业人员法治意识；大力开展职业道德和安全教育、职业技能培训，提高婴幼儿照护服务能力和水平。依法保障从业人员合法权益，建设一支品德高尚、富有爱心、敬业奉献、素质优良的婴幼儿照护服务队伍。

（四）加强信息支撑。充分利用互联网、大数据、物联网、人工智能等技术，结合婴幼儿照护服务实际，研发应用婴幼儿照护服务信息管理系统，实现线上线下结合，在优化服务、加强管理、统计监测等方面发挥积极作用。

（五）加强社会支持。加快推进公共场所无障碍设施和母婴设施的建设和改造，开辟服务绿色通道，为婴幼儿出行、哺乳等提供便利条件，营造婴幼儿照护友好的社会环境。企业利用新技术、新工艺、新材料和新装备开发与婴幼儿照护相关的产品必须经过严格的安全评估和风险监测，切实保障安全性。

四、组织实施

（一）强化组织领导。各级政府要提高对发展婴幼儿照护服务的认识，将婴幼儿照护服务纳入经济社会发展相关规划和目标责任考核，发挥引导作用，制定切实管用的政策措施，促进婴幼儿照护服务规范发展。

（二）强化部门协同。婴幼儿照护服务发展工作由卫生健康部门牵头，发展改革、教育、公安、民政、财政、人力资源社会保障、自然资源、住房城乡建设、应急管理、税务、市场监管等部门要按照各自职责，加强对婴幼儿照护服务的指导、监督和管理。积极发挥工会、共青团、妇联、计划生育协会、宋庆龄基金会等群团组织和行业组织的作用，加强社会监督，强化行业自律，大力推动婴幼儿照护服务的健康发展。

（三）强化监督管理。加强对婴幼儿照护服务的监督管理，建立健全业务指导、督促检查、考核奖惩、安全保障和责任追究制度，确保各项政策措施、规章制度落实到位。按照属地管理和分工负责的原则，地方政府对婴幼儿照护服务的规范发展和安全监管负主要责任，制定婴幼儿照护服务的规范细则，各相关部门按照各自职责负监管责任。对履行职责不到位、发生安全事故的，要严格按照有关法律法规追究相关人员的责任。

（四）强化示范引领。在全国开展婴幼儿照护服务示范活动，建设一批示范单位，充分发挥示范引领、带动辐射作用，不断提高婴幼儿照护服务整体水平。

附件：促进3岁以下婴幼儿照护服务发展工作部门职责分工

国务院办公厅

2019 年 4 月 17 日

（此件公开发布）

**附件**

## 促进 3 岁以下婴幼儿照护服务发展工作部门职责分工

发展改革部门负责将婴幼儿照护服务纳入经济社会发展相关规划。

教育部门负责各类婴幼儿照护服务人才培养。

公安部门负责监督指导各类婴幼儿照护服务机构开展安全防范。

民政部门负责非营利性婴幼儿照护服务机构法人的注册登记，推动有条件的地方将婴幼儿照护服务纳入城乡社区服务范围。

财政部门负责利用现有资金和政策渠道，对婴幼儿照护服务行业发展予以支持。

人力资源社会保障部门负责对婴幼儿照护服务从业人员开展职业技能培训，按规定予以职业资格认定，依法保障从业人员各项劳动保障权益。

自然资源部门负责优先保障婴幼儿照护服务机构和设施建设的土地供应，完善相关规划规范和标准。

住房城乡建设部门负责规划建设婴幼儿照护服务机构和设施，完善相关工程建设规范和标准。

卫生健康部门负责组织制定婴幼儿照护服务的政策规范，协调相关部门做好对婴幼儿照护服务机构的监督管理，负责婴幼儿照护卫生保健和婴幼儿早期发展的业务指导。

应急管理部门负责依法开展各类婴幼儿照护服务场所的消防监督检查工作。

税务部门负责贯彻落实有关支持婴幼儿照护服务发展的税收优惠政策。

市场监管部门负责营利性婴幼儿照护服务机构法人的注册登记，对各类婴幼儿照护服务机构的饮食用药安全进行监管。

工会组织负责推动用人单位为职工提供福利性婴幼儿照护服务。

共青团组织负责针对青年开展婴幼儿照护相关的宣传教育。

妇联组织负责参与为家庭提供科学育儿指导服务。

计划生育协会负责参与婴幼儿照护服务的宣传教育和社会监督。

宋庆龄基金会负责利用公益机构优势，多渠道、多形式参与婴幼儿照护服务。

# 附录 13　托育机构设置标准（试行）

第一章　总　则

第一条　为建立专业化、规范化的托育机构，根据《中华人民共和国未成年人保护法》等法律法规以及《国务院办公厅关于促进 3 岁以下婴幼儿照护服务发展的指导意见》，制定本标准。

第二条　坚持政策引导、普惠优先、安全健康、科学规范、属地管理、分类指导的原则，充分调动社会力量积极性，大力发展托育服务。

第三条　本标准适用于经有关部门登记、卫生健康部门备案，为 3 岁以下婴幼儿提供全日托、半日托、计时托、临时托等托育服务的机构。

第二章　设置要求

第四条　托育机构设置应当综合考虑城乡区域发展特点，根据经济社会发展水平、工作基础和群众需求，科学规划，合理布局。

第五条　新建居住区应当规划建设与常住人口规模相适应的托育机构。老城区和已建成居住区应当采取多种方式完善托育机构，满足居民需求。

第六条　城镇托育机构建设要充分考虑进城务工人员随迁婴幼儿的照护服务需求。

第七条　在农村社区综合服务设施建设中，应当统筹考虑托育机构建设。

第八条　支持用人单位以单独或联合其他单位共同举办的方式，在工作场所为职工提供福利性托育服务，有条件的可向附近居民开放。

第九条　鼓励通过市场化方式，采取公办民营、民办公助等多种形式，在就业人群密集的产业聚集区域和用人单位建设完善托育机构。

第十条　发挥城乡社区公共服务设施的婴幼儿照护服务功能，加强社区托育机构与社区服务中心（站）及社区卫生、文化、体育等设施的功能衔接。

第三章　场地设施

第十一条　托育机构应当有自有场地或租赁期不少于 3 年的场地。

第十二条　托育机构的场地应当选择自然条件良好、交通便利、符合卫生和环保要求的建设用地，远离对婴幼儿成长有危害的建筑、设施及污染源，满足抗震、防火、疏散等要求。

第十三条　托育机构的建筑应当符合有关工程建设国家标准、行业标准，设置符合标准要求的生活用房，根据需要设置服务管理用房和供应用房。

第十四条　托育机构的房屋装修、设施设备、装饰材料等，应当符合国家相关安全质量标准和环保标准，并定期进行检查维护。

第十五条　托育机构应当配备符合婴幼儿月龄特点的家具、用具、玩具、图书和游戏材料等，并符合国家相关安全质量标准和环保标准。

第十六条　托育机构应当设有室外活动场地，配备适宜的游戏设施，且有相应的安全防护设施。

在保障安全的前提下，可利用附近的公共场地和设施。

第十七条　托育机构应当设置符合标准要求的安全防护设施设备。

第四章　人员规模

第十八条　托育机构应当根据场地条件，合理确定收托婴幼儿规模，并配置综合管理、保育照护、卫生保健、安全保卫等工作人员。

托育机构负责人负责全面工作，应当具有大专以上学历、有从事儿童保育教育、卫生健康等相关管理工作3年以上的经历，且经托育机构负责人岗位培训合格。

保育人员主要负责婴幼儿日常生活照料，安排游戏活动，促进婴幼儿身心健康，养成良好行为习惯。保育人员应当具有婴幼儿照护经验或相关专业背景，受过婴幼儿保育相关培训和心理健康知识培训。

保健人员应当经过妇幼保健机构组织的卫生保健专业知识培训合格。

保安人员应当取得公安机关颁发的《保安员证》，并由获得公安机关《保安服务许可证》的保安公司派驻。

第十九条　托育机构一般设置乳儿班（6—12个月，10人以下）、托小班（12—24个月，15人以下）、托大班（24—36个月，20人以下）三种班型。

18个月以上的婴幼儿可混合编班，每个班不超过18人。

每个班的生活单元应当独立使用。

第二十条　合理配备保育人员，与婴幼儿的比例应当不低于以下标准：乳儿班1∶3，托小班1∶5，托大班1∶7。

第二十一条　按照有关托儿所卫生保健规定配备保健人员、炊事人员。

第二十二条　独立设置的托育机构应当至少有1名保安人员在岗。

第五章　附　则

第二十三条　各省、自治区、直辖市卫生健康行政部门可根据本标准制订具体实施办法。

第二十四条　本标准自发布之日起施行。

# 附录 14　托育机构管理规范(试行)

第一章　总　则

第一条　为加强托育机构管理,根据《中华人民共和国未成年人保护法》等法律法规以及《国务院办公厅关于促进 3 岁以下婴幼儿照护服务发展的指导意见》,制定本规范。

第二条　坚持儿童优先的原则,尊重婴幼儿成长特点和规律,最大限度地保护婴幼儿,确保婴幼儿的安全和健康。

第三条　本规范适用于经有关部门登记、卫生健康部门备案,为 3 岁以下婴幼儿提供全日托、半日托、计时托、临时托等托育服务的机构。

第二章　备案管理

第四条　托育机构登记后,应当向机构所在地的县级以上卫生健康部门备案,提交评价为"合格"的《托幼机构卫生评价报告》、消防安全检查合格证明、场地证明、工作人员资格证明等材料,填写备案书(见附件 1)和承诺书(见附件 2)。提供餐饮服务的,应当提交《食品经营许可证》。

第五条　卫生健康部门应当对申请备案的托育机构提供备案回执(见附件 3)和托育机构基本条件告知书(见附件 4)。

第六条　托育机构变更备案事项的,应当向原备案部门办理变更备案。

第七条　托育机构终止服务的,应当妥善安置收托的婴幼儿和工作人员,并办理备案注销手续。

第八条　卫生健康部门应当将托育服务有关政策规定、托育机构备案要求、托育机构有关信息在官方网站公开,接受社会查询和监督。

第三章　收托管理

第九条　婴幼儿父母或监护人(以下统称婴幼儿监护人)应当主动向托育机构提出入托申请,并提交真实的婴幼儿及其监护人的身份证明材料。

第十条　托育机构应当与婴幼儿监护人签订托育服务协议,明确双方的责任、权利义务、服务项目、收费标准以及争议纠纷处理办法等内容。

第十一条　婴幼儿进入托育机构前,应当完成适龄的预防接种,经医疗卫生机构健康检查合格后方可入托;离开机构 3 个月以上的,返回时应当重新进行健康检查。

第十二条　托育机构应当建立收托婴幼儿信息管理制度,及时采集、更新，定期向备案部门报送。

第十三条 托育机构应当建立与家长联系的制度，定期召开家长会议，接待来访和咨询，帮助家长了解保育照护内容和方法。

托育机构应当成立家长委员会，事关婴幼儿的重要事项，应当听取家长委员会的意见和建议。

托育机构应当建立家长开放日制度。

第十四条 托育机构应当加强与社区的联系与合作，面向社区宣传科学育儿知识，开展多种形式的服务活动，促进婴幼儿早期发展。

第十五条 托育机构应当建立信息公示制度，定期公示收费项目和标准、保育照护、膳食营养、卫生保健、安全保卫等情况，接受监督。

第四章 保育管理

第十六条 托育机构应当科学合理安排婴幼儿的生活，做好饮食、饮水、喂奶、如厕、盥洗、清洁、睡眠、穿脱衣服、游戏活动等服务。

第十七条 托育机构应当顺应喂养，科学制定食谱，保证婴幼儿膳食平衡。有特殊喂养需求的，婴幼儿监护人应当提供书面说明。

第十八条 托育机构应当保证婴幼儿每日户外活动不少于2小时，寒冷、炎热季节或特殊天气情况下可酌情调整。

第十九条 托育机构应当以游戏为主要活动形式，促进婴幼儿在身体发育、动作、语言、认知、情感与社会性等方面的全面发展。

第二十条 游戏活动应当重视婴幼儿的情感变化，注重与婴幼儿面对面、一对一的交流互动，动静交替，合理搭配多种游戏类型。

第二十一条 托育机构应当提供适宜刺激，丰富婴幼儿的直接经验，支持婴幼儿主动探索、操作体验、互动交流和表达表现，发挥婴幼儿的自主性，保护婴幼儿的好奇心。

第二十二条 托育机构应当建立照护服务日常记录和反馈制度，定期与婴幼儿监护人沟通婴幼儿发展情况。

第五章 健康管理

第二十三条 托育机构应当按照有关托儿所卫生保健规定，完善相关制度，切实做好婴幼儿和工作人员的健康管理，做好室内外环境卫生。

第二十四条 托育机构应当坚持晨午检和全日健康观察，发现婴幼儿身体、精神、行为异常时，应当及时通知婴幼儿监护人。

第二十五条 托育机构发现婴幼儿遭受或疑似遭受家庭暴力的，应当依法及时向公安机关报案。

第二十六条　婴幼儿患病期间应当在医院接受治疗或在家护理。

第二十七条　托育机构应当建立卫生消毒和病儿隔离制度、传染病预防和管理制度，做好疾病预防控制和婴幼儿健康管理工作。

第二十八条　托育机构工作人员上岗前，应当经医疗卫生机构进行健康检查，合格后方可上岗。

托育机构应当组织在岗工作人员每年进行 1 次健康检查。在岗工作人员患有传染性疾病的，应当立即离岗治疗；治愈后，须持病历和医疗卫生机构出具的健康合格证明，方可返岗工作。

第六章　安全管理

第二十九条　托育机构应当落实安全管理主体责任，建立健全安全防护措施和检查制度，配备必要的安保人员和物防、技防设施。

第三十条　托育机构应当建立完善的婴幼儿接送制度，婴幼儿应当由婴幼儿监护人或其委托的成年人接送。

第三十一条　托育机构应当制订重大自然灾害、传染病、食物中毒、踩踏、火灾、暴力等突发事件的应急预案，定期对工作人员进行安全教育和突发事件应急处理能力培训。

托育机构应当明确专兼职消防安全管理人员及管理职责，加强消防设施维护管理，确保用火用电用气安全。

托育机构工作人员应当掌握急救的基本技能和防范、避险、逃生、自救的基本方法，在紧急情况下必须优先保障婴幼儿的安全。

第三十二条　托育机构应当建立照护服务、安全保卫等监控体系。监控报警系统确保 24 小时设防，婴幼儿生活和活动区域应当全覆盖。

监控录像资料保存期不少于 90 日。

第七章　人员管理

第三十三条　托育机构工作人员应当具有完全民事行为能力和良好的职业道德，热爱婴幼儿，身心健康，无虐待儿童记录，无犯罪记录，并符合国家和地方相关规定要求的资格条件。

第三十四条　托育机构应当建立工作人员岗前培训和定期培训制度，通过集中培训、在线学习等方式，不断提高工作人员的专业能力、职业道德和心理健康水平。

第三十五条　托育机构应当加强工作人员法治教育，增强法治意识。对虐童等行为实行零容忍，一经发现，严格按照有关法律法规和规定，追究有关负责人和责任人的责任。

第三十六条　托育机构应当依法与工作人员签订劳动合同，保障工作人员的合法权益。

第八章　监督管理

第三十七条　托育机构应当加强党组织建设，积极支持工会、共青团、妇联等组织开展活动。

托育机构应当建立工会组织或职工代表大会制度，依法加强民主管理和监督。

第三十八条　托育机构应当制订年度工作计划，每年年底向卫生健康部门报告工作，必要时随时报告。

第三十九条　各级妇幼保健、疾病预防控制、卫生监督等机构应当按照职责加强对托育机构卫生保健工作的业务指导、咨询服务和监督执法。

第四十条　建立托育机构信息公示制度和质量评估制度，实施动态管理，加强社会监督。

第九章　附　则

第四十一条　各省、自治区、直辖市卫生健康行政部门可根据本规范制订具体实施办法。

第四十二条　本规范自发布之日起施行。

附件：1. 托育机构备案书

2. 备案承诺书

3. 托育机构备案回执

4. 托育机构基本条件告知书

# 附件 1

## 托育机构备案书

_____卫生健康委（局）：

经_____（登记机关名称）批准，_____（托育机构名称）已于_____年_____月_____日依法登记成立，现向你委（局）进行备案。本机构备案信息如下：

机构名称：

机构住所：

登记机关：

统一社会信用代码：

机构负责人姓名：

机构负责人身份证件号码：

机构性质：□营利性　□非营利性

服务范围：□全日托　□半日托　□计时托　□临时托

服务场所性质：□自有　□租赁

机构建筑面积：

室内使用面积：

室外活动场地面积：

收托规模：　　　　人

编班类型：□乳儿班　□托小班　□托大班　□混合编班

联系人：

联系方式：

请予以备案。

备案单位：（章）

年　　月　　日

## 附件 2

### 备案承诺书

本单位承诺如实填报备案信息，并将按照有关要求，及时、准确报送后续重大事项变更信息。

承诺已了解托育机构管理相关法律法规和标准规范，承诺开展的服务符合《托育机构基本条件告知书》要求。

承诺按照诚实信用、安全健康、科学规范、儿童优先的原则和相关标准及规定，开展3岁以下婴幼儿托育服务，不以托育机构名义从事虐待伤害婴幼儿、不正当关联交易等损害婴幼儿及其监护人合法权益和公平竞争市场秩序的行为。

承诺主动接受并配合卫生健康部门和其他有关部门的指导、监督和管理。

承诺不属实，或者违反上述承诺的，依法承担相应法律责任。

备案单位：（章）

机构负责人签字：

年　月　日

**附件 3**

## 托育机构备案回执

编号：＿＿＿＿＿＿＿＿＿＿＿＿＿＿＿＿＿＿＿

＿＿＿＿年＿＿＿＿月＿＿＿＿日报我委（局）的《托育机构备案书》收到并已备案。

备案项目如下：

机构名称：

机构住所：

机构性质：

机构负责人姓名：

＿＿＿＿＿＿＿卫生健康委（局）（章）
年　月　日

**附件 4**

## 托育机构基本条件告知书

托育机构应当依照相关法律法规和标准规范开展服务活动，并符合下列基本条件：

一、应当符合《中华人民共和国未成年人保护法》《中华人民共和国建筑法》《中华人民共和国消防法》《托儿所幼儿园卫生保健管理办法》等法律法规，以及《托儿所、幼儿园建筑设计规范》《建筑设计防火规范》等国家标准或者行业标准。

二、应当符合《托育机构设置标准（试行）》《托育机构管理规范（试行）》等要求。

三、提供餐饮服务的，应当符合《中华人民共和国食品安全法》等法律法规，以及相应的食品安全标准。

四、法律法规规定的其他条件。

# 参考文献

[1]经济合作与发展组织(OECD)教育团队.强壮开端Ⅲ:儿童早期教育与保育质量工具箱[M].陈学锋,等译,北京:北京师范大学出版社,2015.

[2]王坚红,尹坚勤.国际视野下的学前教育机构评估标准[M].南京:南京师范大学出版社,2012.

[3]蔡伟良.阿联酋的教育[J].阿拉伯世界研究,2005(1).

[4]蔡迎旗,冯晓霞.美国社区儿童看护中心的审批制度及其思考——以加利福尼亚州为例[J].比较教育研究,2004(9).

[5]陈红梅.0~3岁婴幼儿早期教育共同体的建构与保障[J].学前教育研究,2011(8).

[6]陈丽敏.沙特阿拉伯的教育发展与经济腾飞[J].内蒙古民族大学学报,2008(1).

[7]陈宇卿,郭力平.美国早期儿童服务的管理职能:形式与功能的转变[J].外国教育研究,2013(10).

[8]邓敏.中加0~3岁婴幼儿早期发展服务体系的对比及启示研究[J].文化创新比较研究,2018(23).

[9]董素芳.澳大利亚《学前教育及儿童保育国家质量框架》的产生、内容与特点[J].学前教育研究,2013(2).

[10]何锋.英国、日本及中国台湾地区0岁~6岁托幼一体化述评[J].早期教育(教科研版),2012(1).

[11]和建花.中国3岁以下儿童托幼政策与事业发展回顾[J].中国妇运,2017(1).

[12]胡雅莉.加拿大儿童早期教育体系对"幼有所育新发展"的启示[J].牡丹江大学学报,2019(2).

[13]华爱华.婴幼儿发展的连续性和早期教养的阶段性——试论0~3岁婴幼儿教养阶段划分的依据[J].幼儿教育(教育科学版),2006(Z1).

[14]厉育纲.加拿大儿童照顾政策及其对我国部分现行政策的启示——以安大略省儿童照顾政策为个案的分析[J].北京青年政治学院学报,2007(3).

[15]李沛霖,王晖,丁小平,等.对发达地区0-3岁儿童托育服务市场的调查与思考——以南京市为例[J].南方人口,2017(2).

[16]李相禹,刘焱.师幼比对教师观察与指导幼儿区域游戏的影响[J].教师教育研究,2018(3).

[17]刘颖,冯晓霞.澳大利亚幼儿保育政策的演变及启示[J].学前教育研究,2012(8).

[18]刘中一.多措并举 加强0～3岁幼童托育工作[J].人口与计划生育,2016(11).

[19]王伟虹.丹麦的家庭日托[J].幼儿教育,1993(12).

[20]吴琼,李贵仁.英国"确保开端"儿童中心的发展历程、经验及启示[J].黑龙江高教研究,2017(1).

[21]闫萍.家庭照料视角下家庭生育决策影响因素研究[J].北京行政学院学报,2016(3).

[22]叶飞龙.健全幼托制度为全面二孩保驾护航[J].法制与社会,2017(6).

[23]张健忠.对婴幼儿身体运动作用的再认识[J].学前教育研究,2004(11).

[24]张莅颖,王亚.英国"确保开端儿童中心"及其成就述评[J].保定学院学报,2013(1).

[25] Australian Children's Education and Care Quality Authority. Guide to the National Quality Framework[S/OL]. [2019-08-25]. https://www. acecqa. gov. au/sites/default/files/2019-07/Guide-to-the-NQF. pdf.

[26] Australian Children's Education and Care Quality Authority. Guide to the National Quality Framework[S/OL]. [2018-10-18]. https://www. acecqa. gov. au/sites/default/files/2018-11/Guide-to-the-NQF_0. pdf.

[27] Child Care Centres Regulations. Child Care Centres Act[S/OL]. [2012-03-31]. https://sso. agc. gov. sg/SL-Rev/CCCA1988-RG1/Published/20111223? DocDate＝20111223&ViewType＝Pdf&_＝20170612150046.

[28] Child Care in California. Child Care Center General Licensing Requirements[S/OL]. [2019-08-25]. https://childcareta. acf. hhs. gov/sites/default/files/public/cacenterapplicfeb2017. pdf.

[29] Child Care in California. California Child Care Center Licensing RegulationHighlights[S/OL]. [2019-08-25]. http://ccld. ca. gov/res/pdf/CCCRegulationHighlights. pdf.

[30] Child Care in Australia. Guide to the National Quality Framework[S/OL]. [2019-08-25]. https://www. acecqa. gov. au/nqf/about/guide.

[31] Child Care in Australia. A Quick Guide, Monika Sheppard Social Policy Section[S/OL]. [2019-08-25]. http://parlinfo. aph. gov. au/parlInfo/search/display/display. w3p; query ＝ Id％3A％22library％2Fprspub％2F3910092％22.

[32] Child Care in Australia. The National Quality Standard[S/OL]. [2019-08-25]. https://www. acecqa. gov. au/nqf/national-quality-standard.

[33] Department for Education. Sure Start Children's Centres Statutory Guidance for Local Authorities, Commissioners of Local Health Services and Jobcentre Plus[S/OL]. [2019-08-25]. https://assets. publishing. service. gov. uk/government/uploads/system/uploads/attachment_data/file/678913/childrens_centre_stat_guidance_april-2013. pdf.

[34] Department for Education. Organisation, Services and Reach of Children's Centres Evaluation of Children's Centres in England (ECCE, Strand 3)[S/OL]. [2019-08-25]. https://www. research-gate. net/publication/320224172_Evaluation_of_Children's_Centres_in_England_ECCE_Strand_3_delivery_of_family_services_by_children's_centres.

[35] Department for Education. Survey of Childcare and Early Years Providers: Main Summary[S/OL]. [2019-08-25]. https://www. gov. uk/government/statistics/childcare-and-early-years-providers-survey-2018.

[36]Department for Education. Statutory Framework for the Early Years Foundation Stage：Setting the Standards for Learning，Development and Care for Children from Birth to Five[S/OL]. [2017-03-03]. https：//www. foundationyears. org. uk/files/2017/03/EYFS_STATUTORY_ FRAMEWORK_2017. pdf.

[37]Early Childhood Development Agency. Guide to Setting up a Child Care Centre[S/OL]. [2017-07-17]. https：//www. childcarelink. gov. sg/ccls/uploads/CCC_Guide. pdf.

[38]Early Childhood Development Agency. Guidelines for Centre-Based Infant/Toddler Care Services [S/OL]. [2017-07-17]. https：//www. ecda. gov. sg/Pages/Resources. aspx.

[39]Ontario Ministry of Education. Child Care Licensing[S/OL]. [2018-02-21]. http：//www. ear- lyyears. edu. gov. on. ca/EYPortal.

[40]Ontario Ministry of Education. Early Learning for Every Child Today：A Framework for Ontario Early Childhood Settings[S/OL]. [2019-11-25]. http：//www. edu. gov. on. ca/childcare/oelf/ continuum/continuum. pdf.

[41]Ontario Ministry of Education. Child Care and Early Years Act，2014[S/OL]. [2015-08-31]. https：//www. uoguelph. ca/childcare/sites/uoguelph. ca. childcare/files/public/documents/Child％20 Care％20and％20Early％20Years％20Act％202014. pdf.

[42]Quickscribe Services Ltd. Child Care Licensing Regulation[S/OL]. [2004-02-27]. http：//www. quickscribe. bc. ca/secure/archives/173. pdf.

[43]The Office for Standards in Education，Children's Services and Skills. Early Years Inspection Handbook[S/OL]. [2018-04-03]. http：//thelinkingnetwork. org. uk/wp-content/uploads/ 2018/05/EY_inspection_handbook-April-2018. pdf.

[44]The Stationery Office Limited. Care Standards Act 2000[S/OL]. [2000-07-25]. https：//www. legislation. gov. uk/ukpga/2000/14/pdfs/ukpga_20000014_en. pdf.

[45]The Stationery Office Limited. Children Act 2006[S/OL]. [2018-11-16]. http：//www. legisla- tion. gov. uk/ukpga/2006/21/pdfs/ukpga_20060021_en. pdf.

[46]東京都福祉保健局. 東京都認证保育所事業實施要綱[S/OL]. [2019-03-16]. http：// www. fukushihoken. metro. tokyo. Jp /kodomo/hoiku/ninsyo/ninsyo. html.

[47]Det Nationale Arkitekt Institut. Bygningsreglementer [S/OL]. [2015-11-05]. https：//sbi. dk/an- visninger/Pages/258-Anvisning-om-Bygningsreglement-2015-BR15-3. aspx ♯/6-Indeklima/6-3- Luftkvalitet.

[48]Ministeiet for miljø-og fødevareministeriet，Bekendtgørelse af lov om fødevarer[S/OL]. [2019-08-25]. https：//www. retsinformation. dk/Forms/ R0710. aspx？id＝202105.

[49]企业托儿与哺(集)乳室资讯网. 企业托儿服务参考手册[EB/OL]. [2019-05-10]. https：//child- care. mol. gov. tw/Page/base/download. aspx？id＝2.

[50]Det Nationale ArkitektInstitut，Bygningsreglementer[S/OL]. [2019-08-25]. https：//sbi. dk/an- visninger/Pages/258-Anvisning-om-Bygningsreglement-2015-BR15-3. aspx ♯/6-Indeklima/6-3- Luftkvalitet.

[51]Michigan Department of Education Office of Great Start. Great Start，Great Investment，Great

Future[R]. Lansing：The Michigan Department of Education Office of Great Start，2013.

[52]Ackerman D J，& Barnett W S. Increasing the Effectiveness of Preschool Programs[J]. Preschool Policy Brief，2006，11.

[53]Ang L. Vital Voices for Vital Years：A Study of Leaders' Perspectives on Improving the Early Childhood Sector in Singapore[M]. Singapore：Lien Foundation，2012.

[54]De Schipper E J，Marianne Riksen-Walraven J & Geurts S A. Effects of Child-Caregiver Ratio on the Interactions between Caregivers and Children in Child-Care Centers：An Experimental Study [J]. Child Development，2006，77(4).

[55]Dietitians of Canada，Canadian Paediatric Society，The College of Family Physicians of Canada，and Community Health Nurses of Canada. Promoting Optimal Monitoring of Child Growth in Canada：Using the New WHO Growth Charts[J]. Canadian Journal of Dietetic Practice and Research，2010，71(1).

[56]Huntsman L. Determinants of Quality in Child Care：A Review of the Research Evidence[M]. Charlestown：New South Wales department of Community Services，2008.

[57]Millei Z，Sumsion J. The 'Work' of Community in Belonging，Being and Becoming：the Early Years Learning Framework for Australia[J]. Contemporary Issues in Early Childhood，2011(1).

[58]Pianta R C，Barnett W S，Burchinal M & Thornburg K R. The Effects of Preschool Education：What We Know，How Public Policy Is or Is Not Aligned with the Evidence Base，and What We Need to Know[J]. Psychological Science in the Public Interest，2009，10(2).

[59]Lambert Priscilla A. The Comparative Political Economy of Parental Leave and Child Care：Evidence from Twenty OECD Countries[J]. Social Politics International Studies in Gender State & Society，2008，15(3).

[60]Adamson E，Brennan D. Return of the Nanny：Public Policy towards In-home Childcare in the UK，Canada and Australia[J]. Social Policy & Administration，2017，51(7).

[61]Mariam Stitou，Ivy-Lynn Bourgeault，Dafna Kohen. The Job Content，Context，and Requirements of Regulated Home-Based Childcare Workers[J]. New Solutions，2018，27(4).

[62]Freeman R，Karlsson M. Strategies for Learning Experiences in Family Child Care：American and Swedish Perspectives[J]. Childhood Education，2012，88(2).

[63]金淑洁. 2000年以来加拿大安大略省学前教育政策研究[D]. 重庆：西南大学，2016.

[64]魏晓会. 日本0—2岁保育服务及其对中国的启示[D]. 南京：南京师范大学，2017.

[65]Best Start Networks. How to Start Early Learning[EB/OL].[2015-11-15]. http：//lists. bestart. org/listinfo. cgi/bsasc-beststart. org.

[66]College of ECE. A Year in Review / Bilan de l'année 2017-2018[EB/OL].[2019-04-25]. https：//www. college-ece. ca/en.

[67]Early Childhood Development Agency. Spark for Preschools[EB/OL].[2017-07-17]. https：//www. ecda. gov. sg/sparkinfo/Pages/SPARKForPreschools. aspx? group=PreschoolsGroup.

[68]Ontario Ministry of Education. Ontario Child Care Providers[EB/OL].[2015-11-29]. http：//www. edu. gov. on. ca/childcare/Child Care Providers. html#homebased.

[69]Ontario Ministry of Education. Licensed Child Care Centers：Age Gruoping，Ratios，Group Size and Staff Qualifications[EB/OL]. https：//ascy. ca/wp-content/uploads/2016/01/APPENDIX-2-PHASE-2-RatiosFactSheet. pdf.

[70]Ontariocolleges. ca. What to expect from a career as an Early Childhood Educator[EB/OL]. [2019-05-25]. https：//www. ontariocolleges. ca/en/programs/education-community-and-social-services/early-childhood-education.

[71]世界卫生组织. 世卫组织估算五岁以下儿童占全球食源性疾病死亡人数的近三分之一[EB/OL]. [2015-12-03]. https：//www. who. int/zh/news-room/detail/03-12-2015-who-s-first-ever-global-esti-mates-of-foodborne-diseases-find-children-under-5-account-for-almost-one-third-of-deaths.

[72]Best Practices Licensing Manual for Family and Group Child Care Homes Manitoba Early Learn-ing and Child Care[EB/OL]. [2015-11-09]. https：//www. gov. mb. ca/fs/chi ldcare/resources/pubs/bp_licensing _manual. pdf.

[73]Forsvar. Bekendtgørelse om driftsm ssige forskrifter for hoteller m. v. ，plejeinstitutioner，for-samlingsloka ler，undervisningslokaler，daginstitutioner og butikker[EB/OL]. [2019-08-25]. ht-tps：//www. retsinformation. dk/Forms/R0710. aspx? d＝116228.

[74]Det nationale sundhedsråd. Let adgang til frisk og koldt drikkevand i dagtilbud [EB/OL]. [2019-08-25]. https：//docplayer. dk/10798022-Metalafgivelse-til-drikkevand-frank-fontenay-force-tech-nology. html.

[75]Rigs Sundhedsrådet. Tøjvask I Daginstitu Tioner [EB/OL]. [2019-08-25]. https：//www. stps. dk/da/sundhedsprofessionelle-og-myndigheder/miljoemedicin-og-hygiejne/hygiejne-i-daginstitu-tioner/～/media/BB3406D46D704A9 7950104C8BB64ED89. ashx.

[76]Ministeriet for miljøog fødevarer . Bekendtgørelse af lov om fødevarer[EB/OL]. [2019-08-26]. https：//www. retsi nformation. dk/Forms/r0710. aspx? id＝202105.

[77]Ministeriet for miljøog fødevarer . Vejledning om godkendelse m. v. af køkkeneribørnei nstit utioner[EB/OL]. [2019-08-25]. https：//www. foedevarestyrelsen. dk/Leksikon/Sider/K％c3％b8kkener-i-b％c3％b8rneinstitutioner. aspx.

[78]Ministeriet for miljøog fødevarer. Vejledning-hygiejneregler for køkkener i børneinstitutioner [EB/OL]. [2019-08-25]. https：//www. foedevarestyrelsen. dk/Selvbetjening/Vejledninger/Sid-er/Vejledning_Hygiejneregler-for-k％C3％B8kkener-i-b％C3％B8rneinstitutioner. aspx.

[79]Sundhedsministeriet og ministeriet for aldring. Bekendtgørelse om forebyggende sundhedsydelser for børn og unge[EB/OL]. [2019-08-25]. https：//www. retsinformation. dk/Forms/R0710. as-px? id＝133870.

[80]Sundhedsministeriet og ministeriet for aldring. Bekendtgørelse om forholdsregler mod smitsomme sygd ommei skoler og daginstitutioner for børn og unge[EB/OL]. [2019-08-25]. https：//www. retsinform ation. dk/Forms/R0710. aspx? id＝192580.

[81]Australia Children's Education and Care Quality Authority. An Overview of Family Day Care - Carefor Kid s. com. au [EB/OL]. [2019-08-25]. https：//www. careforkids. com . au/child-care-articles /article/55/an-overview-of-family-day-care.

［82］Australia Children's Education and Care Quality Authority. Family Day Care Safety Guidelines ［EB/OL］. ［2019-08-25］. https：//kidsafesa. com. au/＿＿files/f/3545/2012_Family_Day_Care_Safety_Guidelines_FINAL. pdf.

［83］National Care Standards. Early Education and Childcare up to the Age of 16 ［EB / OL］. ［2019-08-25］. https：//www. gov. scot/binaries/content/documents/govscot/ publications /advice-and-guidance/2011/05/national-cares-tandards-early-education-childcare-up-age-16/documents/0116828-pdf/0116828-pdf/govscot％3Adocument/0116828. pdf.